# 朝阳门外的清水安三

## 一个基督徒教育家在中日两国的传奇经历

石ころの生涯
——崇贞学園·桜美林学園創立者清水安三遺稿集

清水安三／著　　清水畏三／编

李恩民　张利利　邢丽荃／译

社会科学文献出版社

SOCIAL SCIENCES ACADEMIC PRESS (CHINA)

◀ No.1　晚年的清水安三

◀ No.2　刚到中国的传教士清水安三
（1917年，26岁）

▼ No.3　创立初期崇贞女学校的学生与教职员，右边的男子为清水安三

▶ No.4　崇贞女学校创立时期的
清水安三与美穗夫妇（1922 年左右）

▼ No.5　崇贞女学校的学生们

▲ No.6　在教室做刺绣的崇贞女学校的学生们

▲ No.7　崇贞学园上日语课时的情景

◄ No.8　崇贞学园上课时
孩子们争相举手回答问题的情景

▼ No.9　初期的崇贞女学校，
前排是小学生，中间是女学生，后排中间扭头者是沃利兹，其左第二人为清水安三

▲ No.10　崇贞学园的礼堂（1936 年左右）

► No.11　校园内的崇贞学园创立十周年纪念奠基石（1930 年 7 月）

▲ No.12　崇贞女学校的孩子们，背后悬挂的是孙中山的画像、中华民国国旗、中国国民党党旗
以及崇贞女学校的校旗

◀ No.13　清水安三与清水郁子在崇
贞学园操场的观礼台上（1930 年代后
半期或 1940 年代前半期）

▶ No.14 与崇贞学园的各民族学生在北京家中，前排中央是清水安三

▲ No.15 崇贞学校创立十六周年纪念暨初小四六年级毕业会，坐于中央着白西装者为清水安三
（1935 年 5 月）

◀ No.16 天桥附近建起来的爱邻馆。
左起池田道子、池永英子、金井泽（1939
年前后。池田道子提供）

▲ No.17 在爱邻馆外候诊的中国百姓（1940年前后）

▲ No.18　1940 年春清水安三在美国为崇贞学园募捐时题词抒怀：
经暑经寒不否其苦　逢饥逢疾不退其业。署名为"北京朝阳门外　清水安三"

▲ No.19　崇贞学园的音乐教师佐藤道子（左一）、英文教师中山时子（右二）
与学生们在一起（1941 年）

◀ No.20　与学生合影留念。前排右起为清水安三、清水郁子、音乐教师佐藤道子以及清水星

▲ No.21　毕业典礼后师生合影，前排右起第四人为身着中式服装的清水郁子，右起第六人是清水安三（1944 年 6 月）

▲ No.22　清水郁子带学生们郊游时的情景

▲ No.23　1939 年 4 月，崇贞学园在女子中学开设"日本人部"，招收了很多日本人
　　　　　和朝鲜女生入学。此照片为 1944 年的学生合影

▲ No.24　北京市私立崇贞中学的校门

▲ No.25　崇贞学园的学生们在过圣诞节

▶ No.26　清水安三在奥柏林大学被
　　授予名誉博士学位（1968 年 6 月）

▲ No.27　直至 1985 年还在使用的崇贞学园的校舍

▲ No.28　　1991 年清水安三诞辰 100 周年之际，其子女与崇贞学园毕业生在东京相会。前排右一始依次为清水畏三、玄次俊、朴世玉、清水星；后排右一始依次为金顺姬、韩凤梧、金善玉、尹淑子、魏玉琮（最末者为工作人员）

▲ No.29　　北京陈经纶中学清水安三塑像揭幕式。左一始依次为清水安三的长孙清水贤一、樱美林大学校长佐藤东洋士、陈经纶中学校长张德庆、樱美林高中校长本田荣一（2005 年 8 月）

# 目　录

## 第一章　前往中国的路

## 第二章　北京时代（上）：创办崇贞学园

## 第三章　北京时代（下）：确立崇贞精神

## 第四章　纵论民国时政与中日关系

## 第五章　与民国要人的交游

## 第六章　东京时代（上）：创建樱美林学园

## 第七章　东京时代（下）：设立樱美林大学

# 第八章　作为一名牧师

# 第九章　作为一名教育家

# 序一　感恩中国的牧师

清水畏三

（樱美林学园名誉学园长）

这本《朝阳门外的清水安三》的策划者李恩民先生嘱我为中国读者写几句话，因为我是清水安三先生的次子，是本书原版的编者。我认为，我们可以从以下几个方面来看清水安三与中国。

**（1）清水安三是一位基督教牧师**

1915 年，清水安三毕业于日本同志社大学神学部。1917年，他决心赴中国传道并来到沈阳。他之所以选择了这条人生之路，是因为他作为日本人要回报中国人的恩德，如回报鉴真和尚历经磨难为日本带来佛教之恩，等等。1918 年，他和横田美穗在大连教会成婚。

1919 年 3 月底，清水夫妇移居北京，并开始专心学习中文。1924 年 7 月，清水安三赴美国奥柏林大学神学部留学并于 1926 年 5 月毕业，随即返回北京。①

**（2）清水安三是一位贫民救济事业活动家**

1919 年秋，中国华北地区遭受大旱、饥荒，持续时间长，灾情严重。清水安三从翌年 3 月开始在北京朝阳门外创办了"灾童收容所"。一年的时间里，该收容所共收助遭受重灾的儿童七百九十九名。1921 年 5 月 28 日，清水安三在该收容所的基础上，创建了"崇贞工读女学校"，免费对不得不卖身卖笑的贫困少女进行知识教育。根据妻子清水美穗提出的教育方式，实行半工半读教育（上午授课、下午制作工艺）。出售的工艺品所得除支付学生工费外还用于学校经营。

抗日战争时期的 1939 年 1 月，清水安三在北京天桥贫民区开设了"爱邻馆"，免费提供医疗、饮用水、职业介绍和识字教育等。当时他还曾试图创办"供餐收容所"，但未能如愿。

①几乎在同一时期，吴耀宗也在美国留学（1924年 8 月~1927 年 9 月），学习基督教神学。吴耀宗后来成为中国基督教三自爱国运动委员会的发起人。

### （3）清水安三是一位教育家

北京的"崇贞工读女学校"在创建后得到长足发展。1930 年 6 月，由大文豪鲁迅介绍的女子师范学校的毕业生担任校长。1931 年 4 月，该校升格为四二制正规小学。1932 年，学校废除了下午的手工艺作业，改为全日授课，并开始收取学费。1933 年 12 月，妻子清水美穗离世，年仅三十八岁。

1936 年 6 月，清水安三和小泉郁子在天津教会正式结婚。9 月，学校正式改制为崇贞女子初级中学校（三三制）。10 月，新校舍落成，朝阳门外出现了一座美观而大方的现代建筑，十分醒目。学校举行了盛大的庆典，校门挂起了崭新的金字校牌——"崇贞学园"。学校的教育质量不断提高，也开始接收富裕阶层子女入学。清水安三的妻子、学园长清水郁子胸怀大志，声称"要培养出中国妇女界的领袖人物"。

1937 年 3 月，崇贞女子中学根据中国教育部颁布的私立学校规程成立校董会，南开大学创立者、周恩来的恩师张伯苓校长出任董事长。他是著名的基督徒，有时也激烈抨击日本的行径。

抗日战争期间的 1939 年 4 月，崇贞学园设置三年制女子中学，通称"日本人部"，学生以朝鲜人为主，开展文化教育。设置该部是为解决当时朝鲜人就学难的问题。朝鲜那时处于殖民地状态，朝鲜学生名义上是"日本国民"，但却难以进入日本人学校就学。

当时，日本政府实行同化朝鲜人的殖民政策，一直禁止他们使用朝鲜语。1939 年 11 月，日本开始强制朝鲜人将姓名改为日本式。然而，清水安三却激励学生说："朝鲜民族是优秀的民族"，并依然称呼其原名原姓。他教导学生"朝鲜最终将会独立，一定要学好母语"。

### （4）清水安三是一位新闻撰稿人

清水安三在北京曾目睹五四运动并产生共鸣。他通过媒体（报刊）把运动的实情传回日本国内。他是向日本国内报道五四运动的唯一的报界人物。

在后来的新闻撰稿和时事评论活动中，清水安三一如既往地支持中国的民族主义运动。他论锋敏锐，严厉批判日本"军阀"的对华政策。为此，他曾被一些人斥为出卖日本的"国贼"。

与这些人的斥骂相反，日本大正民主运动的杰出代表吉野作造（东京帝国大学教授）却对清水安三大加赞赏，尤其推崇其于 1924 年同时出版的两本有关中国问题的论集——《支那当代新人物》和《支那新人与黎明运动》。[1]

清水安三在媒体活动中，与鲁迅、胡适、李大钊[2]等当时新进著名人士交游频繁，并成为他们的朋友。吉野作造受聘为总教习在北洋政法学堂教书时，李大钊也曾是他的学生。

清水安三作为贫民之友，具有一定的与社会主义相似的思想。1930 年，他在《湖畔之声》月刊上以《提倡社会的基督教》为题发表了一篇长文（共分七次连载），阐述自己的论点。该文用专章分别介绍了卡尔·马克思（共产主义者）、克鲁泡特金（无政府主义者）、伯特兰·罗素（自由主义哲学家），并高度评价了这三位伟大的思想家。他还详细叙述了美国的基督教社会主义运动——社会福音（Social Gospel），其中多有赞美之词。[3]

2011 年 8 月于东京

① 1931 年九一八事变后，日本在言论思想方面的统制越来越苛刻，清水安三的具有反骨性的文章也就越来越难以发表了。

② 1927 年 4 月 28 日，李大钊在北京被处以绞刑。5 月 8 日，清水安三在日文报刊上发表文章，追悼这位挚友。文章说，李大钊受刑当夜，他自己"不禁放声痛哭"。详见本书第五章第二节之"李大钊之死：他的思想与人生"。

③ 吴耀宗就是以"社会福音"为媒介接受了共产主义思想的。

# 序二　清水安三的中国梦

佐藤东洋士
（樱美林学园理事长 樱美林大学校长）

清水安三先生 1891 年 6 月出生于滋贺县。父亲去世很早，是哥哥抚养了他。对他的思想影响最大的是中学读书时认识的从美国来的基督教传教士，叫威廉·梅莱尔·沃利兹（William Merrell Vories）。沃利兹还是一个有名的建筑师，他在滋贺县所设计的一所小学（丰乡小学）的校舍很有创意，是一栋有趣的建筑物。沃利兹原本是纽约基督教青年会（YMCA）派来的英语教师，他是一名虔诚的基督徒，热衷于传教，清水就是在认识他之后才信仰基督教的。清水安三有做牧师的理想，中学毕业后，进入同志社大学神学系学习。那个时候，他受沃利兹的影响，对西方世界抱有极大的兴趣，对中国几乎漠不关心。1914 年，二十三岁的清水安三是个大学四年级学生，他在图书馆读了德富苏峰写的《支那漫游记》。德富在书中，将日本人与欧美人做了一个对比后断言：同样是到一个尚未开发的地区，日本人不会与当地人一起生活下去，而美国人却对什么都很感兴趣。

当时的同志社大学周六周日都不上课。清水先生利用周末到奈良的唐招提寺，瞻仰鉴真和尚的坐像并聆听了他的故事。对于鉴真为赴日本屡遭磨难始终无悔、历尽千辛万苦最终来到日本的事迹，清水安三感动不已。立志当一名牧师的清水安三，这时想成为日本的"鉴真和尚"。用他自己的话来说，就是去中国的愿望越来越强烈，做"鉴真和尚"向中国人传播基督教。

1915 年，同志社大学牧野虎次主任牧师在平安教会的一次讲话更促使清水安三坚定了去中国的决心。牧野毕业于耶鲁大学，他介绍了耶鲁大学毕业生斐德金（Horace Tracy Pitkin）到中国传教时被杀害的事迹。

斐德金是美国公理会差会的传教士，义和团运动时期，在对洋人格杀勿论的极端排外主义的气氛中，遭到杀害。斐德金原本陪同妻子和孩子已经到了天津，上了美国的军舰避难。美国公使要求所有的人都呆在军舰上不得轻易离开，但斐德金却说，如果牧羊人把羊群放在野地里自己逃走的话，那他就是一个卑鄙的人，于是毅然只身回到保定。他回去没几天，就惨遭杀害。斐德金死后，他家的佣人阿妈想起斐德金生前曾对她说过，"要是我被杀了的话，这里藏有一份遗书，请把它交给我夫人"，于是她赶紧去挖，果然找到了一封信。这封信是斐德金写给母校耶鲁大学的，信上这样写道："耶鲁啊，耶鲁，请把我的儿子约翰培养到二十五岁。当他到了二十五岁，就请把他派到保定，继承父业！"根据这封遗书，耶鲁大学的教职员抚养了他的孩子。耶鲁的学生们每年举行两次募捐活动，把所有的捐款都寄到中国，成立了中国传教团。清水安三听了这番介绍后感慨万千，坚定了去中国的决心。大学毕业后，他先服完了兵役，随后被大阪的教会组合派遣到沈阳。在沈阳，他借了房子安顿下来后，就开始了对儿童的传教活动。但是大阪的教会组合派他到中国的初衷不是让他在中国人中传播基督教，而是让他给居住在中国的日本人传教。

但是，清水安三却认为，自己去中国是为了向中国人传教。即使与教会组合志向不同，他仍然决定前往北京。1919年到北京后，正值华北各地遭受天灾，有不少儿童挣扎在饥饿的死亡线上，清水遂创办灾童收容所，给他们饭吃，把他们从饥饿中解救出来。灾情好转后，北京朝阳门外附近仍聚集有很多孩子。1921年，清水在朝阳门外租了房子，开始办起学校。学校名称在各个时期都有变化，我们统称为"崇贞学园"。清水安三为什么会在那一带办学呢？因为当时那一带非常贫穷，他实在不忍心看到一些女孩子用身体去换钱。他把这些女孩子召集起来，为了让她们能自食其力，除教她们学文化之外，还让她们学习刺绣技术。

当时的学校在某种意义上还是一个慈善机构，从事救济事业。清水安三的第一位夫人、首任校长清水美穗，1933 年，年仅三十八岁就因病去世了，她为了崇贞学园和家庭牺牲了自己的一切。1936 年，清水安三又与在奥柏林大学留学时的同学、教育家小泉郁子教授结婚。他们在将崇贞学园的规模进一步扩大、竭尽全力致力于教育事业的同时，还在天坛公园附近的贫民区开办了一个叫"爱邻馆"的免费诊所。清水安三在办学时，对每一个学生都要求他们不要忘记自己的根在哪里。如对从朝鲜半岛来的日本殖民地的学生，他要求他们做到三点：第一，自己的姓名是中文的就用汉语发音，是朝鲜文的就用朝鲜语发音，不一定非用日语发音不可；第二，要学会腌制朝鲜泡菜，每个家庭都保持各自的特色；第三，要学会缝制朝鲜民族服装。他认为这对朝鲜人归属意识的形成是非常重要的。由于学校办得很有特色，很多社会名流都曾前去考察，如燕京大学校长司徒雷登、朝鲜李王、社会事业活动家林歌子、思想家贺川丰彦、英文学者中村为治等。

1945 年日本战败时，清水安三把在校的中国学生、日本学生、朝鲜半岛来的学生以及教职员工都召集到学校的礼堂聚会。在副校长和其他中国籍教师的再三恳请下，坐在礼堂最后一排的清水终于走到台上，说："今后这所学校将不再由我们日本人来经营，所有的事务都将由中国人自己来主持了。"学生和教职员纷纷议论，希望他能继续担任校长。但不久，中国的国民党政府接收了这所学校。中华人民共和国成立后，这所学校的校名虽屡有变更，但学校一直延续下来，现已发展成为一所重点中学，名叫北京陈经纶中学。清水安三在这里是人人皆知的人物，大家都称呼他为"安三先生"。崇贞学园的教育事业是清水安三中国梦的具体体现，它展示了清水的伟大之处——虽然时代不同了，但我们至今仍拥有同一个历史。

从中国返回日本后，清水安三背着背包，拿着旅行箱，在贺川丰彦的支持下，在东京创办了樱美林学园。"樱美林"这一名称，是以法国教育家、社会活动家 J.F.Oberlin 名字的谐音与校园被盛开着的大片美丽的樱花所簇拥这一景色组合而成的。①创办资金主要来源于他在丸之内第一信托银行的一笔存款。1945 年日本战败时总额是 18.6 万日元，按大米价格来推算的话，相当于现在的六七千万日元。他用这笔钱置办了一些必要的桌椅、黑板、纸张和其他教具，便开始招生了。这笔钱的一部分是战前清水在南美北美各国以及日本各地为崇贞学园募集的捐款。1946 年 5 月，财团法人崇贞学园在东京的基本财产转归财团法人樱美林学园。就这样，拥有幼儿园、初中、高中、大学和研究生院的综合性教育机构——樱美林学园重新迈开了谱写新历史的步伐。

1972 年日中两国实现了邦交正常化。此后，时在中国大使馆教育处任职的彭家声（后任北京大学教授）和李东翔（后任公使衔教育参赞）来到樱美林，期望清水安三先生重访中国。我们家与清水安三很有缘分。外祖父佐藤定吉博士在崇贞学园创办之初就全力支持清水在北京的教育事业，20 世纪 40 年代我父母亲都曾在该学园任教，我本人就是那个时候在北京出生、在清水安三的呵护下长大的。1970 年研究生毕业之后，我开始在清水安三校长身边工作，从事英美文

① 在世界各地以 J.F. Oberlin 的名字命名的机构有四个，即美国的奥柏林大学（Oberlin College）、德国的奥柏林福祉院（Oberlinhaus）、法国的奥柏林博物馆（J.F.Oberlin Museum）和日本的樱美林学园及樱美林大学（J. F. Oberlin University and Affiliated Schools）。

学和高等教育的研究，有时还替他开车办事。接到中方的邀请之后，我对清水先生说："具体的事都由我来安排，您就去吧。"可先生一直坐在沙发上沉思，最后说："佐藤，还是算了吧。"事实上，战后清水安三曾两度访问韩国，却没有回过中国。他的这句话的涵义究竟是什么，我至今都没有弄明白。也许是因为他对日本人在中国所做的各种事不愿意发表个人的意见，也许是他不想因个人的事业而张扬自己的缘故吧。

清水先生晚年曾吟诗"布衣、粗茶、淡饭……一生其乐无穷"。他还将在北京生活的日子里，次子清水畏三到朋友家吃饭回来后对他说"做爸爸的儿子，亏大了"这句话记述于书中。清水安三在物质上没有特殊的追求，对于粗茶淡饭的人生，心满意足，但同时又觉得对不住家人，总有一种复杂的心情。

最近在中日两国的学界，悄悄地掀起了清水安三与崇贞学园研究热，发表的文章和出版的传记也为数不少。我的一位友人是个历史学家，在中国全国人大担任过要职，他曾对我说，清水先生这样的人的确拯救了灾难中的儿童，因为当时的中国人还没有能力去做这样的事情啊。我想，这是对清水安三贡献的一个肯定吧。愿本书的出版有助于人们更全面更客观地去评价清水安三和他在中国的事业，有助于人们去了解 20 世纪 20 ~ 40 年代中日文化交流的一些鲜为人知的侧面。

2011 年 8 月于东京

# 序三　从中国观点看清水安三

闻黎明

（中国社会科学院近代史研究所研究员）

我第一次看到清水安三先生的这本书，是樱美林学园2002年发行的重印第三版，从版权页说明知道它是1988年改订增补第四版的再次印刷，听说以后又出版了第五版。一本书如此多次再版，既说明了樱美林学园师生们对学校创立者的崇敬，也说明社会对这部书的需求。

本书日文原名『石ころの生涯』。"石ころ"一词，对根据汉字理解日语的中国人来说，难免会有些望文揣意。在日语中，"石ころ"的本意是"小石头"或"石头子"，用它比喻人生，含有"坚韧"、"顽强"的意思，这与汉语并无差别。不过，日语中的"石ころ"还含有"没有多少价值"的意思，清水先生用这个词比喻自己的一生，是日本民族特有的一种自谦，而书中所反映的，则是日本民族坚持、坚韧的性格，即只要认准一个目标，就顽强地追求它、拥抱它。相信凡是读了这本书的人，都会对这一点有同感。

1891年出生在日本滋贺县高岛郡新仪村一个普通农家的清水安三先生，是位致力于贫民启蒙的教育家。中学时期，他受世风影响，接受洗礼，成为虔诚的基督教信徒。1910年，他考入同志社大学神学部，读书期间就参加了传道。上大学时，他读到刚刚出版的德富苏峰的《支那漫游记》，又在奈良唐招提寺了解到中国唐代佛教大师鉴真和尚的事迹，遂对中国产生了兴趣。之后，他受一位在中国的美国传教士遗嘱的故事触动，决心来中国。

1917年，年仅二十六岁的清水先生受日本组合基督教教会的派遣，以宣教师（传教士）身份来到沈阳。不久，便在小西门外开设了一所名叫"儿童馆"的小规模小学。教学中，清水先生深感自己的汉语水平有待提高，为了更好地学习中文，也为了向中国人传教，于1919年移居北京，落脚在霞公府内小纱帽胡同的日本同学会。

清水先生到北京的当年，正逢中国北方大旱，许多地方绝产，一些国家的在华基督教会发起赈济，清水先生积极参加救援，在禄米仓一带从事灾童收容工作。这段时间，他目睹中国底层民众的凄惨生活，产生了救济贫民儿童的愿望。1921 年，他从灾童收容所得到 300 日元酬金，自己又拿出 200 日元，在朝阳门外灾民集中的碑楼胡同 8 号租了两间民房，于 5 月 28 日创办起"崇贞工读女学校"（简称"崇贞女校"），专门招收贫苦人家的女孩子。办学过程中，清水先生感到自己的学识还需要补充，于是远赴美国奥柏林大学神学部留学。清水先生在美国留学了两年，毕业后马上返回北京，继续主持崇贞女校。经过多年的惨淡经营，1936 年学校已扩充有六年制小学部和三年制初中部，校址也迁到芳草地，改名为"崇贞学园"，成为日本人在北京主持的唯一具备一定规模的教会学校。崇贞学园在北京开办的二十五年间，共招收学生千人以上，其中毕业者达五百余人。

教育，是外国基督教徒在中国的主要传教形式之一，办学经费除教会资助和教徒捐款外，还来自于学费。但是，崇贞女校免收学费和授课费，仅收少许杂费（小学 20 钱，中学 1 元）。清水先生是虔诚的基督信徒，但他在北京办学，并没得到日本基督教会的多少资助。为了解决经费问题，清水先生曾组织学生养鸡、刺绣换取补贴，为此受到兼职校同志社大学的处分。但是，这并没动摇他在教育事业上坚持平等博爱的信念。

清水先生坚持"学而事人"的办学宗旨，提倡教育面向实际，把培养学生的重点放在学生走入社会后自食其力的能力方面。作为女子学校，清水先生十分强调女权，强调男女平等。"教育平等是平权，空说解放亦徒然，富贵责任男女均，庆祝崇贞万万春"，"女儿身体更宜强，体操唱歌乐洋洋，强国要基在少年，不让男子著先鞭"。校歌中这些歌词，反映了平等、自强、向上的精神。这种精神，让清水先生在中国找到了知音，南开学校创建者、周恩来的老师张伯苓先生曾给予崇贞学园很高评价，还欣然担任了学校的董事长。

清水先生还是一位和平主义者。1919年五四运动期间，在北京的日本人开会通过要求日军出兵中国的决议，会上只有清水先生一人表示反对。在日本蚕食中国东北的时候，军国主义甚嚣尘上，使清水先生忧心忡忡。他说："我有一颗十分爱日本民族的心，但同时又有一种把中国的忧患当成自己忧患的心情。"正是怀着这种心情，他访问了蒋介石、宋美龄、胡适等人，听取他们对改善中日关系的意见。那一时期，他发表了一系列文章和评论，公开表达了一个正直日本人伸张正义的态度。清水先生的评论引起日本国内军部的忌恨，刊登这些文章的日文《北京周报》，便是在军部压力下被迫停刊。七七事变爆发后，日军计划空袭北京城。消息传来，许多人劝清水先生外出躲避。他回答说：让我这个当老师的死里逃生，我不能这样做，我也干脆就死在这里，要让人们看看，我是如何被日军杀死的！

清水先生在中国生活了二十八年，在这段漫长的时间里，他结识了周作人、鲁迅、李大钊、胡适、陈独秀等一批中国朋友。李大钊是中国共产党的创始人之一，清水先生访问他多达二十余次。他称李大钊胸怀宽大、平易近人，对日本人能够加以区别，并无日本国内宣扬的那种排日情结，即使谈到革命，也没有过激语气。清水先生与李大钊的关系建立在互相理解、互相帮助的基础上。他得知李大钊关心日舆论，就为他订阅了日本激进评论家堺利彦主编的《平民新闻》。而清水先生请求李大钊帮助逃亡到中国的日本共产党领导人时，李大钊也为佐野学做了取道天津前往苏联的安排。李大钊就义那天，清水先生放声痛哭，一夜未眠，在悲痛中写下《李大钊之死》。1981 年，清水先生已经九十岁了，还写了《回忆李大钊》，表达对这位伟人的怀念。清水先生的次子清水畏三先生曾对我说，在清水先生的印象中，李大钊仿佛是位村长，认为这样的人日本也有，但对鲁迅的感觉则不同，说日本没有那样的人，也出不了那样的人。一次，我陪同清水先生的嫡孙清水贤一先生参观鲁迅博物馆，博物馆陈列室里展出着鲁迅日记，清水贤一特别翻出内中的一页让我看，上面是清水安三来访的记录。据日本学者考证，第一个向日本介绍鲁迅的是青木正儿，清水先生则是仅次于青木正儿评论鲁迅的作者。清水先生非常敬仰鲁迅，一直珍藏着鲁迅送给他的书法作品，到了晚年，还写了《值得爱戴的大家：鲁迅》和《回忆鲁迅》。文章发表后，觉得言犹未尽，又写了《怀念鲁迅》。清水先生对鲁迅的感情，直接影响到樱美林大学的师资队伍上，这所学校的中文系曾聚集了数位鲁迅研究家，其中有中国学者很熟悉的丸山升教授和藤井省三教授。

　　《朝阳门外的清水安三》是清水先生 1977 年的一部言论集，这部书不仅是他对自己生平的回顾与总结，也是了解近代中国风云变幻的一面窗户。对于广大读者来说，它反映的是一个日本人怎样看待和认识中国，对于研究者来说，它的史料价值和学术价值，更是显而易见。

　　本书编者清水畏三先生是清水先生的次子，曾担任樱美林学园理事长和樱美林大学教授。多年来，他致力于收集父亲的资料，是清水安三研究的组织者与专门家。本书中译本的出版，还得力于现任樱美林学园理事长、樱美林大学校长佐藤东洋士教授。这位父母都是崇贞学园教师、本人出生在北京什刹海边鸦儿胡同的学者，对中国有着非常深厚的感情。建立在樱美林大学渊野边校区的樱美林孔子学院——东京地区第一所孔子学院那宏伟的大楼，就是由他主持的推动中日两国文化交流的最好见证。

清水先生是中国人民的朋友，他在中国创办的学校，今日已成为北京名校之一。抗战结束后，崇贞学园被当作敌产没收，学校被改名为北平女子第四中学，全国解放后更名为北京市第四女子中学、朝阳中学，1991 年命名为北京市陈经纶中学，2002 年成为北京市首批"示范性普通高中"。清水先生只身回到东京后不久，就创办了樱美林学园。"樱美林"含有双重用意，它既是清水先生留学美国奥柏林大学的谐音，"樱"字又表达着对和平的祈望。樱美林学园是清水先生在日本创办的一所从幼稚园、中学，到大学、研究生院的新型学校，但他仍然把崇贞女校成立的那天作为樱美林学园的创始日。今年，是樱美林学园创立 90 周年，值此之际，《朝阳门外的清水安三》在中国出版，是对清水先生的最好纪念。

中国人民没有忘记清水先生，在今天的陈经纶中学校园里，耸立着清水安三的雕像，耸立着他的"学而事人"题字碑。这些，都是对这位为中国教育事业呕心沥血的教育家的怀念和礼赞。"樱美林学园创始人清水安三先生以'学而事人'为座右铭，强调不应单纯为学习而学习，而应为服务大众而学习"，"我衷心希望同学们努力学习，成为中日两国的栋梁之材，将来为两国的发展、为两国关系的发展作贡献，造福两国人民，造福亚洲和世界"。这是中国驻日本大使程永华先生在今年 5 月 27 日樱美林大学授予其名誉博士学位仪式上的一段讲话。这段话，指出了清水先生在中国从事教育事业的理念，也对中日两国人民不断发展友好关系提出了期望。

2011 年 9 月 8 日于北京学院路寓所

# 第一章　前往中国的路

No.30　崇贞学园校园内的小路

## 第一节 童年的记忆

### 1 小石子儿的出生

我告诉你们,上帝能从这些小石子儿中给亚伯拉罕
兴起子孙来。

(马太福音第三章第九节)

1891 年(明治二十四年)6 月 1 日,这一天是我呱呱
落地的日子。我好像是在田间小路上出生的。据说,母亲正
在水田里除草时,突然感觉要临产了,于是急急忙忙往家里
赶,可还是生在了路上。这真是一个令人手忙脚乱的出世方
式,但这可不是我的责任哟。

### 2 甲午战争的军歌:打它呀,教训它

幼小时的记忆,如果不是特别大的事件的话,恐怕就什
么也想不起来了。

我记得,甲午战争那个时候,看到过我们村两个年轻人
出征的情景。姐姐背着我,我摇晃着手里的小日章旗,目送
他们离去。当时唱的军歌还朦朦胧胧地记得一点,"打它呀,
教训它,目标是清国"。可惜,我只记得这几句。这是我四
岁时,也就是我出生不到三年半时的记忆。在我后来学到的
歌曲中,记得有一首是这样的:

砍呀砍,砍下中国佬的头颅,帝国万岁,帝国大胜
利,打呀打,打扁李鸿章的鼻子。砍呀砍,砍下中国佬

的头颅……

尽管那是一个国民没有教养的时代，但这首歌的歌词还是太不着调了，不值一提。这就是我来到这个世界上最初接触到的与邻邦中国有关的东西。我这个人一辈子之所以都很偏向中国，也许是对这首歌产生逆反心理的结果吧。

No.31　童年时期与家人在一起，坐在院子最前面的是清水安三

### 3　父亲之死

另一个我有记忆的事就是父亲的死。父亲是 1896 年（明治二十九年）1 月 27 日，我六岁的时候去世的。记得，先是两个哥哥和三个姐姐坐在父亲的枕头旁边，用树叶蘸上水去滋润父亲的嘴唇，之后我也模仿哥哥姐姐，照着那样做了一遍。父亲已闭上了双眼，一点儿都没有张嘴。

在我给去世的父亲蘸完最后一滴水之后，姐姐们开始放声大哭。当时的情景我至今仍记忆犹新。也许是因为父亲死于大肠伤寒菌的缘故吧，我还记得，家里好好地搞了一次大消毒。那次的消毒，好像是一种仪式，大家都很卖力气。哥哥、姐姐和家里的男女佣人，或拿着大刀、菜刀，或手执斧头、镰刀，在家中的各个屋子里，尽情地对着天空跳蹦砍杀。我自己也手拿自制的小刀之类的东西，满屋子地跳来蹦去，挥来舞去。

### 4　藤树祭的记忆

伯父带着我去参加藤树祭的事，我还记得很清楚。

有一天，我没事正在院子里玩儿。担任村长的伯父来了，对我说：

"我要去看藤树他们村的大祭活动去了，你也一块去吧。"

中江藤树①他们村与我们村是邻村，只隔着安昙川这一条河。我们走了三百多米，走到安昙川桥上的时候，伯父问我："小鬼，长大了，想做什么？"

我好像毫不犹豫地就回答说："我要做陆军大将啊。"

在西江州，有一个叫餐庭野的大草原，一到夏天，很多士兵就会从京都、大阪到这里进行实弹演习。

那时的团长身着黑色金边上衣，下穿红色裤子，头发从中间分开，留着山羊胡子，骑在马背上，好不威风啊。我希望自己将来做陆军大将也不是没有道理。

从安昙川桥到上小川的藤树书院有四公里的路程。到了藤树书院，大门的正面放着一把专门给伯父准备的椅子。

村长座位的后面，整整齐齐地站着身穿白色夏季校服的师范学校的学生。片刻，只听"向左转！"一声号令，县知事在郡长的带领下进入会场。知事和郡长都向着榻榻米上方悬挂着的牌位深深一拜。

在回家的路上，走到安昙川桥的时候，伯父又问：

"小鬼，还是想做陆军大将吗？"

这次我摇了摇头说："大伯，我呀，要做藤树那样的人。"

……

"大伯，怎么做，才能成为藤树那样的人呢？"据说我这样问伯父。

伯父是这样回答的：

①中江藤树（1608~1648），日本江户前期的儒者，日本阳明学派创始人，著有《孝经启蒙》、《大学解》、《中庸解》、《中庸续解》、《论语解》等，被称为"近江圣人"。——译者

· 5 ·

"你啊，要是不孝敬老人的话，就成不了藤树那样的人。"

现在一查才知道，藤树先生250周年忌的大祭是1897年（明治三十年）9月25日举办的，我也许就是那个时候去的。这样算来，那是我满六岁时的事儿。

## 5　安井川小学

我是七岁那年的阳春四月上小学的。安井川寻常小学①的校舍是由酱油仓库改造的，是一个坐北朝南的土房子。学生有六十多人，但教师却只有校长和助教两人。班级分为两个组，寻常小学一年级学生与补习班学生在一起上课，二至三年级学生在一起上课。补习班的学生有十二三人，有的是大哥哥大姐姐。

校长野吕先生是一个真正的人格高尚的人。他看起来很凶，其实和蔼可亲。在我上二年级的时候，我们村出了第一个高小毕业生，叫菅沼，他是从邻村餐庭高等小学毕业的。野吕校长非常高兴，聘任他作助教。菅沼老师很能干，会弹风琴，于是安井川小学专门买了一台风琴。这样，昔日的酱油仓库里居然传出了悠悠的歌声，如"萨拉啦，萨拉啦，雪花儿飘呀"，"池塘的鱼儿游呀游啊"，等等。由于菅沼老师也能教体操，安井川小学就新开设了唱歌和体操这两门课。

安井川小学没有游泳池这样的设备，但学校边有一条叫安昙川的大河。每年夏天，到河里去游泳是我们在校期间最快乐的活动。

春天，在百花盛开的时候，我们将花园当教室，一边晒太阳一边上课。夏天，我们的学习不是在安昙川的堤坝上，

① 1886 年（明治十九年），日本政府发布小学校令，设立寻常小学与高等小学，前者修业年限为三至四年，后者为两年。——译者

就是在校园的柳树下，真令人感到其乐无穷。学校距离氏神神社周边的镇守林有三里多的路，<sup>①</sup>有时我们去那里散步，算是上体操课了。

①日文原文为十五町，日本的一町为109.9米。
——译者

我们没少到氏神神社去参拜。说是等于上体操课，但野吕校长考虑的也许不仅仅是让我们运动运动，而是更深层的东西。氏神的镇守林就像原始森林一样，枝繁叶茂，有我们三四个人手拉手也抱不住的柯树，老松树长得很茂盛。有时候，我们一整天都在这镇守林里学习。

虽然学校设备不全，教员人手不够，但学生们还是在一点一点地进步，学业也很好。这里的毕业生，升到高年级的学校，成绩总是名列前茅。为什么安井川小学毕业的学生都身体结实，能写会算呢？这真是件不可思议的事情。

我在安井川寻常小学学了四年，然后升到邻村安昙高等小学的高等科学习。之后先后到膳所中学，同志社大学，甚至还到美国俄亥俄州的奥柏林大学求过学，但在我看来，没有哪一所学校能比得上安井川小学能使人感到轻松愉快的了。

我的少年时代就是这样接受教育的。正因为如此，尽管像样的老师只有校长一个人，尽管没有任何教学设备，但只要有大大的校园，只要附近有美丽的自然林，那么，办个学校最起码的就算是有了。这就是我幼年的切身体验。

## 第二节　中学生活：邂逅基督教

### 1　膳所中学

我是十五岁到滋贺县立膳所中学上学的。在我为参加中学入学考试准备出远门时，母亲在柳条筐里放了给我收拾好的两身衣服。筐的底层放的是一身用久留米碎花布做的筒袖和服短外罩、和服、白地黑色条纹的裤裙、用带圆点花布做的三尺长的腰带。筐的上层放的是一身手织的条纹和服、黑色的和服角带，以及围裙等。

当时母亲对我说：

"记住，你要是考上了，就穿上底层放的那身和服。要是没考上，到大阪去当学徒呢，就穿上上层放的那身和服。"

我如果考不上的话，已经定了是要去大阪的纸铺当学徒的。那个时候，我真的是被推到了人生的十字路口了。

我就是这样参加滋贺县立膳所中学的入学考试的。当时考生有三百八十四人，其中考上的有一百一十人，我也是其中之一。竞争还是非常激烈的。

## 2　与沃利兹先生的邂逅

那是到膳所中学上学几天后的事情。

"今天是洋人老师要来的日子。你这种人，没见过外国人吧？"

同年级的一个同学嘲笑着这样跟我说。他是一个留级生。

在那之前，我没有见过外国人，还真让那个留级生说准了。

下了第六节课后，我匆匆忙忙地离开教室，躲在校门口偷偷地等着。当时只有一个心眼，就是想亲眼见识一下从外国来的老师。

"来啦！来啦！"

不一会儿，一个二十五六岁的外国绅士，头戴礼帽，手提小巧柳条筐走了过来。

"皮肤真白啊，头发真黄啊，眼睛真蓝啊！"

我目不转睛地盯着老师，嘴里嘟囔着、感叹着。这时，只听"过来，小家伙（Come on，boy！）"一声招呼，接着就感觉到他在使劲拉我的胳膊，我也没有要跑掉的想法，就这样硬被老师带走了。去的地方是中学东边邻近的一栋士族的房子。进屋一看，里面已经有十几个四、五年级的高年级同学了，他们正盘腿坐在那儿等着老师呢。

这个外国人正是威廉·梅莱尔·沃利兹先生。[①]后来，他入了日本籍，改名为一柳米来留。当时，我们都喜欢叫他"沃利、沃利"，称呼他"沃利兹先生"的人一个也没有。

沃利先生于1905年（明治三十八年）1月29日到横滨，接着于2月2日到近江八幡町（现为近江八幡市），成为县立八幡商业学校的一名英语教师。我第一次见到他时，他到八幡町刚两个多月，也就七十天。他每周的星期四都要从八幡町来膳所中学教一次英语会话。

之后，我每个星期都会去参加他的《圣经》学习班。学完《圣经》后，沃利老师总是从小篮子里拿出在家做好的点心，然后倒上红茶或咖啡招待我们。那种让人休闲提神的茶点对我们这些学生来说实在是太有吸引力了，对我这个从乡下来的人尤其如此。

现在仔细回想，这一辈子对我影响最大的人究竟是谁呢？我不能不说，这个人就是沃利。如果我没有与沃利结识，那我也许就不会与耶稣基督结缘了。

由于沃利过于热心通过《圣经》学习班来进行传教了，最终县当局解除了他的工作。这样，他到膳所中学教课也就

①沃利兹（William Merrell Vories，1880~1964），出生于美国，1905年作为英语教师来到日本，后主要从事西洋式建筑设计，是近代日本著名的建筑师，也是个热心的基督教传道者。1941年入日本籍。因其在社会公共事业和建筑业方面的贡献，曾获得日本政府颁发的蓝绶褒奖章和黄绶褒奖章。——译者

不可能了。

沃利是一个有理想的人。后来，他生活虽然贫困，但还一边在京都YMCA（基督教青年会）建筑工地做监工，一边到八幡来讲解《圣经》。有一天，我到京都柳马场的监工事务所去看他，没想到，沃利在搞蒸汽船的设计。他告诉我，他要将这艘船命名为"加利利海"号，[①]让它游荡于琵琶湖，在湖畔传道说教。

"老师，你哪儿有这么多钱买这艘船？"我如是问。

他回答说：我在祈祷能把这艘船赐给我。

又有一天，我和沃利到近江八幡的郊区去散步。沃利又对我说，他要把北之庄这座山，包括这里的山山谷谷全部买下来，建疗养院。当时，沃利已被免职，他把自己的一个学生推荐给了同志社大学的丹尼教授作日语老师，让那个学生每个月拿点报酬。他就是靠着这个学生的一点收入，吃点儿乌冬面生活。也就是说，他当时的处境是依靠自己的学生来维持生活，而他竟然在搞计划，要把一座山都买下来。他果真靠近山角的大岩石，不断地祈求上帝恩赐——真是一个令人惊奇的人物。他是一个伟大的空想家。

沃利很不喜欢搞教派。因此，他把彦根原有的同胞教会解散。尽管遭到很多教派教师、传道师的痛恨，但他还是坚持己见，主张实行一处有一所教会的政策。

沃利在信州的野尻拥有土地，但他从来不去那里避暑。因为，野尻外国人村的委员们坚持不与日本人杂居。在一年一度的外国人村大会上，沃利每次都建议允许日本人住进来，但总是因为大多数人的反对而被否决。年复一年，沃利对这一建议的提出从来没有间断过，但同样，这个提议也从来没有得到过多数人的赞同。

① 加利利海（Sea of Galilee）是以色列最大的淡水湖，据《圣经》记载，耶稣的许多神迹都发生在这里。——译者

沃利兹爱好和平，注重礼拜，乐于白手起家，从事各种事业。他门下的学生很多，有村田一幸郎、吉田悦藏等，可谓人才济济。但最能领会他的精神、继承他的衣钵的，说句大话，我想可能就是不肖的我了。

## 3　接受洗礼

大津是座落于琵琶湖和逢坂山之间的一个狭长的城市。我灵魂的诞生地，就是紧靠湖畔的滨大街的白玉町。

白玉町的教会属组合派。我经常去的教会的牧师是白石矢一郎先生。他说教时很雄辩，祈祷时滔滔不绝，精彩万分。我当时对此不能评头论足。但现在看来，说教用大声叱责、雄辩滔滔的方法固然不错，但祈祷应相反，用低低的声音，慢慢地说出来，不是也很好吗。

不知道为什么，白石先生是那样的雄辩。每个星期，我都会听上两三回，可关于说教的内容，我是一点儿都不记得。不可思议。唯一记得的是他在说教时不断地使用了"穷牧师"这个词。我估计这个词是教会的执事们最不愿意听的。但我却从"都来作穷牧师吧！"这句话中感受到了一种可贵的东西。

"像牧师这种令人愉快的职业（事实也是如此），这个世界上还没有啊。"如果他当时对我如是说，那么，我可能就不会上教会学校了。

1908 年（明治四十一年），在我中学四年级的时候，组合派以大津为中心进行了大规模的传道活动。这样，这年的 1 月是京都四条教会的牧野虎次郎牧师，2 月是同志社的日野真澄教授，3 月是平安教会的西尾幸太郎牧师，4 月是洛阳教会的木村清松牧师，他们都到这里来讲演。

5月番町的纲岛佳吉牧师，6月前桥的堀贞一牧师，7月灵南坂的小崎弘道牧师，8月本乡的海老名弹正牧师，9月大阪的宫川经辉牧师，也都来此地讲座。海老名牧师讲演的时候会场被挤得水泄不通。我坐在第一排，我记得，先生每走动一下，都会碰到我的膝盖。

这次活动是组合教会动员所有能干的牧师所进行的一次大规模的传道活动。全力传道的结果是有二十七名男女接受了洗礼，我也是其中之一。

另外，这些来讲演的牧师每个人都有自己的特点，每个人的演讲也都不比他人逊色，但使我下定决心的是木村清松先生的说教。木村先生在满场的会众之中紧紧地盯着我，他那促人悔改的话语，深深地打动了我，促使我毅然决定从罪孽的边缘爬出来。

## 4　寄人篱下

我大哥清水弥太郎比我大十六岁。他酒量很小，几乎滴酒不沾，但却罕见地好女色。他长得很有男子气，仪表堂堂，幼年时期曾在汉学家富冈铁斋的门下学习过，因此在乡下算是一个很有文化的人。

当时，大津有条叫柴屋町的花街柳巷。大哥弥太郎就是柴屋町最大的妓院大房楼的最肯花大钱的常客。这个大房楼里面住着一个叫平冈贞太郎的男人，和他同父异母的妹妹，叫琴路。而这个琴路正是大哥的情人。

贞太郎是黑社会的，还是一个赌徒，因借高利贷，以致后来不得不拍卖大房楼。于是我大哥把大房楼的家当全部买了下来，送给情人琴路当她的家产。

为此，我们老家山林的树木大都被伐光了，各个山头变得光秃秃的，我奶奶和母亲虽然很伤心，但也觉得这是没有办法的事，就这样一次又一次。没想到不到一年的功夫，贞太郎竟然偷走琴路的登记印章，借了大笔高利贷，携款潜逃，不知去向。

我大哥请了律师告到法庭，但因为被告不知躲在哪里，这场官司还是以败诉而告终。结果大房楼拱手让给了别人。于是，大哥听从琴路的堂兄早藤庀吉的劝告，把早藤在大津四宫町拥有的一座大房子租下来，开了一个旅馆，取名"平冈家"，交给琴路来经营。幸运的是，开业不久，该旅馆就被指定为政友会县级议员的定点旅馆，当时的总裁原敬因进行全国游说又顺便在这里落过脚，于是很快就成了全县有名的旅馆了。

开业还不到一年，琴路的堂兄就提出了很多无理的要求，要大哥把他的这座房子买下来，如不买的话他就要卖给别人，等等。我大哥已经投入了很多资金，如果买这座房子的话，会需要更多的资金，但因为当时旅馆生意兴隆，大哥贪心不止，遂买了下来。

也就是在那个时候，大哥把我名义下的土地也转手给了别人。那一片地就是现在县立今津高级中学校园的庭院。

在我刚要上中学的时候，大哥把正房妻子从乡下接了过来，在距离四宫町不远的锻冶屋町借了一栋房子让她住下。我每天从大嫂的住处去上学。大嫂本来是正房，但受的待遇好像是偏房一样，终于在我上中学三年级的时候，大嫂忍无可忍，与大哥分手，到京都给人当佣人去了。

没办法，我只好搬到大哥的姜所经营的旅馆平冈家去住，每天从那里去学校。我的房间是旅馆正门旁边一间只有三块榻榻米的小屋。因为是格子门，白天也很暗。而且，面朝大街，拉货车的咕噜声、小贩的叫卖声等，嘈杂混乱，听得一清二楚。还因为是在正门旁边，一旦有客人来，我就得一次又一次地向里面高声喊"来客人了！"简直是把我当进门铃儿使唤了。对一个中学生来说，这完全不是一个适合学习的地方。

不仅我住的房间不适合学习，就是平冈家这个旅馆兼饭馆，也不是一个中学生应该住的地方。

尤其是曾是艺妓馆老板娘的琴路现在经营着这家旅馆，其风纪之坏，令人无法言状。

即使是在这样的环境下，我也坚持去教会，从未中断过。星期天朝夕两次的礼拜自不必说，就是星期五晚上的祈祷会，还有隔周举行的家庭集会，无论哪一个，我都从不缺席，全部参加。

## 5 劣等生与"小石子儿"

上中学的时候，不管是哪个学年，我都只是那种勉勉强强升级、差点儿留级的劣等生，但我的好朋友们却个个都是优等生。而且，我的好朋友每学年都在变换。

我中学一年级时的挚友是内山正文。他每天早上都到我住的房门前，站在那儿喊一声"清水，让你久等了"，之后，我们一起去上学。内山的学习成绩一直都是第一，几乎没有一个同学能顶上他的位置。毕业后，他进入陆军士官学校，后来作为师长参加了英帕尔战役，[①]不幸病死在前线。二年级时的挚友是中村应。他也是每天早晨叫上我一起去学校。课外活动时，中村属剑道部，我在柔道部，有时两个部的练习不能同时结束，我们就约好相互等待，然后一起回家。中村从旧制三高（第三高等学校）考到东京大学法科，以排名

① 英帕尔战役（Battle of Imphal），1944 年 3 月至同年 7 月日军从缅甸对英属印度所发动的战役之一，目的是要切断联合国支援蒋介石的补给线。日军在此次战役中没有现实的作战计划，更严重忽视了后勤补给，只是一味地朝目标进攻，结果以惨败告终。此次战役在日本已成为有勇无谋的代名词。——译者

第四的优秀成绩毕业后，进入大藏省工作。那时，排名第一的好像是贺屋兴宣，第二的好像是矢内原忠雄先生。

中学三年级时的挚友是山路秀男。他父亲是师范学校的校长，母亲是留下了"元旦之日，万世流芳，天子之国，富士之山"这首名句的内藤鸣雪的女儿。她母亲是传统的女子学院的毕业生，还是大津教会的女执事。山路后来成为在河南作战中以绰号"虎部队长"而名震天下的陆军中将。

上中学四年级的时候，我的挚友是伊夫伎直一。他是议员的儿子，从三高考到京都大学，现在是横滨的一家仓库公司的会长。这么多优秀的同学都是我的挚友，其实对我来说是好事也不是好事。因为在和他们交往的过程中，说句没出息的话，不知道从什么时候开始，我有了一种自卑感。这是那个时候我最大的苦恼。

我是 1908 年（明治四十一年）9 月 28 日在大津教会由白石牧师主持接受洗礼的。那一天礼拜的说教者是京都四条教会的牧野虎次牧师。正是牧野牧师的说教对我的一生产生了很大的影响。他介绍说："新岛先生经常这样说，上帝，甚至能让那些在同志社校园里被踢来踢去的小石子儿，与新岛襄①说说话。"

我想，这是施洗者约翰从"上帝能从这些小石子儿中给亚伯拉罕兴起子孙来"这一教诲中引用来的。听了牧野牧师的这番话，我对照自己，这样想："上帝，也许能让像小石子儿一样的劣等生清水安三，变成为同志社的创立者新岛襄那样的人！"

"对了，我就是一颗小石子儿呀。如果上帝相信我、信任我的话，像我这种人也能成为新岛襄那样的人。好呀，这

① 新岛襄（1843~1890），近代日本第一个"开眼看世界"的教育家，是日本历史上第一所基督教大学同志社大学的创始人，被誉为明治六大教育家之一。——译者

是多好的福音啊。"于是，我马上给自己起了个雅号叫"如石"。从那时起，我感到自己一下子觉醒了。

从此我的自卑感消失得无踪无影。而且，我从内心注意培养自己"我是一颗小石子儿"这种意识，最后我决心将白石牧师的口头禅"穷牧师"献给我自己了。

## 6 决心上同志社

上中学的时候，我没有一个踏踏实实埋头学习的环境。因为中学毕业后，我没有一个升学的具体目标。父亲去世以后，我家的山林被变卖了，田地撒手了，大哥的姜所经营的旅馆也遭到法警的查封，有时连我学习的桌子都被贴上了封条。说句实话，寄宿在大哥的姜家里的我，反反复复所说的一句话就是："要是爸爸还活着的话，我还能上大学呢！"虽说免除学费的学校寥寥无几，但我知道毕竟还是有的，就因为抱有这一丝的希望，我愣是没有产生中学退学的想法。

不过说真的，因为没有升学的希望，所以无论如何都学不进去。

当时免除学费的学校只有七所：士官学校、士兵学校、东京和广岛的高等师范学校、高等工业学校和高等商业学校的教员养成科，以及电信专业学校。像现在的育英奖学金这样的好制度当时是没有的。

还有一个令我悲伤的事，那就是无论如何我得面对这样一个严肃的现实：靠我的脑子要通过提供费用的学校的入学考试，那肯定是没希望的。

给读中学的我指明了一条光明大道的，是当时同志社大学的主任牧师武田猪平先生。那是我上中学四、五年级的时候，武田先生经常到大津的教会来讲演。有一天，武田先生在演讲中给我们讲了山室军平被吉田清太郎从饥饿中解救出来的故事。[①]从这个故事中，我看到了新的希望。

现在同志社大学还有很多学生一边每天早晨给人送牛奶、送报纸，一边坚持刻苦学习。听到这个，我心头万分激动。

要是干活的话，我什么都能干，问题是，同志社大学的入学考试难不难呢，这对我来说是最大的问题。可是没有料到，幸运的是，不用考试就能上这所大学。我就像飞上了天一样，高兴得心直跳。这样，在我面前敞开的唯一的大门就是同志社大学。

1910 年（明治四十三年）3 月 23 日，我从膳所中学毕业了。那时毕业生有五十四人，我的成绩可能是倒数四五名吧。

①山室军平是日本救世军的创始人，著有《平民之福音》。在同志社大学时期，因贫困交不起学费，同一时期考上大学的吉田清太郎默默地为其垫付了学费，自己则一边打工一边过着赤贫的生活。山室当时以为大学免除了自己的学费，对此事一无所知。——译者

## 第三节　大学时代：感受鉴真与斐德金

### 1　贫穷的学生生活

现在回想起来，我刚到同志社大学上学的那阵子，真的是一个可怜的穷学生。我负责给三个中学一年级学生辅导英语、数学和国语（日语）这三门课，包括预习和复习，每月从每个人那里拿 1.5 日元的报酬，这样一个月的收入就是 4.5 日元。

因为当时同志社食堂的伙食费是一天 18 钱，每个月至少需要 5 日元，所以我必须每周有一天不吃饭。最初我是用不吃饭的办法忍过来的，后来慢慢地在京都城内住惯了，也

就找到了各种各样的打工机会。

有一段时间，我拉人力车。后来我到了部队，在快跑比赛中我在连队总能拿第一，我想也许是因为干人力车夫这个活儿练就了我的脚力吧。

那个时候，同志社的宿舍用的是煤油灯。于是我就每天早点睡，大约在晚上十一点左右起床，然后到今出川车站明晃晃的候车室，在灯光下读书。这成了我的日常生活。

在中学一年级学生中，很多人都是到第三学期因英语、数学和国语考试不到九十分而不得不留级。也就是说，那些在第一学期和第二学期只考了二三十分的学生，无论如何在第三学期也都必须考九十分左右，否则就得留级。于是乎，来找我辅导的学生增加至十名，有时多达十五名。

我以前并没有专门学过或研究过教育学，但在同志社大学一年级的时候，认真地教过那些脑子并不很聪明的学生，这一经历让我一生受益无穷。说实话，我自认为自己是一个好教育家。为什么呢？因为不管是脑子多么不好用的学生，只要经我一教，他就会马上进步、成为一名优等生。在这一方面我还真是一个能手。我本身不是一个脑子聪明的人，但只要是我教的学生，都能成为优等生，这一点很有意思。

这样，我的穷学生生活持续到我大学二年级暑假结束，因为大二暑假以后，就有沃利兹来资助我上学了。

大学三、四年级的时候，每到星期五下了课，我都会沿着京都山科街道徒步走十多公里的路①到大津，从绀屋关乘汽船到吉川港，上陆后再到野田，在那里主持晚上的集会。第二天早上又徒步到安土，主持晚上的集会，当天深夜徒步赶到八幡。在八幡主持完星期日早晚两次集会后，当天深夜

① 原文为三里，在日本一里相当于 3.9 公里。

返回京都。这是沃利兹派给我的社会实践的任务，现在回想起来，当时让我干得太多了。这样的话，我的学习怎么会好呢。①

①以上均摘自 1965 年（昭和四十年）7 月 10 日开始在《基督教新闻》上连载了 152 期的《起来哟，小石子儿》。

No.32　同志社大学神学部毕业时的照片，前排最右边的青年为清水安三，手中拿着的似乎是毕业论文

## 2　为鉴真和尚所感动

那是我在同志社大学神学部上五年级时候的事。有一天，我在图书馆翻阅新书时，看到了德富苏峰的《支那漫游记》一书。

那个时候，我把全部精力都放在西洋文化方面，对中国的东西一点儿兴趣也没有。但不管怎么说，这是苏峰的新著，所以就顺手拿来一读。结果我被他的文章所吸引，很快就读完了。在记述他访问山东传教士的那一节，我记得有一段是这么写的。这一段我很长时间都能背诵下来。

想一想，我国的各个宗教家，决心把自己的一生全身心地投入到向中国传教的能有几人？我虽然不全面肯定英美及其他传教士的活动，但他们之中有如此为传教努力并献身的人，这是事实。他们就像破晓前天空的星星一样稀少，但作为拂晓前天空的星星，它的光芒是不可否认的。

读到这里，我就想："什么呀，我国的青年宗教家没有干不了的事情。"

——提起笔来写东西时一定要谨慎，你的一段文章也许不知道在什么地方对什么人会产生巨大的影响，从而使这个人转换了人生的基本方向，让他一辈子都不可能挽回了。

还有一个促使我把精力全部转向中国的契机。有一天，是个星期六，我与同年级的几个同学，记不得是和谁去的了，一起去奈良一日游。当时的同志社，不仅星期天休息，星期六也休息。

也不知道是谁给我们引路的，我们参观了药师寺和唐招提寺。僧侣给我们介绍说，唐招提寺的兴建与鉴真和尚有很大关系，鉴真和尚是唐代最著名的高僧。那个时代，我们国家特别希望能有一个具有授戒资格的高僧，于是邀请鉴真和尚来访。唐朝皇帝舍不得他走，没有批准。于是，他就尝试着偷偷地走，凡五次，最后终于到达日本。然而，那时由于积年的困苦和海风的吹打，他的双眼失明了。鉴真的故事，促使我真正奋发起来。从那以后，我经常到图书馆，阅读各种高僧传记。我惊奇地发现，无论是哪个时代，都有很多学者、僧侣飘洋过海来到日本，为日本文化的建设作贡献。

哈那克教授[①]说过这样一句话，凡世界文化史的转折点，都立有十字架。其意思是说，要想使文化得到发展，并将其导向更高的境界，就必须有人做出巨大的牺牲。如果是这样的话，我们就必须明白，凡在日本文化发展的关键时刻，一定会有中国人站在那里。我心底里为鉴真和尚所感动。

### 3　决心去中国

我觉得，仅仅凭借德富苏峰的《支那漫游记》和鉴真和尚的事迹，还没有能使我痛下去中国的决心。

那是我在同志社大学上学最后一年的正月所发生的事情。那时，京都各个宗派的基督教会联合起来在举行"初周祈祷会"（每月第一周的祈祷会）。1915年（大正四年）1月3日晚，我清楚地记得，在乌丸大街的平安教会举办了一个题为国际爱的祈祷会。

我碰巧参加了那天晚上的祈祷会。那晚的主讲人是后来接任同志社大学总长的牧野虎次牧师。牧野是耶鲁大学的毕业生，他理所当然地介绍了何瑞思·崔西·斐德金[②]这位耶鲁大学毕业后到中国传教反被杀害的传教士的事迹。

斐德金是美国公理会差会的传教士，在保定的东关一带经营一所学校和一个小小的免费施疗所。当时，有名的义和团运动爆发了。义和团是在山东一带兴起的排外攘夷的一场动乱，他们见了与外国有关的东西就加以破坏，见了外国人就欲杀戮。他们有一种独特的信仰，坚信自己的身体刀枪不入。

义和团快到保定的时候，斐德金陪同妻子和孩子到天津的美国义勇舰队避难。美国公使要求所有的人都呆在军舰上，不可轻易离开，但斐德金却说，如果一个牧羊

① 哈那克（Adolf von Harnack，1851~1930），德国新教神学家，教会史家。——译者

② 斐德金（Horace Tracy Pitkin，1869~1900），耶鲁大学毕业生，在中国传教三年，1900年7月在保定府传道时被义和团杀害。——译者

人把羊群放在野地里自己逃走的话，那他就是一个卑鄙的人，于是毅然只身回到保定。他回去没几天，保定的好几个基督教信徒都惨遭杀害。斐德金自己也在自家住处被隔墙击中，倒地身亡。他特别信赖的中国人孟牧师也被杀害。

他家的佣人阿妈回忆说，斐德金生前曾对她说过，"要是我被杀了的话，这里藏有一份遗书，请把它交给我夫人。"于是她赶紧去找，果然找到了一封信。这封信是写给母校耶鲁大学的，信上这样写道："耶鲁啊，耶鲁，请把我的儿子约翰培养到二十五岁。当他到了二十五岁，就请把他派到保定，继承父业！"

耶鲁大学的教职员和学生深深地为这封信所感动，为此，直至今日，他们每年都举行两次银品捐赠活动，给中国捐献钱款，以此来支持"耶鲁中国传教会"的活动。正是因为牧野毕业于这样的学校，正是因为牧野成长于这样一种学术氛围，他，才是最适合于讲述什么是国际爱的人。那天晚上，牧野边讲边哭，声泪俱下。

我听了他的这番讲话后，再也按捺不住自己了。于是，暗暗地下了去中国的决心。[1]

①以上摘自 1939 年（昭和十四年）4 月朝日新闻社出版的清水安三著《朝阳门外》。

# 第四节　前往中国

## 1　模范兵

1915 年（大正四年）12 月 1 日，我当兵了，是驻扎在大津市西郊、琵琶湖畔的步兵第九团的一名志愿兵。

军队有时让我们拿着八贯目（三十公斤）重的背包和枪

支进行远距离强行军，一天要跑五六十公里的路，但我一次都没有落过伍。

在连队的快跑比赛中，我总是拿第一。虽然当兵的都是些从农村来的强壮小伙，但跑起来却没有一个能赶得上我，也不知道到底是什么缘故。有时候训练刚结束，就听到"绕前方筑山一周，预备，跑！"的指令，一声令下，我们得进行更快的追击比赛，我总是第一个到达终点。

因为平时表现比较好，无论是被提升为上等兵时，还是被提拔为伍长时，我总是代表全体志愿兵向团长汇报："团长！清水等五十一名志愿兵，今天被提升为伍长了。"

1917 年（大正六年）的 5 月，我参加了少尉任职的最后一次考试。在我们师所有合格人员中我的成绩名列第一。这样，在预备役时期，我为步兵一一七团的旗手，在后备役时期，我任营级副官。

## 2　叛逆者

1917 年（大正六年）5 月，退役之前，我获准了在外面住两个晚上的假。一个晚上是住在沃利兹那里，另一个晚上是住在老家母亲那里，过得都很愉快。

与沃利兹先生吃完晚饭后，我们有机会好好地聊了聊。

"你啊，应该去当近江教会团的传教士。"

"老师，我在大学四年级的时候，被近江教会团开除了呀。证据就是，我在大学五年级的一年里，从教会团一分钱的奖学金都没有拿到啊。"

"这事儿我可不知道。可是，我是绝对不会放你走的哟。"

"沃利，和你从美国来日本时的动机一样，我呀，要去中国！"

当时的谈话，我至今记得清清楚楚。就这样，我们俩你一句我一句，日语加英语，英语加日语，一直谈到了天亮。

最后，沃利先生做了一个断言，他说的一句话是：

"你是个叛逆者！"

在高岛老家，母亲看到我穿着见习士官的制服，佩带着长长的军刀，非常高兴，领着我不是到亲戚家坐坐就是到邻居家转悠。

有人说，"这可是咱们村出来的第一个军官啊。"

还有人说，"这是咱们村建村以来出的第一个军官哟。"

那天晚上，村里的人们不请自到，到家来聚会，母亲杀了一只鸡，炸了一笼子鲤鱼来款待大家。也就是说，我还没有退伍呢，庆祝宴会倒先办了。

客人都回去之后，"其实……，"我面向母亲道出了真相，"妈，我呀，我就要去中国了。"

就这样，把事情的来龙去脉给母亲说了一遍，最后我把话锋一转说，"可是，要是妈舍不得让我走，想要我留在近江，那我在沃利先生的近江教会团干也行。"

我盯着母亲的脸，紧张地看着母亲的反应。稍后，母亲一下子站了起来，回过头来对我说：

"你这家伙，竟然因为担心我这个老婆子的事儿不去中国呀。要是这样，我不如上吊得了。我的事儿，你不用考虑，美国呀，中国呀，能去哪儿就去哪儿吧。"

听了母亲的这番话，我不由自主地说：

"妈，原来你比藤树的母亲还伟大啊！"

### 3　海外传教士

1917 年（大正六年）5 月 28 日，我从大津步兵第九团退伍了。

第二天，在大阪中之岛的酒店里，组合教会本部特地为我开了一个欢送会。出席的人有宫川经辉、原田助、高木贞卫、小泉澄、船桥福松、大贺寿吉、荒木和市、吉田金太郎、青木庄藏等人。当时组合教会中最重要的人物都来了。

甜点上桌时，宫川先生慢慢地站起来，开始讲话："在最后决定派清水到中国去的过程中，发生了很多事情，有各种各样的考虑。提出申请去中国的还有其他的一些人。因为是这种场合，斗胆说出来估计也没关系，比如渡濑圭一郎、松原大八都是热心的志愿者。说句实话，对于起用清水，有不少人是反对的。我们这些人碰巧有机会到大津去讲演，于是我们自己就到步兵第九团访问，见到了团长，问了问清水的表现。团长不加思索地回答说，'此人在第一连队勤务，听说是一个难得的很勤奋的士兵。'我认为，作为军人清水能竭尽忠诚，那么作为基督的一员他也一定会竭尽全力。其结果是，我们组合教会，排除各种干扰，决定起用清水，作为向邻国中国派遣的第一个传教士，如此等等。"

顺便提一句，那天晚上出席欢送会的很多普通的基督信徒共同与我约定，他们每个月将捐 10 日元以支持我今后的活动。

宴会散了之后，我被安排坐上人力车，在高木贞卫的带领下，前往位于堂芝的高木家。我清楚地记得，中途我们下车到一家叫有田的西服店订做了一件大衣。高木专门为我选了最贵的英国制的玉罗纱面料，做了一件厚大衣。

6月1日，在高木的陪同下，我们拜访了大阪朝日新闻社和大阪每日新闻社。高木是广告公司万年社的老板，与报社关系密切，在他的引见下，我见到大阪每日新闻社的高石真五郎和大阪朝日新闻社的社会部部长长谷川如是闲。

第二天，大阪每日新闻在人事往来一栏里只写了一两行记事，但第三天的大阪朝日新闻却在社会版的版面上专门空两行醒目地刊登了有关记事。内容是在他们的诱导式的提问下我所说过的话："到中国之后，我要在二十多岁建小学，三十多岁建初中，四十多岁建高中，五十多岁建大学！"

我在那儿吹牛，他们竟把我吹的牛原话照搬出来了。

## 4 在奉天发出的第一声

我是从神户港出发乘船前往大连港的。

1917年（大正六年）6月5日，我到了奉天（现在的沈阳），见到了先期到达的牧野虎次先生。那天晚上，在奉天的一所小学的礼堂举办了一场大型的讲演会，同时欢迎海老名弹正和渡濑常吉两位先生。

讲演大厅挤满了听众。轮到第三位讲演人海老名先生的时候，他站起来拉着我的手，登上讲台，这样开始了他的演讲："我要给诸位介绍一位新娘子。这位就是日本组合教会送给满洲的新娘子。"

这是对我的介绍。哇哇！意想不到的"新娘子"——我自己在心里嘀咕着。到海老名先生让我讲话时，我也没有开场白，就讲起我的基本信念：

在满洲，居住着汉人、满人、朝鲜人、俄罗斯人，还有日本人。在北美，居住着英国人、法国人、德国人，还有美利坚印第安人。

我们必须把满洲建成北美合众国那样的国家。当前，日本人应该担负起北美合众国建国时代清教徒所肩负的责任。在满洲的日本人应该比爱祖国日本更爱满洲才对。如果有必要的话，应该不惜与祖国日本一战。诸位，大家想一想，大和民族究竟是从哪里来到日本而建国的呢？有南洋之说，也有中国之说，各种说法不一，今天究竟哪一种说法是真的呢，还是不明不白。正好也是这个道理，当我们的子孙在研究他们的祖先究竟是从哪儿来的时候，即使他们什么也没有研究出来，这也没关系。各位认为如何？……

我是把想说的都说出来了。后来渡濑先生告诫我说，"你那么讲会招人误解的。"可海老名先生却对我的讲话赞不绝口。

## 5　开设儿童馆

我在奉天的小西边门外租了一栋房子，是原俄罗斯武官的公馆。这是一栋很大的洋房，一半用来作教会，另一半用来作牧师馆，足够用了。

我在教会的庭院里设置了秋千、圆木桥、滑梯等游乐玩具，挂起了"儿童馆"这样一个门牌。每天很多儿童会来到这个游乐园玩。到这儿来的有三分之一是中国孩子，三分之一是朝鲜孩子，还有三分之一是日本孩子。

儿童馆的门前有一个水池，因为一到冬天就会结冰，所以我就在水池中间树了一个电线杆子，安了一个大灯泡。这就成了滑冰场了。白天是孩子们，晚上大人们也都来这里滑冰。显然，到这儿来滑冰的孩子，俄罗斯人最多。

我最初的事业就是负责管好这个儿童游乐园。我每天给自己的口袋里装上梳子、卫生纸等，不是给女孩子梳梳头，就是给其他孩子擦擦鼻涕。有的孩子受伤了，我会给他抹点碘酒，擦点曼秀雷敦药膏。时间长了，我也学会了一点治疗，让孩子们喝点六神丸，还顺势搞点疗法，等等。

对到这儿来玩的儿童，我还教他们学日语、练瑞典体操。瑞典体操是我在部队学的，当时是一种新式徒手体操。

我在想，如果组合教会允许我长期呆在奉天的话，这个儿童馆一定会作为一个大的社会事业发展下去，会发展为幼稚园、学校，也许还会建立起教会呢。①

① 以上均摘自《起来哟，小石子儿》。

# 第二章 北京时代（上）：
##　　　　创办崇贞学园

No.33　崇贞学园的学生们在宽广的
操场用身体摆出"崇贞"二字

## 第一节 在朝阳门外救灾办学

### 1 北京生活的开端

我是 1919 年来北京的，那年是民国八年，大正八年。

火车驶入正阳门车站时，我心想，也许会有一个朋友来接站，于是就在站台上伫立了一会儿。为了在人群中寻找相识的面孔，我瞪大眼睛，左顾右盼，但结果徒劳一场，朋友没有来。

我想让接站的朋友是同志社大学的同学，叫安藤，是东京一家报社驻北京的特派员。

没办法，找了一个搬运行李的脚行拖着几个大行李，自己跟在后面走出了东交民巷，来到了霞公府小纱帽胡同的大日本同学会。

### 2 潜心研究中国问题

来到大日本汉语同学会后，第二天我就开始潜心研究汉语和中国的情况了。当时，武内义雄也在该会。后来，武内成了东北大学担任诸子学讲座的文学博士，从他的博学和实力来看，也许他是日本最好的研究中国的学者。

不只是武内博士，在狭窄的同学会的房间里借住的每一个青年学习都很努力。现在，他们中做了军人，担任少将、中将的是"中国通"；做了学者的，是大学教授，即使不是大学教授，也是高中的教师；在银行工作的留学生，有的做了支店长；在外务省工作的留学生，有的当上了书记官、领事等。同学会的学习气氛现在回想起来都觉得让人意气风发，大家都拼命学习。由于我被收留在那里，所以也不得不学习，没有汉字功底的我无论是研究哪个时代，都像是用犁和锄头耕地一样，很觉困难。

在无可奈何的情况下，我开始了对现代中国思潮的研究。我拼命地研究陈独秀，阅读胡适的文章，感受周作人的随笔，埋头苦读鲁迅的小说，甚至还研究了钱玄同的文字革命，并在此基础上写成了一本书，名曰《支那新人与黎明运动》。另外，我还对康有为及孙文的思想进行了研究。不是自吹，第一个把鲁迅的小说翻译成日文的人就是我本人。当然，最初大部分翻译工作还是鲁迅自己亲自做的。

## 3 拯救死亡线上的灾童

就在我专心致志学习汉语、研究中国之时，中国北方遭遇了特大旱灾。雨一滴也不下，麦子、大米、高粱、稗子、红薯、花生、玉米等，不管是春季作物还是秋季作物，都没有收获，北方五省的百姓面对大饥荒，除了死没别的选择。

在顺德居住了三十年的英国内地会的传教士格里菲斯（Griffith）牧师首先开始了救援活动，美国传教士也遥相呼应。这样，北方的旱灾在全球轰动一时，世界各国开始给灾区运送食物。

日本国民也没有坐视旁观。全国的小学生每人捐三分钱，并把这些钱集中起来送往中国，由各地的商业会议所主持募捐，募捐了共十几万日元。

日本的做法是把募集到的捐款

No.34　聚集在朝阳门外的空粮仓里的孩子们

先交给张作霖或曹锟，再通过他们把捐款送往灾区。这些钱究竟是否能送到饥饿中的农民手中，还是个疑问。特别是给了张作霖那样的人，说不定他会做一个写着"东方君子国"的大匾额赠送过来，除了这个匾额的制作费用之外，其他的钱也许就会变成他买鸦片的费用了。想到这些，我也和其他传教士一样，想直接投身于救济活动。

在给东京的涩泽荣一子爵上呈一封信之后，我又去拜访了北京居留民会的中山龙次委员长，向他说明了我的愿望。中山龙次到此前一直在东京担任放送协会的理事，当时他作为交通部顾问正在北京的社交界大显身手。

当时我还是一个二十八岁的年轻人，而中山龙次二十七八岁的时候，在递信省已经是一个可以委以重任的人物了。他对我说："救济饥荒这样的工作，无暇顾及质量，只求速度，你也做一个试试看吧。"我的灾童收容所计划马上就被采用了。所谓的灾童收容所，就是把濒临饿死边缘的农民的孩子集中起来，到麦子收获期为止收养他们。工作开展很顺利，最后利用朝阳门外一个禄米仓办起了灾童收容所。

我自己亲自去灾区收容灾童。我们是赶着马车、驴车一个村一个村地去的，农民们根本不是只吃榆树、柳树的新叶子和树根，就连我们赶的大车的马粪、驴粪也要捡。他们不是把这些粪当肥料，而是把它放在水里浸泡，然后吃那些渣子。

我赶着满满坐着孩子们的大车到了停车场，然后带着他们坐上货车驶向北京。灾童的父母中，有追赶载着自己孩子的大车的，其中追赶了八九里路的人也有。

有一个孩子的母亲，她一直追到了车站。在车站离别时，她把一个银簪子交给了孩子。这个簪子是她出嫁时，她的母亲即孩子的姥姥给她的。我把那个银簪子放在了收容所的金库里，直到那个孩子离开收容所的那一天。

就这样，收容孩子的工作持续了一个多星期，我们每天都重复着同样的工作，收容的孩子达到了八百名。之后我们又开始着手准备收容所的设备。之所以说是八百名，是因为一开始数错了，多数了一名，实际是七百九十九名，就按救了八百名算吧。

护士一名、医生一名、教师五名、文书一名、会计一名，收容所就这样开张了。因为需要很多工作人员，这可不是一件容易的事情。除此之外，收容所还雇用了阿妈、厨师等数人。所幸的是当了一年志愿兵的我，居然还有点儿指挥才能。

我们给灾童们喝的是粟子粥，吃的是玉米窝窝头。玉米窝窝头是用玉米做成的团子，形状像斗笠一样的食物。

每个人一个月两日元左右，吃的东西基本上就够了。

尽管灾童收容所是临时性的事业，但我还是做了一些桌子和黑板。那是因为我已经预料到，收容所解散的时候，因下落不明或者是饿死而不能来接孩子的父母肯定会有的。我觉得为了这些孩子还得继续经营孤儿院，所以就准备了一些临时性的设备。

灾童收容所的经营是非常艰难的。庆幸的是，那年的春天雨水很多，麦子长得很好，农民们的愁眉也展开了。我们没有等到收麦季节，就给孩子们每人一袋面粉，让他们回到了自己父母的身边。我自己又一次赶着大车载着孩子们，一个村一个村地把他们送了回去。每个村子的父母都在路边跪着，向我表示感谢。这时，我感到自己在开办收容所中所受到的苦和累都消失了，深感欣慰。

## 4　办学资金五百日元

灾童收容所解散后，我收到了 300 日元的酬谢金。因为我一直在做义务劳动，所以给了我这些钱。另外，我还收到了 200 多日元，那是做棉衣剩下的费用。做棉衣能剩下钱，是因为有以下

No.35　赶着马车去接受灾儿童的清水安三等人

的原因。帝国教育会给灾民的子女做了两千套棉衣，我跟另外一个人一起承担这项工作，一人一半，我负责做的衣服比他那边便宜了二百几十日元，而这些衣服又是让朝阳门外的灾民们做的，所以就把那二百几十日元给了我。这两笔钱一共有五百几十日元，我以此为资金，创办了一所学校，那就是"崇贞学园"（创立之初叫"崇贞工读女学校"）。

听说用区区 500 多日元就想创办学校，有些人觉得可笑。我不是有了金钱才肯办学的人，而是先有信念才办学的，我是在一定要教给孩子们人生自立的方法这一信念上创办学校的。1921 年（大正十年）5 月 28 日，我创建了崇贞学园。①

① 以上的文章均摘自《朝阳门外》。

## 5　创办崇贞女学校之初

转眼间一年过去了。在这一年里，五十二个孩子不论刮风还是下雨，每天都坚持来学校。最初有六十个孩子报名，但因为租的房子太小，我们不得不谢绝了两名。怎么做了一件这么无情的事情呢，但如果不那样的话，桌子将放满屋

子，堵着门，连门都无法开了。

正月的时候，孩子们每天三三五五的结伴到我家来拜年。"老师！是给您磕头还是给您鞠躬？"每个孩子都会问。我们说鞠个躬就行了，他们就一一鞠躬，但其中也有非要磕头的孩子。磕头就是跪在地上，头要碰到地面上。鞠躬是日本式的最高礼节。他们每个人吃了点儿点心后，就回去了。

第二天，学生又问："老师是哪儿的人？南方人吧。"我对学生们没有意识到我们是日本人而感到不可思议。这也许是因为我们的工作不带有日本的国家政策那种臭味的缘故吧。

1921 年 10 月，为了我们学校的基础建设，我返回日本拼命地募集资金。神户的田村新吉和东京的森村开作，每人各捐助了 5000 日元，以此作为校舍的建筑资金。①

① 原文载 1922 年（大正十一年）四月六日的《基督教世界》。

No.36　崇贞学园的教师们

（两年后）

学校从 1921 年（大正十年）5 月 28 日创办以来已经满三年了，现在学校有学生七十五名，教员四名，六千六百平方米的用地（高木贞卫的捐赠）和一万数千日元的捐款。

所幸的是，学校在当地的信誉很高，招生广告只是在刚开始建校时贴发过，以后就再也没有发过。现在的情况是，只要有一个人退学，就会有好几个人等着入学。当地一个有权有势的政府官员把自己的三个女儿都从别的学校转到了我们学校。不是因为有钱人或者大官的子女来了就怎么样，而是因为学校得到了当地的认同。为此我们感到非常高兴。

建校之初，我们很难招到令人满意的教员，现在，我们的每个教员在学识、人品上都符合当小学教师的标准。这次，从京都同志社大学毕业的侯玉香女士决定来我校执教，我相信她能长期地为本校的发展尽心尽力。

我们想在不远的将来建一所女子中学，从三年前靠只有几百日元就建起了学校的情况来看，这个理想绝对不是空想。[①]

① 原文载 1924 年（大正十三年）8 月 4 日的《基督教世界》。

崇贞女学校创立当初，我在朝阳门外贴出了"招生"广告。广告是我亲自写的，是在红纸上用毛笔写就的，我没有让别人替我写。我拿着红底黑字的招生广告，在朝阳门外的电线杆、街边的墙壁上边走边贴。这件事也没有依靠别人，完全是我自己做的。在排日情绪这么高涨的北京，到底能不能招到学生，我心里也没有底，只能是一边祈祷一边贴广告，诚心诚意地去做。无论怎样说，那个时候受五四运动的影响，排日的气氛弥漫全市的每个角落，我小心翼翼地开始了自己的事业。

学生招收了二十四名，我非常高兴。其中既有八九岁的，也有十二三岁的，还有十六七岁的，甚至还有二十二三岁的姑娘。这下可麻烦了，因为我事先是这样预想的：第一年先开个小学一年级的班，第二年再开一个班，第三年再开一个班，用年年增加的方式办学。因此，今年我只雇了一名中国女老师，剩下的课就是我们自己教了，这样的话，有500日元也能维持一年。

然而来的这些学生中既有能读书写字者，又有一字不识的女孩子，没办法，只好把二十四名学生分成三个班，雇了三名教师来教他们。然后又贴了一次招生广告，每天又有四五个人来报名，最后学生人数达到了六十名。

## 6  幽灵出没的校舍

学生是招好了，但最重要的校舍还没有着落。灾童收容所是借了放禄米的仓库，光白用人家的房子显然很不合适，这次无论如何得租一个房子。空房子是有的，但没人肯租给我们。正当我们愁眉不展的时候，听说有一个幽灵出没的房子可以出租，而且还是座落于从大路拐进去的一个小胡同里。我们想，如果能租给我们也行，所以就去看了一下。房子共有四间，一间漏雨已经不能用了，随便放个东西还是可以的，其他三间可以做三个教室。打听了一下房租，得知一个月的租金是14日元。价格很合适，我们就租下来了。

听人们说，几年前住在这里的一家人有六人被杀。杀人的男子在朝阳门外石头桥的河边空地上，被人用青龙刀砍下了头。石头桥就是现在崇贞学园旁边的那座用石头做的桥，通州街道就是从那里开始的。

我感到有点儿毛骨悚然，但妻子美穗是对幽灵之类的什么都不忌讳的女性，她说："就租这个房子吧。"我们很快就办了租住手续。

我们租这栋房子，经营了十年崇贞学园。把中国式的房子改造成教室很容易，但教室的内部装修用了近300日元。黑板、桌子、椅子、讲台都是从灾童收容所那里得来的，够用了，但为了校舍的建设用了很多钱，最后只剩下200多日元了，心里真的有点儿不安。

但租金14日元是很便宜的。我们必须感谢朝阳门外有这么一个幽灵出没的小房子。如果租金每月就收取50日元或者60日元的话，那么崇贞学园肯定是创办不起来的，即使办了，也会很快半途而废。

No.37 1931 年，清水安三和清水美穗首次拥有了砖瓦校舍

## 7 "崇贞"的由来

北京朝阳门外是当时北京社会最底层、最穷的贫民窟。运河停止使用二十年，清朝被推翻、八旗兵撤走十年，朝阳门外所有的人都失业了，可以卖的东西一个不留地都卖了，如果再想卖，就只有女儿和妻子了。

所以那个时候朝阳门外成了"丫头"的产地。"丫头"就是十岁左右的女孩儿，只用 10 日元的钱就能将她买去让她做一辈子的奴隶，小的时候给人看孩子，长大后做妾。朝阳门外成为"野鸡"、"租妻"、"暗门子"的人很多。"野鸡"就是英语的 street girl 之意，"租妻"就是把妻子租借给别人，"暗门子"就是夜晚站在街头卖身的良家女子的意思。

在朝阳门外借用禄米仓经营灾童收容所的时候，一天我和妻子美穗去贫民街探险，看到了用 10 钱、20 钱这么便宜的价格就能随便买卖女孩儿的贞操的现象，我们感到非常震惊。

另一方面，我又感到一阵轻松。那是因为，如果我们能让她们赚到 10 钱、20 钱的话，那么我们就可以把她们从苦难的生活中救出来了。

我们选择在朝阳门外进行女子教育的最初的动机其实就在这里。想到只用 10 钱这么点儿钱就可以买卖贞操这一件事，我们就取崇高的贞操、贞洁的贞操之意，选用了"崇贞"二字作为学校的校名。

我在想，只要教授给朝阳门外的女子们自立之路，那么就一定不会再有人去卖贞操了。

虽说开学第一天让她们做手帕是件好事，但因为她们是没有洗过澡的姑娘，做手帕的白布被她们摸得很脏，打上肥皂洗也洗不干净，这让人很头疼。

于是，我们停止做手帕，花 40 日元买了一台织袜机。这次是用黑色或茶色的线织袜子，无论怎么不喜欢洗澡的人都能做这一工作。

一个月下来，会织袜子的人达到了二十二三名。而就在这时，我终于明白，织袜子这一行当是干不下去了。因为一个星期我们就能织出二三百双袜子，而筹集资金却相当困难。另外，袜子也很难卖出去。在当时的北京，如果不是特别追求时髦的人的话，无论男女都是不穿袜子的。也就是说，我们织袜子早了几年。

这样我们就限定一个星期只织一天袜子，其他的日子改织毛巾。我们订做了五台小的织毛巾机，让五名学生练习织。同时我们还织了一些稍微大点儿的毛巾，拿到洋人家里去卖，卖得还挺好。当时北京市场上卖的毛巾不是从上海运来的，就是日本造的。

但是还不到半年的时间，织毛巾的工厂在北京就建了十几家，结果是我们越织越赔钱。

有一天傍晚，听到有人在喊："不买绣花台布、桌布吗？"只见我家门口站着一个女商贩。妻子美穗把她叫到客厅，手里拿着那个刺绣品看了又看，说："真漂亮。""这就是西洋人所说的中国亚麻纤维纺织品吧？"然后她买了几个。

"我想让我们的学生做着试试看。"

我根本没问一句话，她却如此说，然后给那个女商贩倒了一杯茶，女商贩很高兴，说登门推销以来还从来没有人这样对待过她。

慢慢地一边喝茶一边聊天，这才知道，原来女商贩有两个女儿，丈夫几年前去世了，她现在是寡妇，她父母因是基督教徒，义和团运动时在通州被杀。成了孤儿的她当时还是一个不到十岁的小女孩，实在没有办法，照顾她的人把她送到了天主教的孤儿院，在那里她学到了这门手艺。她说她姓黄。

"你识字吗？"

"我是从天主教的中学毕业的。"她说。我马上跟她说定，我用25日元雇用她，请她明天就来。

自从把女商贩请来让她指导学生刺绣以来，学校的手工就一帆风顺。看一下就会明白，刺绣稍微重要的程序就是先让学生用肥皂好好洗洗手。为此，教室里备有好几个洗脸盆，还有肥皂。这么简单的事情，我却一点儿都没有想到。

刺绣是个精巧复杂的工作，绣好一件成品需要花很长的时间。但作为其材料的麻布和线却用不了准备多少，根本

No.38　音乐教师佐藤道子与班里的中国学生

用不了像织毛巾和织袜子那样需要准备满满一教室的东西。只要有一个能放下锁头的那么大的一个箱子，一个月的材料就没有问题了。刺绣品其实卖的是手工而不是材料，是一个非常容易做的工作。

我们把绣好的东西卖给了居住在北京、天津、北戴河的外国人，从中还可知都能卖出去多少，这样我们可以支付更多的工钱来让她们做这件事了。

第一次带着做好的绣花台布、桌布（bureau runner）、客人用的毛巾回到日本去卖是建校第二年10月的事。我把这些东西拿到近江八幡让沃利兹先生看了以后，他把我拿去的一整包刺绣品都买了下来。这使我们信心大增。

## 8　在避暑地摆摊

我每年夏天都带着学生们做的刺绣品到野尻湖、轻井泽那样的避暑圣地去出售。在轻井泽，因为免费借用了地处主街道的沃利兹先生的建筑事务所，加上地理条件很好，所以每天能卖二三百日元，一个夏天下来就能赚五千五六百日元。在野尻那边，我是在一个游泳场旁边的核桃树下，借着树荫摆摊卖的，也能卖两千二三百日元。还真赚了不少钱。

学园用赚的这7500日元建了四栋校舍，学生们从中获得了生活的自信，朝阳门的大多数妇女也都学会了刺绣。一个月靠丈夫八九日元的收入只能喝稀饭的妻子和女儿，一个月也能各自挣上 15、20 日元。其中还出现了这样的，就是丈夫只是负责去领取线和亚麻布、去送交成品，而靠妻子和女儿来养活的。

欧美的大百货商店为了挑选这种刺绣品，派工作人员来到了北京。出口商们争先恐后地来到朝阳门外，想争取这里的妇女们给他们干活。

现在，朝阳门外已经成为美术手工艺品的产地了。这里，一年能生产 400 万日元左右的刺绣品，出口到南美、北美、英国、法国等地区和国家。生长在贫民区的这里的妇女们早已变成了在北京也是不多见的有涵养的女性了，"野鸡"、"暗门子"、"租妻"之类的事情已经完全绝迹。只要稍微干一点活儿，50 钱、1 日元左右是很容易挣到的，没有人再做那种又耻辱又不情愿的事情了。[①]

## 第二节　留学美国：观念的转变

### 1　对美国人的反感

以前越过玄海滩来中国大陆的时候，我第一次客观地认识了日本。我心中突然涌起了一种怀念日本、想念日本的感觉，成了一个热心的爱国者。在日本的时候，对日本很不满，有时候还咒骂日本。可是，通过去朝鲜，到满洲甚至来北京，我的忧国之情油然而生，全身的血在沸腾，我不知从什么时候开始成了一个地地道道的爱国者了。能够客观地认识日本，给我带来了莫大的兴趣和好处。在此基础上，我期待着到美国去，以便能从遥远的太平洋彼岸来观察东洋的全貌。从美国看中国，从美国看东洋，这是每一个研究中国的

①以上的文章均摘自《朝阳门外》。

**【编者按】**

1923 年（大正十二年）3 月，仓敷纺织公司总经理大原孙三郎访问北京的时候，对担任向导的清水安三非常赏识。为此，大原为安三提供了去美国留学两年的全部费用。此事在 1978 年（昭和五十八年）出版的《大原孙三郎传》中有详细记述。

为了赴奥柏林大学留学，1924 年（大正十三年）7 月底，安三离开了北京。8 月 4 日，他与妻子一起从横滨出发，经由夏威夷前往美国。他们在美国整整呆了两年。

学者，哪怕是一次也好，都应该去做的一件事。

中国问题是当时世界最大的问题之一。美国人对日本的兴趣已开始冷淡了，在美国，任何人都在谈论中国。日本只是他们去中国旅游时顺便停留、顺便游览的地方。喜欢中国产品的人比喜欢日本的多，中国产品很流行。只要有有关中国的讲座，听众很快就会集聚在一起，人数之多令人吃惊。所以，随便一本关于中国的书只要一出版，就会像长了翅膀似地卖出去，非常畅销。

要去美国看看的决心是在今年春天下的。美国排日移民法问题被连日报道并轰动一时，我迫不及待地想去美国的热情也被点燃了。以前在中国排日运动最激烈的时候，我来到了北京，这次又要去正在排日的美国，这是一种什么兴趣呢？

我到中国以后，变得非常讨厌美国人。我在写"美国人"这几个字时，总是要加一个形容词，写成"傲慢的美国人"。我自己从小与美国人有弟子关系，直到去中国为止，对美国人总有一种敬畏之感。即便是这样，在中国生活了八年之后，我好像变得对美国人怀有一种出乎意料的厌恶感。为什么变得这么讨厌美国人呢，那是因为一点小小的心绪变化。

很久以前在北京前门车站的月台上，我曾经亲眼看到过一个美国妇人用脚狠踢中国苦力的场面，当时我用眼狠狠地瞪了她一眼，那个妇人红着脸走开了。从那以后我对美国人就有了一种反感的情绪。

还有一件事。有天晚上，我在东交民巷看见一个喝得烂醉的美国士兵坐着人力车，他在车上拿着宽皮带鞭打车夫，车夫一边惨叫，一边飞快地拉车快跑。生来就是一个文雅的正人君子的我，根本顾不得细想，就一个箭步冲上大道，用脚使劲儿踹士兵，有一种替天行道的感觉，我把士兵打服了。车夫非常感激，之后士兵是怎么走的我不也知道。为了避免后患，我躲到小巷里去了。把学过的柔道学以致用，这是第一次恐怕也是最后一次。就这样，美国人在我心中留下了极其恶劣的印象。

美国人对中国人的态度基本上就像是对待下等人一样。这是我衡量美国人的一把尺子——怎能容忍他们有这种优越感！这是我不允许以强欺弱的心情。

我永远忘不了1924年9月2日的那个早上。当我乘船过了旧金山的金门海峡，眺望着眼前曾经听说过的美国大陆时，我全身开始紧张起来，按捺住涌上心头的各种感情，言不由衷地说了一句："怎么了，美国又怎么了？"

登上美国大陆后，我做的第一件事就是让美国人给我擦皮鞋。

从旧金山港前往奥克兰的船与日本关门海峡的船几乎是一样的，在船上我让美国人给我擦了皮鞋。我坐在了一个稍微高一点的像理发店椅子的椅子上，然后把脚放在铁制的放脚的模型上，这时就有一个黑人准备给我擦皮鞋。我环视了一下四周，看到在不远处站着一个手拿鞋油的美国白人。

"欸，我要那位白人给我擦。"

各位读者，请你们好好想一想，一个从日出之国来旅行的大日本男子，现在让美国人给擦皮鞋呢。首先他把我鞋上的灰尘擦掉，然后涂上鞋油，之后就用力擦，那时我的心情是无法用语言形容的。清爽的海风从对岸吹来静静地抚摸着我的短发，看着看着鞋就锃光瓦亮，我心里的感觉是得意洋洋。

这种孩子式的幼稚的做法，对我来说却是多么地趾高气昂、扬眉吐气的事情啊。我不像有的日本学生那样在美国人面前不是反唇顶撞就是一味迎合，我会堂堂正正地作为一个大和男子融入美国社会之中。到目前为止，我还没有说过一次讨好美国人的话。虽然经常会有朋友或教授就日美关系问题询问我的意见，但我还没有一次在不反驳美国人的情况下就含糊其词，阿谀奉承。日本人经常是即使是听了没有什么意思的笑话，也要装着大笑一下，以便与美国人接触，点头哈腰。我这个人绝不笑，只是在听到有意思的笑话时才会笑。我不会忘记让美国人给我擦鞋时的那种心情。日本人已经不再是靠博得别人的怜悯而与人套近乎的那种人了。这里我要特别说一下，与点头哈腰的日本人相比，美国人反而更喜欢我这种性格的人。

前几天有一个美国人问我："那么，对于一个不着调的美国人，你也可以把他当作你的朋友吗？"

我说："噢，没问题，不论是小偷还是疯子都没问题，因为我所受的教诲就是应该去爱他们啊。"大家听了哈哈大笑。

来到美国大陆，首先体验到的是让人给自己擦皮鞋，这对我来说，是难以忘怀的。

## 2　车厢里的种族歧视

美国的火车既没有头等座位，也没有二等、三等座位。如果有那就都是头等，我很喜欢美国的火车。

我经常自言自语地说："美国的火车没有等级。"

但是，进入车厢一看，就知道还是有区别的。就像日本的火车用白色车票代表头等、蓝色是二等、红色是三等来区别等级一样，美国的火车中也分有白、黄、黑三种颜色，虽然相互之间没有隔开，但黑人大都集中在列车前方的女厕所附近。我和四个中国人一起站在列车后方靠男厕所附近的一个角落，白人们都坐在列车中间比较好的位置上。我想试一下，于是就坐在了列车中间白人中的一个座位上，果然不出所料，有人表示不满。之后我又试着坐到一起打扑克的黑人中间去。

这时，乘务员提醒我说："先生，您是日本人吧。"

于是，我对乘务员说："这趟列车是按照上帝创造人类的顺序给人排列座位的吧。"

乘务员好像没有听懂我说的意思。我又说了一遍之后，乘务员问："为什么这么说呢？"

我解释说："是这样的。很久很久以前，上帝为了创造人类，做了一个很大的炉子，把土和灰揉和起来做成了偶人，然后把偶人放进了炉子里。经过很长一段时间烧炼，上帝觉得应该烧好了，就把偶人拿出来了。一看，没有别的，烧炼出来的人被烧得黑焦，这些人就是黑人，黑色人种的人。"

"那，白人呢？"

"之后，上帝总结了第一次失败的教训，这次把偶人放进炉去不久就拿了出来，结果烧炼出来的是一个火候不够的人，这就是白人。"

"那黄种人呢？"

"这次上帝总结了前两次失败的教训，再三小心地烧制了人类，这就是黄种人。"

"哈哈哈哈……"

"所以我说，这趟列车是按照上帝创造人类的顺序给人排列座位的。"

那个胖胖的白人乘务员，伸出大手握了一下我的手，笑着走开了。第二天那个乘务员转到我跟前时，又好奇地问："黄种人的鼻子为什么那么扁，日本人的腿为什么那么短呢？"

也许是他跟谁转述了我的创世纪故事，别人又让他来问鼻子和腿的问题吧。这次，我没有让他失望，回答说："鼻子高的话，人会傲慢。腿长的人手一定长。日本把高鼻子的东西称为天狗，那是傲慢人的象征。手长的人是小偷。你看一看，难道不是白人占领了印度，把手伸到了菲律宾，又毁坏了夏威夷了吗？"[1]

① 原文载《北京周报》1924 年（大正十三年）12 月 4 日号。

## 3　美国观的转变

我英语虽然不太好，但面对美国学生，指出美国的缺点并跟他们激烈争论却是常有之事。有时候说得很极端，比如说如果与美国打仗的话，我也将持枪参战。我的这种美国观，主要是由于在中国的一些经历、对美国文化的嫉妒以及从内心挚爱黄种人等形成的，而不是自己来到美国后通过接触美国人而形成的认识。把美国说得一钱不值，这只是自己想泄愤而已，只图一吐为快。

然而有一件事使我的美国观发生了很大的变化。那是去年（1925 年）3 月的事情。有一天晚上，我和一个在美国呆了二十三年的日本学生就美国问题展开了讨论。此人是在日本的初中毕业后来到美国的，在美国是一个著名的演讲者。他娶了一位美国人做妻子，讲着一口几乎和美国人一样，不，比美国人更好的英语，并因此而成名。此人在奥柏林大学学习，是一个地地道道的亲美派。我跟他探讨问题，他大骂日本，我为日本辩护，与其对着干，痛痛快快地辩论了一番。

"别拿日本以前的事说事，如果说以前的话，美国二百年前还是一片荒野，根本无法跟日本二百年前的文明相比呢。"诸如此类的话，说了很多。之后我就把话锋转开，开始大骂美国，说美国人连禽兽都不如。

他很愤慨地说："那你为什么还来美国？"

我也不甘示弱，强辩说："我是来展示一片赤心和东洋男儿的意志的，不是来向美国人祈求什么的。"

我们俩都说得唾沫四溅，最后都到了一把鼻涕一把眼泪的程度。

那位朋友气吁吁地说了一句绝话就走了，而我却兴奋地躺在床上。随着情绪的渐渐平静，我觉得我自己正面临着一个转折点，并将铭刻于心。美国人是像我骂得那样下等吗？自己在奥柏林接触过的教授、学生、商人，甚至餐厅服务员、鞋店的掌柜、理发店的理发员，一个接一个地在我脑海里闪现过后，我忽然为自己感到惭愧。我无地自容，如果地上有个洞，我一定会钻进去。想一想，火车上的那个乘务员不是觉得我自己在这里一个人都不认识，于是亲自帮我把行李送到我换乘的汽车上了吗？我自己还在担心，这位乘务员会不会像东京站的车夫对待中国学生那样对我漫天要价时，他却说自己是顺路，免费把我送了过去。我和妻子已经有好多次被不认识的人免费送回家了。在你散步的时候，从路边开过来的汽车总会自动地在你身边停下来，说是跟你去同一个方向而让你坐上他的车。因为是日本人，我不知道从教授那里得到了多少特别的照顾。

有一次，我去纽约的一个教会，集会从星期日上午十一点开始。我因为坐过了站，换乘车途中又耽误了不少时间，结果迟到了十分钟。那天迟到的就我一个人。到会者有两千人左右，因为会场很大，我自己也没有感觉到有什么不好意思。我站在入口处，左顾右盼，正在寻找哪儿有空座位。这时，一位老绅士默默地拉着我的胳膊帮我找到了座位。帮我找的座位是会场中间一个很好的位子。那位绅士坐在我的右边，我的左边好像是那位绅士的夫人。那天正好是为支援外国传道的募捐日，教会的报告说，这个教会的任务是5000美元，其中800美元左右要送往日本，送往中国1000美元，给希腊、亚美尼亚、非洲、波斯、印度等的捐款的名目也都很详细。当募捐箱转到我前面时，我咬咬牙，一狠心，把十美分的铜币扔到了箱子里。可是旁边的老绅士却把100美元用手指夹着放了进去，老夫人也捐了100美元，那个老夫人那边坐着的一个像她女儿一样的人也放进去了两张20美元的纸币。那就是说，我坐的这个座位是因为女婿没有来才空出来的。

跟那位朋友辩论时，我狠狠地谴责了美国。但当那位朋友回去以后，我回想起了自己所接触过的美国人，觉得自己已经不能再这样攻击和谩骂了。美国人对外国人都抱有一种善意，想到这一点，我心里痛苦万分，对自己过去的言行后悔不已。自己的至今为止的美国观被推翻了，我的心空虚至极。自打那天晚上以后，我对美国所有的事情都以积极向上的态度去看待。如果你是真心想理解这个国家的国民，你就得看它阳光的一面，这成了我后来看待美国的态度。从那以后，我可以跟美国人推心置腹地聊天，对美国的优点从心里表示赞叹，对其缺点也深怀同情。以前对美国的优点都是看不顺眼，而其缺点成了我攻击的目标。很荣幸的是，现在我能跟美国人一起对他们的缺点感到忧虑，对其优点表示赞赏，心里平静了许多。

虽说他们是白人，但也是我们的同胞。我从心底彻底清除了对人种的偏见，并已经了解到美国人是非常和善、单纯、正直的。如果遇见了持有反对这种观点的人，我会同情他们。有了这种想法之后，我觉得自己比以前更伟大了。以前对白人看不顺眼的时候，就好像觉得是白人用他的大手抓自己的头一样，现在觉得白人就像兄弟一样，心情非常好。我觉得我有了可以分享他们的成功和喜悦的心态了。觉得看不顺眼的时候是因为心底的"恐惧和劣等"这种潜意识在作怪，现在已经可以以一种平和的心态同美国人握手了。[①]

①原文载《北京周报》1926年（大正十五年）2月21日号。

## 第三节　从北京到京都：筹措资金之苦

### 1　日本募捐之路

到北京后，我一直专心致志地学习、研究汉语。寄宿在大日本汉语同学会时，我疯狂地学习，除了上四个小时的课之外，下午和晚上也都请了家教。学了两个月后就能在宴席上讲话了，一年之后就能在灯市口的教会发表简短的演说了。

可以自由自在地讲汉语的时候，我参加了中国北方旱灾的救灾工作。之后救援团委托我把无处可用的二百几十日元用掉。这些钱确实是我给北京灾民子女做棉衣时，因实际用的钱比预算的金额少而剩余的一部分。作为处理这些钱的一个办法，我在朝阳门外创办了一所贫民学校，这就是我的学校（崇贞学园）的开始。

用 250 日元左右的钱创建一所学校，人们听了肯定大笑，但我却是很认真地、真心地做了这一工作。学校是 5 月 28 日创立的，这种状态一直维持到了暑假。250 日元的崇贞学园创立资金全部用完了，为了募捐，我踏上了回日本的路。

从神户的外轮码头上了岸，离荣町街就不远了。我想起了有名的田村新吉。田村是神户商业会议所的会长，他率领的旅游团去北京旅游就是 1921 年春天的事情。我去拜访田村商会并在那里就我对中国的看法跟他谈了近两个小时，没想到田村当场捐了 5000 日元。

在那年夏天的募捐活动中，我一共募集了一万多日元。那一年我二十九岁，可以说还是一个楞头小伙子。人们也真敢把这么多钱交给我这个他们不甚了解的青年。

在中国要办一所学校，作为基本费用，办大学至少需要用 50 万日元，办中学需要 20 万日元。我也有过要募集那么多钱的想法，但经验告诉我，那几乎是不可能的。

现在，我正想开辟一条新的道路。现实是，不论你多么地发奋努力，没有钱学校是无法发展的。以现在的这些设备来从事教育，我觉得本来也有失日本人的体面了。可偏偏就在这个时候，在过去的十年中，一直资助我的那些有钱人没落了。因为不景气，他们再也无法出资支持我办学了。

## 2　艰苦的生活

在过去的十年里，生活虽然贫困，但我还是不声不响地坚持了下来。在日本挣来的日元，到中国一换成银圆，就只有一点点了。有时候我们一个月仅用 40 美元就支撑了一家的生活。跟妻子两个人算了算，家里一个月的开支平均得74美元左右。我们住在东总布胡同的那个幽灵出没的房子的时候，日元一不值钱，我们就得立刻换房子。正是由于生活贫困，所以有时候我们不得不领着全家去别人家混饭吃，有时候不得不夫妻分居，有时还得教点日语挣一些零用钱。我发表了很多有关中国的文章，其目的也完全是为了赚点儿零花钱。

虽然生活艰苦，但我们从来没有在杂货店赊过一分钱的账，没有对人做过不尽情理的事情。只是令我感到惭愧的是，在中国十年，我给妻子连一件外套都没有买过。在奉天时，她是在没有外套的情况下度过冬天的。在北京，我在天桥用五美元买了一件男式外套，经过改装让她穿上了，也挺合适的。这在她的奋斗史上，也成了一个笑话。

就在我从美国回来，准备大干一番事业的时候，过去一直捐钱支持我的人中，有的变得一贫如洗，有的虽然还有钱但想法变了，说他不再给我出钱了，让我一个人奋斗去吧。

到那时为止，为了学校，我可以说是精打细算，全心全意。对自家的生活费，我一直没有把它放在心上，保持的是一种乐观的态度。就是说我太依赖别人了。

我在考虑的是，究竟应该怎么办才能在北京度过难关。这时妻子说话了："我们学校现在雇着两个人，一个看门的和一个保姆，他们各有两三个孩子，每个人每月都从我们这里挣七八日元工资。我去做保姆，你当校长兼看门的，怎么样？"

她是在一边呜咽一边说这几句话的，我想，她还真不愧是武士的女儿。

　　我的朋友们知道了我的悲惨处境，纷纷帮我寻找工作。我知道，如果我离开中国的话，我是能找到工作的。

　　我没有要做天下最优秀的大牧师的欲望，也没想过要当大学教授。能够经营好朝阳门外的那个小小的学校，我就心满意足了。我想做的就是在中国搞教育，可就连所需的一点点经费都没有。那种我不想做的事——社会上所谓的具有幸福感的工作，要多少有多少，这又是何等的令人啼笑皆非啊。我对这种具有讽刺意味的人生感到悲哀。难道我真的应该就此而离开北京，结束一个在华教育者的使命，把学好的汉语都忘掉，把掌握的有关中国的知识财富都断送掉吗？

　　有岛武郎曾留下遗言说，只有看了秋天才愿意去死。我是抱着看完北京的秋天之后再离开北京的想法而来到北京的。秋天的北京格外漂亮。

　　好像北京的人们和北京的自然都想把我留下。但是，如果时机不成熟的话，无论怎样努力，都是很难的。我下决心回到日本后一定脚踏实地、一步一个脚印地努力，将来一定再来北京。下次来的时候，一定要做好准备，在北京度过自己一生。读者朋友们，请记住我是一个非常热心的研究中国问题的人。[①]

①原文载《北京周报》1926年（大正十五年）11月7日号。

## 3　靠代课赚钱

　　回日本时，因为心里暗自想着总有一天要卷土重来，所以崇贞学园的家具也没有卖，我把所有的东西都原封不动地留在那里就离开了中国。有时候，我会派妻子到北京去制定学校的规划，妻子不在的时候，就全权委托三菱公司的矢野春隆来照料崇贞学园的所有事宜。矢野是崇贞学园绝对不能忘却的恩人。如果没有他，当时的崇贞学园就很难维持下去了。

回到国内最高兴的事是可以在榻榻米上生活了，光着脚在榻榻米上快走的时候，那种脚底所感触到的日本是无法形容的。我在国内的四年的确很忙。第一年是做《基督教世界》杂志社的编辑主任，挣了 120 日元。这些钱一分都没有花，全部寄到了北京用以支撑崇贞学园的经营。同一个时期，我还在同志社神学部代课，星期天傍晚在九条教会讲演，或者是去夙川把崇贞学园的产品卖给住在那里的外国人，有时也卖给在石山的莱恩公司工作的外国技师。我就是这样勉勉强强地支撑着家庭和崇贞学园的。

我在《基督教世界》工作是在杂志社的编辑主任田中在美国期间的事，他从美国回来后，我只好辞职，搬到了京都，在同志社大学做代课老师。因为代课老师是教一节课挣一节课的钱，按课时算报酬，所以我抱着犹太人那样的心绪，尽最大限度能教多少就教多少。尽管像拉马车的马那样辛苦，但我还是在工作之余，在大阪和京都的图书馆对日本史进行了研究，这是我一直期待着的回到日本后一定要做的事情。最后，我竟然完成了能够让中国人轻松阅读的《日本史概论》的初稿。

## 4　无助的厄运年

虽然在日本就像是河童到了陆地一样感到很不适应，但我还是坚持在同志社大学干了四年。海老名校长退休后，大工原银太郎校长来了，预科科长也变了，于是我的厄运快来了。按日本的说法，四十一岁是厄运年的前一年，这一年我勉勉强强地过了，但四十二岁的厄运年我是无法逃脱的了。

那一年夏天的一天，我在野尻湖边的一棵核桃树下铺开席子，像往年一样，把崇贞学园的学生们制做的台布、床单都摆开，小店开张了。我穿着裤子和衬衫，把袖子挽起来，赤着胳膊拼命地叫卖。看到西洋人又说又笑地走过来，我就大声地喊："所有的收益都会成为中国一所学校的资金"，招揽顾客。这时，不意抬头一看，大工原校长就站在那里。校长是信州人，他可能是到这里来游玩的。"坏事啦"，我感觉不妙，但还是和旁边的香具师一起招呼着西洋来的客人。

或许是因为这件事情的影响，或许是因为兼任棒球部长的我的做法引起了同志社大学领导们的不满，不久，我就离开了同志社大学。

我做过同志社大学棒球部的部长，当时棒球部欠运动器具店几千日元没有还清。那个器具店的店主不知是因为伤寒还是痢疾住院了，店员非常着急，跟我说他急需现金，还他300日元也好，或者还他欠款的三分之一或四分之一也行，只要是现金，他愿意把我们的欠账一笔勾销，我于是自做主张，答应了店员的要求并处理了这件事。结果，这种做法被说成是庙会商贩的做法。就这样，虽然不是我当部长时欠的款，我还是被告到了法庭，光花的诉讼费都比欠款多很多，而且还被登了报，真是丢尽了人。

不知是什么在作祟，我"宽容"考试作弊者的事，引起了同志社领导的极大不满。

我带的班发生了一起考试作弊事件。在考试时间，一个学生居然大声地口译着试卷中的英文，他周围的十一名同学都听到并写在答卷上了。就是因为这个考场的监考老师的耳朵太背了，学生们才搞了这么个恶作剧。

校规规定凡考试作弊者均要被开除，但我没有这么做。我把他们的父母叫到学校，传达了此意后，让他们写下了保证书，保证直到毕业绝不再有此类事情的发生，就这样我息事宁人，妥善处理了这件事情。但因为这个班有同志社大学领导们的子弟，这样处理就成了一个大问题了。我是一个主张以爱施教的教育者，不赞成手持皮鞭的那种惩罚式教育，所以我不忍心让开除这些学生。

无论怎么解释，3 月 24 日我被同志社大学校长叫到办公室，被炒了鱿鱼。

## 5　弃我者上帝，救我者亦上帝

我相信上帝是会帮助我的，可以解释成是上帝的引导吧。

同志社大学的工作，不是我主动辞掉的，而是我不得不辞掉的。1932 年（昭和七年）3 月 24 日的那天下午，我列席了大学预科的教授会，虽说是列席，其实只不过是坐在最后一排听听而已。这时，一个年少的勤杂走到我跟前说："大工原校长叫你去一下。"跟其他教授打过招呼之后，我就马上离开了会场。我哪里能想到，这竟成了我和这些人的永别，我再也不会与他们同席会议了……

我走进了校长的办公室。

"对不起，你今年多大了？"

"四十二岁了。"

"四十二岁呀，是有点儿晚了，但还来得及。"

慢慢地我听明白了他的话，他的意思是如果我改做生意的话，现在比较好，还来得及。

"你是个商人，不适合做教育家。"

"中学毕业的时候，我妈、我伯父，还有学校的老师都劝我上商业高中，将来去做买卖。但我选择了上同志社的神学部。如果我还有点儿做买卖的才能的话，我愿意把它发挥出来。我是不是应该做一个商人，这不是现在的问题，而是我中学五年级那个时候应该考虑的问题。现在说这些，都已经无济于事了。"

"不管怎么说，同志社大学的领导们希望你主动辞掉这份工作。"

"区区的一个我，在同志社大学就那么碍眼吗？"

"大家都希望你能做个好商人。"

"那我就去下面的办公室，写个辞职报告。"

"不是这个意思，不是让你现在就辞职，半年或者一年内辞掉就行了，只是让你现在有个思想准备。"

"我是这样想的，如果不让一个人彻底失业，变成一个一无所获的人，那他是不会找到新工作的。所以还请原谅我的固执，请允许我马上就打辞职报告吧，我带着印章呢。"

"办什么事儿都这么利索啊。"

我打好辞职报告后，又去了一趟校长办公室，之后就离开了同志社大学。同志社给我扣了一个"不适合当教育家，而适合做商人"的帽子，把我给辞掉了。

出了校长办公室的我，迈出了同志社大学的铁门。然后我从今出川御门进了御苑。我拍着那扇铁门，心中暗暗发誓：同志社以培养了我为荣的时刻一定会到来的，到那一刻为止，我是决不会再进这所学校的大门的。

我穿过御苑，到新京极，看了一场电影。天慢慢黑下来了，我沿着四条大街向东走，在桥旁边的八百政吃了一份套餐，然后没有坐电车而是步行沿着加茂川河畔逆流而上到了植物园，从那儿走到了位于金阁寺附近的我的家。我感到无论如何都无法进这个家的家门，遂又走到了西大文字山的山脚下，在那儿徘徊。出了金阁寺远望我家，我发现，建在丰公土堰上的我的家，从金阁寺方向看去，完全可以看得清清楚楚。

"还没睡呢。"我是想等家人都睡着了再回家，终于等到家里的灯黑了，我这才进了家门，平时总是先睡、我回来后也醒不来的妻子就那天晚上没有睡着。

"你回来了，怎么了？ 你脸色很苍白。"她说。

"这一天终于到来了。"

"被辞了？"

"从明天开始，就失业了。"

我给美穗详细说了教授会上勤杂叫下我以后的事情。

我快要说完的时候，美穗从二楼拿来了赞美歌并唱了起来。

"哎，哎，失业仪式，还是不用宗教方式为好啊。停下来停下来，太形式化太死板了。"

她根本不理睬我的劝说，一个人继续唱着。好像那首赞美歌就是给这种场合准备的一样，美穗好像老早以前就有思想准备似的，她选的是第五〇六。

### 赞美歌第五〇六

1. 或这样或那样，主必有预备，

　　未必依我心意，也不依你心意，

　　主自有好旨意，主必有预备。

　　因此我靠主，信主必预备，

我一心靠主，知主必预备。

2. 或这时或那时，主必有预备，

未必依我时候，也不依你时候，

主自有她时候，主必有预备。

因此我靠主，信主必预备，

我一心靠主，知主必预备。

3. 所以你勿怀疑，因主必预备，

她自古所应许，从无一次废弃，

这就是好凭据，主必有预备。

因此我靠主，信主必预备，

我一心靠主，知主必预备。

　　她一个人放声高唱，唱到第三节时我也跟着她一起唱，当时，我第一次体会到了眼泪顺着脸颊往下流的滋味。唱完之后，她高声说"我来祈祷。"

　　"上帝啊，我们是有家有口的人，没有一天您不给我们东西吃。我们相信您一定会帮助我们。同志社抛弃了我们，但请上帝您不要抛弃我们……"

　　简单地祈祷完之后，她说："休息吧。"

　　"家里还有正在努力学习要考中学的孩子呢，我却失业了，我真是对不住家人。"

　　"没关系，车到山前必有路。今晚好好睡一觉，不睡不行。"

　　我上二楼睡觉去了，但不像美穗所期待的那样睡得那么好。半夜，我从床上起来，拿出了旅行箱，做出行的准备。就在我蹑手蹑脚准备的时候，美穗睁开了眼睛。

　　"你在干什么呢？"

　　"明天一大早，我想去东京看看，心中好像有点儿数，有点儿眉目。"

"那，我给你准备东西，你去睡吧。"

之后，我迷迷糊糊睡了一觉。早上起来之后，热呼呼的白米饭已经准备好了。美穗从那之后好像就没有睡觉。

我给米饭浇上开水刚做成泡饭。

"你咽不下去米饭吗？失业第二天就吃不下去米饭，那怎么行呢。"

"你说什么呢，刚起来就吃热呼呼的米饭，能吃下去吗？"

我从家出来，还没有走五六十步，美穗从后面把我喊住，"要是找到工作了，不跟我商量也可以，当场你就把它接下来。只要有活干，我就感激不尽了。"

"知道了，就这样做。"

我拦了一辆出租车到了京都车站。好不容易买到了"樱花"号特快列车票，可到了检票口却被告知我来得太晚了，借口赶着上车太危险，没让我进去，虽然火车停在那里还没有开动。如果我坐上了那辆特快列车，很有可能我就是东京某大学预科的汉语教师了。

因为没有坐上特快车，所以只好坐上每站都停的慢车，沿着东海道前行。火车到了近江八幡站时，我突然想起了一个人，便下了车。

我拿着旅行箱，找到了近江兄弟社的曼秀雷敦公司，那里有我的竹马之友吉田悦藏。

一看到我，他就说："你来得正好。正好昨天刚刚决定，有一个工作想让你到北京去做。"

"什么？"

"同志社能同意你去吗？我打个电话问问吧。"

"不用问，他们肯定同意。"

这才叫不谋而合。人啊，因为不知道自己日记的下一页该写什么，所以他不是担心，就是发愁。通过这件事，我明白了这个道理。

我就这样抖起精神，又回到了北京。

## 第四节　清水美穗之死：各三分之一的人生

### 1　妻子美穗之死

我的厄运年还有一年。四十二岁这年的厄运年，有被炒鱿鱼这一件事就算马马虎虎地交代过去了，但四十三岁又是我的后厄运年。就在回到北京想大干一场的时候，留在京都的美穗每次来信都说她的身体越来越不好。就在我心里嘀咕"不会是什么大毛病吧"的时候，十一岁的女儿清水星代笔写的信寄到我这里来了，信上说："最近，妈妈一点儿饭也吃不下了。她说她已经写不了信了。"

最终电报也来了。"美穗病危，速回！"我什么也顾不得，火速经由朝鲜回国，然后坐火车向京都奔去。

11月17日我到了京都。此时，美穗已皮包骨头了。她不断地从嘴里往外吐痰，用来擦嘴的纸巾一个晚上就需要几十张。

我看护了她一整夜，一边照顾她一边说："这不行，明天得住院。"

"住院可以，可是有钱吗？"

我笑着说："钱嘛，总会有办法的"。是啊，我们连一点儿积蓄都没有，我们所有的钱都用在崇贞学园上了。我们一直坚信，上帝一定会赋予我们生活所必须的东西的。等到第二天清晨，我把美穗送到了京都府立医院。

那还是美穗去世前两年的事情。她去北京修建学校校舍的时候，崇贞学园有一个姓吴的勤杂工，他们夫妻俩负责照看学校，吴的妻子胸部有病，倍受折磨。那时美穗总是设法帮助、照顾她。有时用酒精给她擦身子，有时帮她把被子晾出去晒一晒，有时给她做碗白菜汤，有时给她准备一些有营养的食物，有时还把病人弄到外边晒晒太阳。

我记得有一天，美穗准备好了很多刺绣材料后回到家时，我对她说："你好像有点儿低烧。"我一而再、再而三地让她测一下体温，并告诉她低烧对身体很不好。这些我都记得很清楚。

前往府立医院住院前，就在美穗乘坐的出租车驶出我家院子的时候，她说："让我再看一眼家吧。"说着她从出租车的窗户向家眺望。回想起来，对她来说那就是她最后一次看自己的家了。

一住进府立医院，美穗就被确定为重病号，马上就被插上了氧气，还必须有两个护士看护。我呢，整天在发愁一天八九日元，多的时候一天 12 日元的住院费。可就在周末要付钱的时候，真是不可思议，钱从天上掉下来了。

就在无论如何得交住院费的时候，曼秀雷敦的吉田悦藏带着钱来了，他说："知道你需要钱，我拿来了。"

病情在不断地加重，一点也不见好。有一天，美穗听见说贺川丰彦①来京都了，就说："一定要请贺川老师给我祈祷一下。"美穗是贺川的粉丝。

① 贺 川 丰 彦（1888~1960），日本大正、昭和时期牧师，著名社会活动家。1905 年志向传教入明治学院神学部学习，后转入美国南长老派教会创设的神户神学校。1911 年从该校毕业后一边在新川地区贫民街传教，一边为解除贫困而从事社会事业。1960 年被列入诺贝尔和平奖候选人之一。主要著书有《越过死线》，诗集《泪水二等分》、《耶稣的宗教及其真理》。——译者

"请让他祈祷上帝保佑我能重新站起来。"美穗又一次请求说。

正好是住院一个月的 12 月 18 日的那一天，美穗的瞳孔非常大。我觉得她可能是没救了，于是就让清水泰和清水星这两个孩子在医院住了一晚，让他们守着母亲临终。从 18 日早上开始，美穗好几次说想见她的恩师丹顿女士，我就随便应付她，也没有给丹顿女士打电话。可美穗总在问："丹顿女士还没到吗？"我也被她的执着所感动，就给丹顿女士打了电话，不巧丹顿女士因感冒卧床不起。没办法，只好把这个消息告诉美穗。

美穗说："见不着丹顿女士很惋惜，那我想见一见星名老师。"星名老师是帮助丹顿女士的同志社女子专科学校的教授，是美穗所敬慕的老师。19 日早晨，星名老师来到了美穗的床前。

"不跟丹顿女士说声谢谢我死不瞑目。在我当学生的时候，丹顿女士每个月都帮我交学费，可我连一分钱都还没有还呢。可是我却经常替中国贫穷的学生交学费。请把我替学生交的学费当成是还给丹顿女士的吧，以此来销账吧。"

说到这儿的时候，院长来查房了。院长看完病人后跟我说："你到楼道来一下。"

院长把我叫到楼道后对我如实相告："病人可能过不了今天了，请做好准备吧。"

我在楼道伫立了许久，怎么也无法进病房。当精神镇定、情绪安定下来后，我跨过门坎进了病房。

①这里的"爸爸"是日语口语中对丈夫的昵称，意思是"孩子的爸爸"。
——译者

"爸爸，①院长给你说什么了？"

问有什么问题，留什么遗言，其实这正是她想询问的。

我狠狠地咽了一口唾沫说：“说的是，你的心脏还能坚持，肋膜的水有所减少，两者相比，他担心你的心脏会变弱。但他希望你能坚持下去，虽然很痛苦。”

“不，爸爸，我已经做好最坏的打算了。”

“可不能那样想，孩子们都还小呢。”

“我已经跟上帝说了，无论如何请让我再活十年，也祈祷了……可上帝说……你来我这里吧……请到这里来……孩子嘛，我来帮你抚养……”

“请听我说，现在上帝正在叫我呢，说快来吧，上帝叫我呢……爸爸……你是听不见的……那种上帝的声音……”

听到这里，我真是一句话也说不出来。

“让你跟着我吃了这么多的苦，真是对不住啊。”

“这是我自己追求的苦，没有任何怨言。做刺绣活儿、建校舍的时候我真的很高兴。”

“让大家都进来吧？”

“好的。”

大家进来后，美穗说：“护士，请把那儿的碗和筷子收拾一下，把房间整理干净。”

看到护士和来看望的朋友把房间收拾得干干净净后，美穗又说：“把那个花取下来。”

人们把她躺在床上能看到的门框上的两盆花取下来了。

“还能看到一点儿红颜色，”

“护士，请给我换一件和服，刚洗好的，有吗？”

护士给她换了一件和服。她一边说“对不起，大家”，一边换上了和服。

曼秀雷敦公司的董事佐藤安太郎来了之后，美穗跟他说：“请扶清水一把，让他发挥自己的特长吧，他有很多缺点，但还请您多多关照。"

不知谁说了一句，"北京的学校绝对不会倒闭的，请你放心好了。"

"那是我们忘我工作的结晶，是绝对不会关闭的。爸爸，一定好好干。请让我看看泰和星。"

"在这儿呢。"

"泰，你一定要好好学习，成不了有作为的人也没关系，做一个正直的人，尽量为中国人做点儿事。"

"星，请代替妈妈，为中国，好好干。"

"畏三怎么没来？"

"感冒了，有点儿发烧，让他在家睡着呢，我把他叫来吧，想见见？"

"叫是来不及了。"

说到这儿，美穗停顿了二十多分钟。她深深地吐了一口气，接着说："我的骨灰，请不要埋在高岛的老家，请把它带回中国，埋在校园里，让它变成学校的一把土。"

"好，就按你说的做。"

"请让我们给她唱一首赞美歌吧，第几首好？"南石先生的妻子边说边找赞美歌，这时美穗说："第五〇六赞美歌。"

然后大家轻轻地唱了起来：

> 或这样或那样，主必有预备，
>
> 未必依我心意，也不依你心意，
>
> 主自有好旨意，主必有预备。
>
> 因此我靠主，信主必预备，

我一心靠主，知主必预备。

唱完这一段后，美穗又说："这次请爸爸一个人唱。"我唱了这首歌，快到唱完的时候，美穗想要笔和纸，我就把笔记本和铅笔让她的手握住，之后她用片假名写下了几个字："各位，我先走了。其他事就拜托了。爸爸，一定好好干。"

No.39　清水美穗病逝后画家长尾己精心绘制的油画肖像

写完之后，她的脖子一下子就耷拉了下来，这就是她的临终。医生马上就给她打了一针，但已经救不过来了。

## 2　各三分之一的人生

三十八岁，正是一个女人最能干的时候，这还不是一个必须死的年龄啊。正当崇贞学园准备重新发展的时候，美穗离开了人世。没有吃过一样好吃的东西，没有穿过一件像样的衣服，就连崇贞学园校园的树木还没有来得及开花、结果的时候，她就离开了这个世界。

我按照她的遗愿，把她的骨灰带回了北京。很多人在北京去世，都要求把自己的骨灰带回故乡，而她却完全相反。崇贞学园为她举行了隆重的葬礼。临时搭起了一个中国式样的巨大的屋形帐篷，很多中国人都来参加葬礼，人数之多

No.40　崇贞学园内清水美穗的墓碑。墓前是清水安三和次子清水畏三（摄于 1933 年）

几乎到了无立锥之地的程度。一些日本人也来了，在这些人中，日本大使馆的一等秘书原田逢人便说："在排日情绪还没有完全平息下来的北京，中国人为一个日本人举办了这么一个葬礼，而且规模这么大，真是不可想象……"葬礼结束后，装着美穗骨灰的盒子被一块白布包着，人们恭恭敬敬地把它埋在了校园的一角，上面用大理石建了一块小小的墓碑。墓碑上雕刻着这样的字句：

清水美穗一生不求自己之安逸

供其全身三分之一于学校

三分之一为丈夫

三分之一为儿女

其一生未着珍贵衣履

所用之物皆系友朋所赠之旧者

不幸早殁

临终时嘱曰

将我白骨带往中国葬埋

此为我对于中国最后之贡献

① 以上均摘自《朝阳门外》。

这些碑文是她的学生马淑秀撰写的。①

## 清水美穗小传

1896 年（明治二十九年）7 月 23 日出生于滋贺县彦根市，是彦根藩士横田耕太郎的长女。小的时候，因其亲生母亲离开了横田家，所以她从小是受祖母的影响长大的。祖母出生于担任家臣之长——家老的胁家，曾侍奉过藩主井伊直弼的夫人，是一个有胆识的女杰。关于她，有一个有趣的故事。有一天晚上，一个小偷进了家，祖母说："非要不讲理的话，那就不客气了"，遂手执长刀面向小偷站着，把小偷给吓跑了。

美穗在彦根女子高中上学时就接受了洗礼，在同志社女学校普通部毕业后，又到该校专门部家政科学习，于1918年（大正七年）3月毕业。在上学的四年间，她一直在西阵教会的基督教星期日学校当老师，很有招揽学生的才能。（她本人去世后，葬礼在该教堂举行）。

**No.41　同志社女学校毕业后的美穗（1918 年）**

同年 5 月，她在大连基督教会与清水安三结婚。在奉天时，她曾担任南满医科大学附属医院护士学校的老师。在北京时，她帮助丈夫从事救济受灾儿童的工作，自己亲自带头去土匪猖獗的地方收领受灾儿童。在崇贞女学校，她以自己的恩师丹顿女士为榜样，教学生们图画、手工、裁缝和体操等科目。1924 年（大正十三年）因丈夫去美国留学她也同伴而去，除在旧金山工作之外，还在麦克道尔学院学习裁缝。毕业后，她还到当地的孤儿院进行实地研修。

1927 年（昭和二年），由于经济财政状况的恶化，在无可奈何的情况下，丈夫只好从北京回到日本，在同志社大学工作。在此期间，她不顾排日运动中的危险，经常前往中国，负责崇贞学园的经营。他们把在美国学到的法国刺绣法教给学生，并用这种方法制作了各种各样的刺绣品，自己把这些制品拿到日本出售，以此来获取学校所必须的资金。1932 年（昭和七年），丈夫辞掉同志社的工作回到北京之后，美穗一个人在京都专心教养自己的两个男孩和一个女孩，同时还执教于梅花女子专门学校。由于积劳成疾，病情恶化，于 1933 年（昭和八年）12 月 19 日逝世，享年三十八岁。①

① 原文摘自《基督教世界》1934 年（昭和九年）1 月 1 日号。清水美穗的传记有松本惠子著《大陆的圣女》，邻友社，1940 年（昭和十五年）3 月版。

# 第三章　北京时代（下）：
## 　　　确立崇贞精神

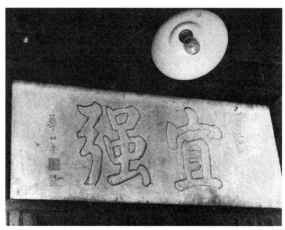

No.42　1939 年夏，近代书法大家华世奎为崇贞学园挥毫的校训"老实"、"宜强"

## 第一节　清水郁子与崇贞学园

### 1　崇贞学园精神：工且读书

崇贞学园的精神之一就是勤工俭学、劳动乃祈祷、爱做工。我在十岁左右的时候就开始劳动，妈妈教我喂鸡。因为我家的田地很大，一望无际，鸡要吃的秕谷很多很多。我每天必须给鸡喂了食和水之后才能去学校，虽然很辛苦，但现在想起年少时的喂鸡情景，嘴角也会浮现出笑容。

曾有过这样一件事。我的十四只心爱的鸡被黄鼠狼咬死了，我和妈妈心疼得都病倒了，这时我们脑海里闪现出一个念头，变消极为积极，把被咬死的鸡烹制成了菜肴。我把这些做好的鸡肉送到伯父及亲戚家，感谢他们曾给过我们饲料。我一次也没有吃过自己养的鸡的肉。虽然我是一个少年，但精心喂养它们，给它们喂菜叶子，还把鱼骨头煮了给它们做饲料。我把所有的公鸡都卖掉，向从农业学校毕业的老师请教各种养鸡难题，并把学到的东西一一付诸实践。尤其让我感到高兴的是把鸡蛋拿去卖给饭店。就这样，到高等小学毕业的时候，我已经有十几日元的存款了。

自从学会养鸡以来，我一次也没有伸手向父母要过书钱和买铅笔纸张的费用。少年时代养鸡的经历，使我懂得了什么是操劳，使我萌发了自发研究的决心，具有了不纸上谈兵、只注重实际的判断力；它还使我拥有了独立自主的精神，培养了我凡事均周密计划的习惯，教会了我怎样去爱护动物，怎样为追求理想而辛勤劳动，等等。总之，养鸡这一经历使我学到了很多的东西。

【编者按】

1936 年（昭和十一年）6 月，清水安三和小泉郁子再婚，从此夫妻俩同心协力，共同经营崇贞学园。这一节主要来源于 1936 年 10 月出版的《崇贞学园一览》（《支那之友》特别号），从中我们可以看出，当时的崇贞学园包括一所六年制小学和一所三年制中学，专职教师含清水夫妇在内共有七名，另有三名代课教师。学费是全额免除，但作为杂费，每学期收小学生二十钱，中学生一元。该学园创办后的十七年间，毕业生多达五百余名，加上中途退学者，学生逾一千名，其中赴日本留学的有四名，到东京学习了各种技术的有十几名。

总的来说，世界上并不是只存在合理的事情，无章法不守规则的、不拘形式的事情也很多。那样的事情，并不是通过一些概念性的教育和抽象的研究就能充分理解的。总之，还是不应该从理论到实践，而必须从实践到理论来考虑问题。

孔子说"学而时习之"，光这一点还不够。"习而时学之"也是必要的。试着做个什么、试着去工作，自己从中就会有所领悟，这是真正的走向进步的具有实践意义的真理。正因为如此，有名的裴斯泰洛齐①才把教育的精神寓于耕耘之中。中江藤树也是如此，他既做商人又当农民，养家糊口，同时让其门生也参加劳动，从中学习。

3H 是我校的徽章。我们必须对学生进行"Heart"、"Head"、"Hand"这三种训练，崇贞学园奉行的是 3H 主义，所以今后我们必须做刺绣、摘葡萄、种苹果、做花生黄油酱、喂鸡等等，需要做很多事情。

崇贞学园重视的是以劳施教，但这绝不是为职业教育而为。就像我虽然一生没有从事养鸡事业但从少年时代的养鸡经历中受到莫大教育一样，崇贞学园让学生们做刺绣、做农田劳动，从某种意义上说，是从各个方面对他们进行的一种教育。即使不把刺绣作为自己的终身职业，但曾经劳动过这一经历对会影响学生们的一生。

正因为此，崇贞学园为学生们所做的每一个手工品支付工钱。最近在东京新办的一所学校，不但不给学生工钱，而且还让学生自备材料，他们把学生做的这些手工品卖掉，以此来作为学校的基金。这种方法，无论是劳动抑或是教育，其效果都是减半的。

自己亲自劳动，亲自得报酬，并不断努力去增加收益，这对人来说是一个很好的体验。如果不这样的话，也许会出

①裴斯泰洛齐（Johann Heinrich Pestalozzi, 1746~1827），瑞士教育家，一生从事孤儿与平民教育。——译者

现这样的女孩，她们"为学校的话，愿意干活，为自己家的话，穿一根线都嫌麻烦"。即使为了学校学生愿意奉献这些钱，那也应该是先装到自己口袋里，然后再拿出来献给学校。因此，"爱做工"的精神不能等同于奉献。

## 2　崇贞学园精神：学而事人

崇贞学园的第二个精神是，学而事人。这既不意味着为学问而学问，也不意味着为自己的修养而学，而是为了服务于他人而学。这一点必须讲明白。

No.43　结婚时的清水郁子（摄于崇贞学园）

有的人可能就是为做学问而做学问，有的人可能就是为了提高自己的修养而学习，这都很好，我并不反对。但我面对中国人，特别要提倡的是"学而事人"。

清朝的学问在为学问而学问方面是走到极端了，为自己的修养而学也是中国一贯的做法，但在中国，有学而事人思想的人却比较少。所以崇贞学园要提倡学而事人的精神。

不仅仅是做学问要如此，劳工耕地也是如此，他也不只是为了自己的利益，他还必须努力学会为了他人。为集体为工会劳动呀，替文盲写写信啦，等等，必须从小开始养成这种为他人服务的习惯。

这种学而事人的精神，不久肯定会成为改造朝阳门外这一地区的一种社会运动。

现在，女性如此积极地参加劳动，这在中国北方也只有朝阳门外了。由此最近也出现了一些弊端，就是男性都懒洋洋的不愿意做事，女性却都热衷于刺绣。虽然有此弊端，但创造了一个女性也可以工作的小社会也是一件非常令人愉快的事情。

像现在这样，如果今后在各个方面都推广学而事人的话，社会就可以得到改造。不信请看，为了改造香山县的一个村庄，给通往乡村的河流上修建了桥梁、给夜晚的乡村小道修建了路灯的少年孙中山，后来不是也制定了改造全中国的方案了吗？

现在崇贞学园的少女们，看到了朝阳门外的所有社会上的恶习，她们决心改变它，并已经从力所能及的事开始做起了，这是一件很了不起的事业。崇贞学园一定会成为以学而事人的精神来改造社会的源泉。虽然我们力量有限，但学园在各个方面都给学校周边带来了很大的刺激，今后将会更加感化和影响周边地区。

从飞机上俯瞰沙漠时，就会看到凡是绿地之处必会呈圆形，那块绿地的中央肯定有涌泉。崇贞学园一定会成为一片绿地中的一股涌泉。[1]

①以上摘自清水安三的笔记。

## 3　崇贞学园的目标

"崇贞工读学校"这个名字现在好像觉得有些不时尚，这次在校门上用金字雕刻上了"崇贞学园"四个字。刚创办这所学校的时候，学堂这样的校名在中国是最普遍的，"崇贞工读学校"这个校名已经是很尖端、最新锐的叫法了。现在从这个不时尚的校名中我们也能找到其中所包含的深远意义，我从内心感到非常满意，也非常感谢。

如果要列举迄今为止我们学校有什么可以值得记述的成果的话，我想，把北平朝阳门外的女性从黑暗生活中拯救出来了这一点是可以说的。站在高高的台子上，向徘徊在昏暗的街灯下的女性们讲什么妇德呀贞操呀，都是很不现实的。

你就是说上千言万语，恐怕她们一句话也听不进去。为什么呢，因为在讲妇德贞操之前，她们眼前还有一个更重要的问题急需解决，这个问题不是别的，就是生计问题。她们首先需要的是面包。解决生存问题，乃是拯救她们的第一步。

其他问题的解决都包含在第一步要解决的问题之中了。崇贞女学校坚持对学生进行工读教育，工即是手工，就是说，学校是把手工作为解决学生经济问题的一个方法。我可以毫不顾忌地说，这是我校创立者对当时社会进行观察之后的一种决策。事实上，我校创立者的这一判断已被证明是正确的。多少年来，在痛苦的境遇中苦苦挣扎的这些女性，就这样，在实现自救的同时，也救助了父母，救助了兄弟姐妹，最终还将拯救社会。

如果她们回想起以前用自己的贞操也只能换来十钱二十钱的铜币时的情景，也许她们会感慨万千吧。立足于解决这样的实际问题，逐步进行启蒙教育，将"崇贞"二字列入校名之中。每想到校名的由来和学校所取得的成绩，我们就不得不承认这二字是名副其实的。

自从来到这里以后，我每天都能听到少男童女们常唱的校歌。最近，在理解了歌词的大意之后，我更加惊奇，我自己也非常喜欢唱这首歌了。我觉得把这首歌献给广大的读者是很有必要的，现在把它刊载在这里，让我们为所有的女性而高歌。

### 崇贞学园校歌

1. 崇贞女校美如花　美德教育冠中华

礼仪廉耻张四维　中华一统万古垂

（复唱）

教育平等是平权　　空说解放亦徒然

富强责任男女均　　庆祝崇贞万万春

2. 我爱崇贞重知育　　学有渊源文郁郁

光芒万丈吞四海　　照耀东亚放异彩

3. 女儿身体更宜强　　体操唱歌乐洋洋

强国根本在少年　　不让男子著先鞭

诸位读者，这是多么的豪迈！我每每听到这首歌就情不自禁地激动万分。这首歌的第一节提倡美德教育，鼓励学生弘扬中国固有的道德观念。第二节提倡知识教育，让倍受世界关注的东亚文化大放异彩。第三节提倡体质教育，强调一个国家强国的根本在于少年，而且强调"不让男子著先鞭"。复唱的部分强调应该男女平等，国家富强是每一个国民的义务。

这首校歌是在学校创立之后的一两年内作成的，距今已有十四五年，歌词是由清水安三和一位叫贾和光的女教师合作写出来的，贾老师现在在南京做家庭主妇。算起来，十四五年前正好就是1921、1922年，正值第一次世界大战结束，是世界各地都在提倡民主运动、妇女界主张女权的口号响彻云霄的时候。当时在中国，提倡男女平等的妇女运动也正热火朝天，而且正好是一点一点取得成果的时候，在这样的环境下写出这首歌那是理所当然的。虽然如此，但我觉得，在现在的女子学校中，像这所学校这样直截了当地把这些内容写进校歌中的恐怕是没有了。从贫民窟中传出这样的歌声，真的是令人感到惊喜。

在《世界日报》妇女专栏中，关于最近的学生运动，有一篇题为《国难当头与妇女之觉悟》的文章，该文指出了以下三个要点：

（1）强健身体，吃苦耐劳；

（2）培养经济观念，改善家庭生活；

（3）增长见识，明辨是非。

中国的妇女界，把妇女回归家庭和为社会服务作为一大宗旨。中国的年轻女性之所求与日本女性完全相同。从这个意义上说，我觉得我们学校的校歌足以向年轻人宣传这一宗旨。我恳切希望，我们学园能培养出一批女性来，她们将来能成为中国妇女界的领袖人物。①

### 4　与崇贞的孩子们在一起

那是一天早晨的事情。我在崇贞学园门口从人力车上下来时，在校园里玩耍的孩子们，就像一直在等着我一样地向我跑了过来。她们是小学部七八岁、中学部十六七岁的女孩子。因我还不会说汉语，遂用英语加日语跟她们说话，她们那可爱的眼睛双双都闪着光亮。

一说这个学校是从孤儿院开始的，那些没有来过这所学校的人都会想象孩子们是穿着怎样的破衣烂衫呀，但实际情况却完全相反，她们每个人都打扮得非常整洁。这一带的贫民几乎都是由于突然的命运转变而丧失了钱财与地位的政治贫民，也许是这一原因，这里的孩子们一个个都眉清目秀。连日本人中都很少见的那种又可爱又漂亮的人都有不少。

那天，下了第二节课后，我到教室外面能晒着太阳的地方去休息，看到小学部一年级的孩子把自己学的课本拿出来打开，一边用手指着书中的猫、狗，一边在嘴里念着"māo"、"gǒu"。我莞然一笑，跟着她念，孩子很高兴，又翻了一页。

①这一节为清水郁子所写，原载《崇贞学园一览》，1936年（昭和十一年）10月出版。

很快全校的学生黑压压地云集过来，开始指导我的发音。上课的铃声已经打响了，但她们还没有要回教室的意思。我感动得眼圈发红，费了好大的劲才让她们回到了教室。

真是令人感激而且印象深刻的一幕，我第一次明确地感受到，这个学校真的是在家庭主义的氛围中办起来的。从此以后，我每天都是高高兴兴地去学校工作。同样的情景一天又一天地重复着。大家的感情越来越深了。当我提早回家的时候，孩子们会把我送到大门外，连声说"サヨナラ、サヨナラ"（再见）。

现在，我要对我能来到中国表示感谢。如果我一直呆在日本，一点一点地去做那种现买现卖的学问，那么我一辈子都不会体验到这种美妙的心情。就在此前不久，我还为自己立志做一个教育家却放弃了做学问而感到悲伤呢。但今天我却认为，正是因为要我尽一个教育家的责任，我才被上帝派到这里来了，对此我深表感谢。①

## 5 崇贞学园的理想与特征

崇贞学园有很多理想，其中之一就是想建成像藤树书院那样的一个学园。如果藤树当年肯出山到江户去的话，那么他的名声肯定会超过大儒林罗山。②尽管如此，藤树还是回到农村老家，将无知蒙昧的年轻农民收为弟子。藤树以卖刀的钱为办学资金，开了一家酒馆卖酒，一边自力更生维持生计，一边给弟子们传授知识。他的弟子们同样，又在田里劳动，又在书院学习，边耕边读。弟子中做马夫的人也有。到了晚年，还有来自九州、奥州的学生。藤树先生把这些细长腿、小白脸的年轻人都送到农民家里，让他们在田野里劳动半个月。劳动这个东西，跟读书写字一

①这一节为清水郁子所写，原载全国小学校联合女教员会机关志《女性教育》1935 年（昭和十年）12 月 15 日号。

②林罗山（1583~1657），江户初期的儒学大师。——译者

样，是一种学问。

我敬慕藤树先生已经很久很久了，那是小时候记事以来的事情。我在同志社大学教书的时候，大工原校长曾对我说"你比较适合做一个商人，"这是要炒我鱿鱼的意思。但是，请看看藤树先生吧，他不是把被尊为武士的灵魂、当时最受人们尊崇的刀卖了而开了一家酒馆吗？做买卖并没有损坏他作为一个圣人的一丝一毫的尊严。

我第二个尊敬的人是裴斯泰洛齐。他办的教育设施像个孤儿院一样，不是一个很有系统的学校，这个学校持续的时间并不很长。尽管如此，但我还是特别欣赏他的那种精神，尤其是他那种外行办教育的理论，我觉得非常好。

我第三个尊敬的人是托尔斯泰在亚斯纳亚 · 波利亚纳所创办的学校。托尔斯泰对办学校很有兴趣，我总是以他的农民子弟学校为榜样。[①]

其他还有布克·华盛顿、奥柏林以及印度的泰戈尔的学园，这些我都非常喜欢。崇贞学园既吸收这些人或学校的传统作为精神食粮，又必须具有自己的特色。[②]

如果要说崇贞学园的特色，可以列举如下。

（1）崇贞学园是一个以从事社会活动为主的学园。学园始终考虑其学生和校友的生活，力图将朝阳门外这一贫民窟建成一个社会活动中心。为此，学校以"学而事人"为宗旨之一，就是说，学到东西后要服务于人。

（2）崇贞学园奉行3H主义。3H来自"Hand"、"Head"、"Heart"，就是通过动手来培养爱心，通过劳动开发智力，产生新的智慧。正因为此，教室里才悬挂有"工而读书"的匾额。

（3）"微笑微笑教而学，不损天赋是教育"这句话，被

①列夫·尼古拉耶维奇·托尔斯泰（Lev Nikolaevich Tolstoi, 1828~1910），俄国文学家、思想家，同时还是个教育家，热心于农民教育事业。——译者

②布克·华盛顿（Booker T. Washington, 1856~1915），非裔美国教育家、作家和政治家，创办了美国第一所黑人师范学校。奥柏林（John Fredric Oberlin, 1740~1826），法国宗教家、教育家。拉宾德拉纳特·泰戈尔（Sir Rabindranath Tagore, 1861~1941），印度诗人、哲学家、思想家。1913年成为第一个获得诺贝尔文学奖的亚洲人，亦热心教育，于1920年在故乡创办了学校。——译者

写在崇贞学园宿舍芝兰寮的入口处的门上，要求每个人都常带微笑，教学相长，发挥特长。①

# 第二节　卢沟桥事变亲历记

## 1　为了使北京避免战祸

**【编者按】**

　　1937年（昭和十二年）7月7日，在北京郊外发生了卢沟桥事变，中日之间的战争，即中国的抗日战争正式拉开了帷幕。为此，清水安三先生四处奔走，力图使古都北京免于战祸。第1小节是他本人当时的一段回忆。第2~4小节是清水安三先生当时在日本组合基督教会机关志《基督教世界》上分五次连载的记述卢沟桥事变突发过程中的一些亲身体验，原题目为《北平通讯》。

　　1937年（昭和十二年）7月7日，大概是早上十点钟左右，我跟往常一样正在学校上课。这时传来消息说，"朝阳门关闭了。昨晚在卢沟桥中日两军发生冲突了。"听到这句话，一个女生的脸一下子就变得很苍白。

　　我心想：大战就要爆发了。两三年前我就预言过中日之间会有一战，这一天还是来了。

　　吃午饭的时候，听到了像远处打雷那样的炮声。7月10日，北京与天津之间的火车开始停运了。每天虽然都能听到从西郊、南郊传来的炮声，但我的生活跟平常没有什么两样，我还跟住在我家的一个从东京来的小伙子一起逛大街呢。

　　有一天，我突然有了一个点子，就去拜访了位于东交民巷的特务机关长的公馆，不巧特务机关长松井大佐（上校）不在家。我就与他的秘书武田熙谈了起来：

　　"听说从前拿破仑在攻打莫斯科的时候，他不想毁坏克里姆林宫，就把这一想法向俄罗斯军队提出并希望他们的合作，也就是说，拿破仑要求俄罗斯军离开克里姆林宫到较远一点儿的地方去。另外，在日本，据传面对固守在日光的幕府军，西乡隆盛派了一个寺院的僧侣前往说项，说为了保护这座名胜古迹不受战火之灾，允许幕府军从山门出去转移到其他地方。我也请求你们，无论如何不要把北京城当作战场。”

我把自己的想法说明了之后就回家了。可当我回到家正跪在那里向上帝祈祷的时候，那个叫武田的人却坐着福特车气喘吁吁地来到了我家，并对我说："我把你来访的事情告诉松井大佐后，他说'清水究竟是想通过什么运动来使北京免于战火呢，你去一趟，把清水叫来。'所以我就赶快来了。"

我说："我是这样想的，"然后把我思考很久的想法逐一说了出来。我的想法如下。

首先，用日文、中文以及英文认真地书写出为什么不能把北京城作为战场的理由。大意是，像大学、体育场、公园之类的设施，被毁坏之后，即使当下建不起来，将来也一定会重新修建起来的；但是像宫殿、城墙、天坛等古迹，一旦被破坏了就无法复原了。所以，无论如何也不能把北京作为战场。

其次，为了使北京免于战祸，据守在北京城内的中国军队应该撤到城外去，同时，日本军队不能做有碍于中国军队出城的事，也不能追击出了城的中国军。中国军队出了城后，在它到达战术上对自己最有利的地点，把士兵布防好，挖好战壕，阵地完全布置完毕之前，日本军队绝对不能开炮追击。日本军队只有等待中国开炮之后，才可以慢慢地迎击或着追击。

此外，这个请愿书，要请在北京的日本知名人士以及在北京的英美等国的传教士来签名，还要请北京大学以及北京其他大学的著名教授们来签名。在得到宋哲元、川边正三两将军允许之后，最后再把这份请愿书送到两位将军那里。

"这个想法怎么样？ 你觉得这个时候做这种运动，怎么样？"我缕缕叙说之后，武田回答说："很好，回去以后向特务机关长松井汇报。"说完，他就回去了。第二天，他又来了，说：

"这个汽车借给你用，请抓紧时间办那件事吧。"

这样，武田把一台配有司机的福特车借给了我。在这种情况下，我很快起草好日、中、英三种文字的请愿书，请北京大学的董教授帮忙，收集了很多大学教授的签名。因为董教授的夫人是日本人，首先在语言交流方面没有问题，这一点很难得。

当时在北京的北小街，有一个为英美传教士办的汉语学校，该校的校长叫佩达斯。佩达斯的夫人在日本出生，她的父亲是一辈子在仙台传教的缔法莱斯牧师，她的妹妹是神户学院的院长。佩达斯对于这次我搞的让北京免于战祸的运动深表赞同，于是就介绍我认识了北京美以美会的刘牧师，这个刘牧师以前曾主持过士兵时代的年轻的宋哲元将军的洗礼。不言而喻，通过刘牧师我能将请愿书送到宋哲元将军处，这使我深感荣幸，也觉得这样做绝对管用。

回想起来，那已经是1937年（昭和十二年）7月29日的事情了。那天整整一天，天空都是蔚蓝色的，天气非常好。早上起来，我甚感惊奇，大街上居然没有一个士兵和巡捕，情形跟昨天截然不同。宋哲元率领着他的七千士兵撤离了北京城。

对于出城的中国军队，日本军也是一炮未发。说心里话，虽然我是那样说的，但心里却十分担心，我很害怕中国军队出城后，日军立即炮击，全歼宋哲元的军队。好在我所担心的事没有发生，日本军队的态度也很端正。就这样，古都北京没有成为废墟，现在也依然像从前一样完好无缺。[①]

①以上均摘出自《朝阳门外》。

## 2　不让北京成为战场的游说工作

卢沟桥事变爆发以来，为了不使北京沦为战场，不让天坛和故宫受到损坏，我穿梭于日本与中国的要人、军阀及学者之间，极力去说服他们。给他们讲述的历史事实包括与敌方合作保存了克里姆林宫的拿破仑，面对盘踞在日光的幕府势力，通告他们不在日光决战的西乡隆盛，等等……我希望以这样的史实，劝告双方无论如何都不要把北京这一世界第一古都废为灰烬。为此，我费尽了唇舌。

在我拼命游说时，很多中国人却说："中国都亡了，保住北京古城还有什么用？"这时，我是这样说服他们的："那样的话，即便在中国亡国的前一天，也就是战争的最后一天你可以毁坏北京古都，但你绝不能一开始毁坏它。"所幸的是，有些很有见识的学者和军阀都赞成我的建议。

在北京居住的日本人把打好的包袱放在枕头旁边，时刻准备着一到需要避难的时候就能马上往日本大使馆跑，所以都不敢安心睡大觉。我已下定了决心，即使事变发展到中日之间的一场大战，我也绝不离开这里。我已经买了很多大米和柴火备用。

我的家人，包括次男清水畏三（小学五年级学生）和妻子7月13日已经去了旅顺，长子和长女都在那里的中学

No.44　从朝阳门进入北京城的日军（1937年7月31日）

和女校上学，放暑假后，本来他们得回北京。我的家人要避暑，我顺便就让他们到旅顺去避难了。

家人走了之后，我听着郊外的炮声，一个人泰然处之，或散步或访问他人，没有一天不出门的。来客也很多，在校学生或毕业生经常来看望我。昨天去看了一场戏剧，演的是鲁迅的《阿Q正传》。可能是因为战乱的原因吧，观众只有七成。

万一，有一天我被流弹击中身亡的话……

那么，就请在崇贞学园校门前给我立一个墓碑吧，碑文刻上这句话："跨越国境涓流之真清水 手捧黄土献给芳草之园"。顺便提一句，崇贞学园位于北京朝阳门外的芳草地。[1]

①原文摘自《基督教世界》1937年（昭和十二年）8月5日号。

## 3 拒绝到日本大使馆避难

（1937年）7月27日深夜两点左右，急促的电话铃声响了。我被告知，在27日中午十二点以前，在北京居住的日本人都必须到日本大使馆避难。日本军队对宋哲元指挥的第二十九军发出了最后通牒，要求他们撤离北平，期限是28日中午十二点。

但是，我没有去大使馆。现在在大使馆外面的日本人，恐怕只有我一个人吧。我不能对学生们说："你们遇到危险了，不过跟我没关系，因为我要先逃了。"以这种态度来从事教育和说教，是不会有成效的。我们听着轰轰的炮声，唱着第二一四赞美歌"加利利之风"，祈祷和平。

28日凌晨，天还没有亮，炮弹一个接着一个地被投下，我家窗户的玻璃被震得吱吱作响，轰炸机在空中飞来飞去。

下午三点，外面送来了报纸的号外版，说"全歼丰台日军，缴获日军坦克四辆"。附近的中国人都很高兴。一会儿又来了别的号外，说"廊坊日军被歼，我军攻克通州"。还有通州的保安队反叛，殷汝耕死亡等等消息。之后，号外是一个接一个，均传中国军队大获全胜，好像日军受到了宋哲元部的突然袭击，防不胜防。但愿这是讹传。

接近傍晚的时候，距离很近的地方都能听到隆隆的炮声。不是重型大炮绝对不会有那种声音。

我在想，这样下去的话，北平就会被炸烂的。于是我换上了中式服装，骑着自行车去拜访了三个人，目的是去说服他们不要让北京成为战场。这样花了两个多小时，回到家后，我觉得心里安定了一些。

晚上我怎么也睡不着。唱起了第五〇六赞美歌，这是前妻临终时唱过的歌。炸弹又飞来了，这次更近了。

29 日早晨，今天是个大晴天，万里无云。号外又来了。

据报，"宋哲元部队已全部撤到了保定。"好像战斗已经结束了。难道昨天的号外是假的吗？……

日本大使馆来电话了，说"日本军队清除了所有的敌人"。就这样，卢沟桥事变所引发的紧张局势好像过去了。我内心对自己说，从今以后可以好好工作了。[①]

## 4　战火中我做的四件大事

《大阪每日新闻》刊登了我下落不明的消息，《大阪朝日新闻》也报道说我联系不上了。我知道很多人看到报道后，都担心我的平安。像我这样的小人物，被报已经死亡之后，好像还有人觉得惋惜，感叹我是条汉子。

在北京居住的日本人在大使馆整整躲了十三天。在此期间，我一直住在自己家里，跟学校的学生们在一起。正因为如此，才被媒体说成是下落不明。

①原文摘自《基督教世界》1937 年（昭和十二年）8 月 19 日号。

在其他日本人躲在大使馆的这段时间里，我大致做了以下四件大事。

（1）7月28日，是轰炸声音最激烈的一天，那天大街上冷冷清清，连一只猫仔都看不到，街头巷尾堆满了准备巷战的沙袋。在这样的环境下，我抱着一线的希望，亲自去拜访了给宋哲元主持过洗礼的刘老牧师，请他给宋哲元打电话，劝说宋将军为了北平一百五十万市民的安全，为了享誉世界的具有七百年历史的宫殿免于战火，不要在市内打巷战，劝他主动出城。不知是不是这个缘故，29日半夜，宋哲元不战而率兵撤离北京城。

（2）7月30日至8月2日，从通州逃出来很多保安队士兵，[①]有千几百人，他们中有人想把崇贞学园作为他们的宿营地。他们灭绝人性地残杀了很多日本平民，其中有的人还穿着沾满鲜血、又黑又脏的军服。

我跟他们谈判，他们最终同意不借住校舍，我把他们带到了附近的寺院。在与他们交涉中，我感觉到，自己就像被同志社大学炒了鱿鱼的那天傍晚的情形一样，舌头不听使唤，我苦口婆心地劝说，说得我口干舌燥。

（3）这件事告一段落之后，同盟通信社的安藤利男从通州逃到我这里来了。他样子半死不活的，我去救我们学校的男孩子，他自己却吓得乱跑，他是得了恐惧症。就是这个安藤利男，他穿着崇贞学园佣人的衣服，我们用绳子把他从朝阳门外吊上来，然后让他逃进了北京城内。这件事，已经有很详细的报道，大家都已经知道了吧。[②]

（4）之后就是从通州那边逃出来的难民，他们饥肠辘辘，有2500人左右，成群结队地到了这里。他们逃出来是投奔北京城内的亲戚的，但却进不了城。就这样，一直到城

① 1937年7月29日，在北京东面十二公里处的通州，日本的傀儡政权——冀东防共自治政府的保安队（即中国所说的伪军）突然倒戈反日，杀死了很多驻守在那里的日本军守备队和日本居留民。这就是所谓的"通州事件"。为此，日本国内的态度强硬起来，舆论也偏向好战。——编者

②关于在"通州事件"中死里逃生的记者安藤利男，他的独家报道被转载很多。——编者

门打开为止，崇贞学园保护了他们，并给他们粥吃，施以救济。为此，学园变得非常穷，但我还是觉得我们做了一件有益的事情。

我觉得，中日之间的战争这仅仅是个开始。中国方面好像已经在内心做好了长期抗战的准备。在这个疾风暴雨的时代，我绝对不会让这盏一直点燃着的爱的灯火熄灭，我决心好好地去保护她。[①]（1937 年 8 月 17 日记）

①原文摘自《基督教世界》1937 年（昭和十二年）8 月 26 日号。

## 第三节　天桥爱邻馆的开设及崇贞学园的终结

### 1　天桥爱邻馆：在贫民窟的爱心活动

天桥爱邻馆终于落成了。这是一个非常漂亮的洋式馆所，从（1939 年）1 月份开始进行社会福利事业的有关活动。爱邻馆的牌子是用英文写就的，叫 Social Settlement by Japanese Women，意即这里是日本的女性为中国的穷人提供简易服务的一个设施，犹如洗脚必备有水桶和毛巾那样的一个设施。凡是去天坛的人，一定会路过这个漂亮的洋式馆所。

作为馆长，任何事情都得我来决策，我想既然如此，那么最重要的就是必须制定一个适合于这个国家国情的行动计划。

爱邻馆最主要的事业之一是医疗。住在附近的儿童，有一半以上都患了沙眼。针对这种情况，勇于奉献的女医生池永英子女士挑起了这个重任。她是在大阪住友医院工作了十年的眼科医师。

天桥附近的女人们，几乎整日无所事事，要不然，就是做那些耻辱的、见不得人的事。因此，爱邻馆开始了传授劳动技术的事业，就是教女性做手工。目的是想普及小规模的

**【编者按】**

1939 年（昭和十四年）1 月，在距离北京天坛不远的天桥，由清水安三先生主持筹建的爱邻馆开馆了。这是为穷苦病人开设的一个从事社会福利事业的机构，其建筑费用都是由日本基督教联盟时局奉仕委员妇人部（委员长名叫久布白落实）通过募捐筹集的。当时日方的职员是，馆长清水安三，医师池永英子，干事鸟海道子，护士金井泽。1941 年（昭和十六年）12 月，该爱邻馆与崇贞学园一起，领受了天皇奖赏的下赐金。

No.45　正在给中国孩子看病的池永英子医生

①原文摘自1943年（昭和十八年）出版的《理解支那人之精神》一书。

家庭手工业。

第二个事业是教育。爱邻馆的主馆已经设置好了一个教室，想开设一个教授读书、写字、打算盘的学校，不分老弱男女，没有任何差别，谁都可以参加。借此想搞一个认识一千字的"千字识字"运动。凡掌握了一千字的人，都发给相当于三日元的奖金，以此来推广民众教育。

除此之外就是想挖一个深200尺的水井。挖200尺的话，就能涌出适合于饮用的软水。因为天桥贫民窟的贫民们买一桶饮用水得花两枚铜钱，水很贵。如果水充足的话，既可以洗洗衣服，也可以擦擦身子，这样卫生状况就会得到改善。①

| 醫療概要報告 自1月10日至4月20日 | | | | | | | |
|---|---|---|---|---|---|---|---|
| | 眼科 | 齒科 | 内科 | 小兒科 | 外科 | 耳鼻科 | 合計 |
| 一月 | 105 | 126 | 87 | 13 | 82 | 74 | 487 |
| 二月 | 157 | 249 | 56 | 2 | 207 | 58 | 729 |
| 三月 | 286 | 766 | 165 | 32 | 316 | 147 | 1712 |
| 四月 | 302 | 225 | 94 | 10 | 169 | 62 | 862 |
| | 856 | 866 | 402 | 57 | 774 | 346 | 3290 |
| 延人員3290人 | | | | | | | |

| 新患者總數共,男女別 | | |
|---|---|---|
| | 男 | 女 | 計 |
| 一月 | 71 | 51 | 122 |
| 二月 | 60 | 47 | 107 |
| 三月 | 96 | 81 | 177 |
| 四月 | 60 | 50 | 111 |
| | 287 | 229 | 516 |

No.46　贴在爱邻馆候诊室的患者就诊人数统计表

## 2　在夏威夷惹的口祸与笔祸

1939年（昭和十四年）10月5日，我离开北京，告别我的家人，踏上了去美国的征途。此行的目的是为崇贞学园筹集资金而进行募捐活动。我途经南京、上海，再到台湾，每

No.47　　在天桥打井，改善生活卫生

到一处都进行讲演，每次都收获很大。在东京办好了去美国的手续后，在横滨的 YMCA（基督教青年会）搞了一场演讲。即使像我这样的人，在那个时代也很有人气，礼堂被挤得满满的，连个站的地方都没有，利用扩声器在地下室或礼堂外听讲演的人也很多。

　　12 月 31 日是日本的除夕之日，我乘坐的船从横滨港出发，向美国驶去。在火奴鲁鲁（檀香山）逗留期间，我下榻在日布（夏威夷）时事报社的社长相贺安太郎家。在举办了有关中国问题的讲演会后，凡事均与《日布时事》对立的《日字新闻》，把我说成是"国贼"，对我进行了非常严厉的批评。

　　当时，在火奴鲁鲁的电影院，正上映着日本兵进南京城行凶作恶的时事纪录片，在书店里，摆放着好几种中国人和白人所写的详细报告。有人问我："南京发生的那些事儿，

①详细情况请参照本书第四章第三节中的《卢沟桥事变问答：日军的南京入城》。

②原文摘自1948年（昭和二十三年）出版的《永不绝望》。此后，清水安三到北美各地进行了广泛的募捐，并于第二年即1940年（昭和十五年）7月1日到达横滨。返回北京后，接到命令，要他到日本宪兵司令部接受调查，调查他的名义是，他把获得的美元捐款寄往北京时，没有通过横滨正金银行，而是利用了汇率对自己有利的美国的银行。就这样，连续三十天，他天天去接受调查，期间，即使收到母亲病危的电报，也未获准回国。最后，他逼迫无奈，只好把在美国募集的捐款的大部分以抚恤士兵的名义捐了出来，这才平息了这件事情。

是真的吗？"于是，我就在《日布时事》报上如实回答了这一问题。①

像南京事件这么大的事，就是想隐瞒，最终也是无法隐瞒得了的。我也知道即使事实是这样，但尽力去辩白一下，乃是国民的义务。正因为我是这么想的，所以对于这一提问，我没有明确回答说"NO"，好像这就引起了轩然大波。夏威夷的同胞们都坚信"唯有日本兵是绝对不会那么行凶作恶的！"我又到了不得不回答"YES"或"NO"的时候了，虽然他们想让我回答"NO"，但良心不允许我，我选择了沉默，没有回答。

我被命令到日本领事馆去一趟。领事发出了要遣返我回日本的命令，说不允许我到美国大陆去。我每天夜里到威基基（Waikiki）海滩，倚靠在椰子树旁哭着向上帝祈祷，最后我终于下定了决心：

"这里是美国，虽说他是个领事，但他不能抓我。要抓的话，就等我回到横滨时再抓、再送我进监狱吧，没有什么了不起的。就这么着了，走！"

我悄悄地坐上了美国的轮船离开了夏威夷，若无其事地来到了洛杉矶。②

## 3　崇贞学园的善后处理

日本战败之日，即1945年（昭和二十年）8月15日的上午十一点左右，我把崇贞学园的日本学生全部召集起来，等待着聆听天皇的"玉音放送"。那个时期，学园共有五百名中国学生和近两百名日本女学生。这里所说的"日本人"，其实三分之二都是朝鲜人。

听完天皇的广播之后，我像孩子般地哭了。女生们也都哭了。

哭声渐渐地小下来之后，我把日本接受《波茨坦公告》的事情跟学生们简单地说明了一下，之后我又说：

"朝鲜成为一个独立的国家了。很长一段时间，我们和你们在一起，以同一国民相待。但是，从今天开始你们是朝鲜国民。今后也希望我们能互相爱护，互相帮助。为了朝鲜成为一个伟大的国家，希望大家好好干。祈愿上帝保佑你们。"

说到这里，我高喊："朝鲜国万岁，万岁，万万岁！"大家也跟着喊起来。之后我说，"今天就到这儿，散会。"这时，一个朝鲜学生忽然向前迈了一步，高喊："日本万岁！"随后，大家附和她的喊声，又喊了三次万岁。

二战结束五天后的8月20日，崇贞学园举行了前半学期的开学典礼。主持人高声说："请清水先生讲话"，急着催我上台来。要在往常，我都是在主席台上堂堂就座的，但今天我觉得，日本是战败国，我应该回避才是，于是便坐在学生席位的后面，低头猫腰，谨小慎微。尽管如此，主持人还是再次叫我，"清水老师，请讲话"。没办法，我慢慢地站起来走上主席台。学生们齐声欢呼，掌声欢迎。我说：

诸位，中国终于赢了，日本败了。为什么中国战胜了日本呢。那是大约三十年前的事情，从英国来的罗素博士在北京大学作了一次演讲。当场有一个大学生问罗素，"老师，如何去做中国才能免于亡国呢？"那个时候，在列强之间甚至有人提出要对中国进行"国际管理"。听到这一提问后，罗素略加思索后答道，"如果中国有一百个 Good Men，那么，中国也许就不会亡国了"。胡适博士等人深受鼓舞，遂行动起来开始组建中国一百好人党这一组织。

卢沟桥事变爆发后，北京大学的大部分的教授和学生都离开北京，或前往重庆，或前往延安，直到打倒日本为止，他们潜伏于原野，睡眠于山间，出入于洞穴，真乃是卧薪尝胆，不屈不挠。如果今天有日本人问我，"如何去做，日本才不会亡国？"我将会这样回答："如果日本有一百个 Good Men，那么日本就绝对不会这样衰弱下去，它一定会再次复兴。"

即使我离开了崇贞，但我的以爱为本的教育精神已经深入人心，我相信，这所学园的爱的校风，只要学园还在，就会永远保持下去。

这成了我在崇贞学园所做的最后一次演说。

11 月 8 日早晨，崇贞学园终于被北京市教育局接管了，大门被贴上了封条。第二天早上我去学园时，已经不让进了。十点多，我接到了"今天要接管你的住宅，请在下午四点以前退出"的命令。我们陷入了极度的混乱之中，但这是没办法的事。日本的教师和女生们，每个人都是两只手把能拿的东西都拿上，能背的东西都背上了。就这样，我们所有的一切都在瞬间化为乌有，我们真的几乎什么也没有带，就被勒令离开了居住了三十年的熟悉的朝阳门外。①

①原文摘自 1948 年（昭和二十三年）9 月 16 日出版的《永不绝望》。

## 第四节　崇贞学园与朝鲜

### 1　韩国之行

去年（1970 年）8 月，没想到我有一个去首尔的机会。

到金浦机场，进入大厅后，三十名崇贞学园的毕业生一涌而来，有的抱着我的头，有的拉着我的手，有的从后面抱上来，大家痛哭，这一场面真让我吃了一惊。

在北京经营崇贞学园的时候，很多朝鲜人央求我让他们的孩子来这所学校上学，为应对这些事儿，我还真没少犯难。当时，天津和北京都有日本人高等女学校，但这些学校对居留在当地的日本人的子女是敞开大门，而对于朝鲜人的子女，限制就很多了。在这种情况下，崇贞学园同时开设了以日本人为对象的崇贞高等女学校，积极招收朝鲜少女入学。为此，到现在为止，崇贞高等女学校的毕业生中，在朝鲜的有三四十名，在韩国的也有三四十名。听说在朝鲜，还有崇贞的毕业生担任着妇女解放副委员长这一要职。

我们在首尔王宫的草坪上举办了崇贞同窗会。同窗们唱着崇贞高等女学校的校歌："美丽的天空呀，勤劳的早晨……"，回忆着往日的人与事。她们简直把我当成了一个婴儿一样对待，让我觉得有些不好意思。她们拽着我的手，搂着我的肩……这样的话，我不真的成了一个老头了吗？我暗自感叹，不过心底还是很高兴的。回国的那一天，在机场大厅，我和她们一起合唱了"直到重逢之日"，我们个个泪流满面。①

## 2　韩国女生忆崇贞

### 最高的理想教育

◎当时韩国人很受歧视，进入公立的日本女学校是非常困难的。小学成绩在班里不是数一数二那样特别好的话，根本就进不去。家庭的出身以及思想的好坏，也有一定的影响。因为我爷爷是搞独立运动的活动家，进过监狱，所以像

【编者按】

1939年（昭和十四年）4月，作为"日本人部"，崇贞学园开设了以日本人为对象的三年制女子中学，招收了很多朝鲜女生入学。该校于1943年（昭和十八年），根据日本的教育制度被认定为高等女学校。这些女学生中有相当一部分人毕业后，考到了东京女子大学、同志社大学女子专科、东洋英和师范科等。第四节第1小节是清水安三先生战后访问韩国时留下的记录，第2小节中的短文是从韩国毕业生的回忆文中节选出来的一些片段。

① 1970年（昭和四十五年）10月20日《复活之丘》。

我这种情况，根本就没有到那种学校上学的希望。

◎安三先生热情地接收了我们，崇贞学园才是真进行爱的教育的学校。也许这种爱的教育才是最高的最理想的教育。

◎对我们韩国学生来说，那是个自由的乐园。宿舍的集体生活给我留下的印象最深刻。"日本人部"中的学生，有百分之八十的人都住校。我们可以自由地去做朝鲜泡菜，穿衣服也没有限制，中国服、朝鲜服都可以穿，还可以用自己国家的语言大声说话……

◎如果说起美好的回忆的话，那就是它是一个没有民族歧视，中国人、日本人和韩国人都能在一起友好相处，认真学习的学校。学校还教给了我们这样的道理："人都是上帝的孩子，跟国籍、民族没有关系。""劳动可贵！靠劳动过日子才是做人的本分。"

◎郁子老师很有教养，是知识型女性。她给我印象最深的是她那又黑又亮的眼睛和炯炯有神的目光，漂亮而合体的中式服装的着装，从背后看她迈着小步快快走路的样子。她对学业要求很严格，但面对那些交不起学费的学生痛哭流涕地说明理由的时候，她也会跟着流泪，然后安慰说："知道了，知道了，不用担心了。"她总是鼓励学生，不让学生感到丢面子。她是一个心底善良内柔外刚的老师。在我们表演节目时，当听到伤心的台词时，她会扑簌扑簌地落眼泪。郁子老师具有最高的学历、气质和威严等等，我们在她面前，自然就会肃然起敬。

◎下雪天，"老爷子"（我们对安三老师的称呼）来到教室问"冷不冷，大家到操场去吧"。于是，我们打起了雪仗。"大家都冲我来吧！"这是老爷子说的。但如果被老爷子抓住了，他就会把雪球塞到你的衣服里，然后高兴地跳起来，多么天真啊。

◎郁子老师很喜欢聪明、成绩好的学生，安三老师却对劣等生特别关爱。"我在同志社大学毕业时是成绩最不好的一个。但上帝是公平的，给每个人都赋予了不同的才能，自己只要发现自己的才能，努力就是了。"

◎我想起了安三老师的那种特有的幽默感。住集体宿舍时，有一天，安三老师用非常生气的口气对我们说："全体集合！"然后开始在食堂检查卫生，接着检查窗台、灯罩上积存的灰尘……安三老师用手指抹了一下灰尘，放在嘴里一添，说"这东西好吃"之后，看着因没有浇水而变得干枯的花瓶及花盆里的花……，安三老师又说"这很漂亮"，说着，他把干枯的花儿一根一根地掐断插在了我们的胸前或头上。我们觉得又滑稽又害怕，但这确实让我们深深地反省了自己。最后安三老师笑着给我们透了底，原来他是用食指抹的灰尘，而嘴舔的却是中指。

**灌输民族精神**

◎安三老师经常鼓励我们说："你们的祖国是朝鲜。朝鲜民族是优秀的民族。你们一定要好好学习，为祖国做贡献。"

◎就拿我来说，我虽然不得不将自己的姓改为"木村"，但老师没有叫过一次"木村桑"。直到毕业为止，他一直都叫我"朴桑"。

◎安三老师对我们这些亡国国民，总是抱有怜悯之心。教日本史的时候，把与日本有密切关系的朝鲜史也一并教我们了。二战结束后，与在韩国高中毕业的同龄人相比，令我感到很吃惊的是，我比他们更了解韩国的历史。

No.48　站在崇贞学园内木槿花中的朝鲜学生

◎校园里开满了向日葵，安三问我们："与向日葵很像的花儿，你们知道是什么花儿吗？"我们谁也回答不上来。老师一本正经地告诉我们："真的不知道吗？跟这种花儿很像的花儿是一种叫木槿的淡紫色花，是朝鲜的国花啊。""向日葵的茎部容易招虫子，但它绝不向虫子屈服，依然把花儿开得很漂亮。木槿跟向日葵是同类，是一种很有生命力的花儿。"

◎学校里有做礼拜的时间。如果是用汉语讲的话，日本人部的学生就会做翻译，如果是用日语讲话，中国人部的学生就会当翻译，这也是一个锻炼语言的机会。有一次，讲话用的是日语，来宾是韩国人，安三老师让我做翻译。当时，我们被强制使用日语，没有办法学习韩语，我的韩语也只是在家里学的，只有日常会话的程度，从来没有做过翻译。没办法，我只好硬着头皮走上台，但翻译得驴头不对马嘴，中途被制止了。之后，安三老师把我叫去狠狠地训了一顿。他说："你真的那么不会说朝鲜语吗？这样的话，你能为你们的国家工作吗？从今以后要好好学习韩语。"

◎星期日，安三老师带我们去了朝鲜人基督教堂，老师的用心是为了让我们学习韩语。我们用韩语读《圣经》、唱赞美歌、听说教。白发鬖鬖的老教徒伏在地上，痛哭祈祷："万能的上帝啊，可怜可怜我们这些流浪的白衣民族吧，请赐给我们摩西那样的领导者吧！"那种姿势和那些言语，现在我还铭刻在心。在"三一运动"（1919年）等朝鲜独立运动中，宗教家起了骨干作用。那个时候，能够把亡国的悲哀向上帝倾诉的地方只有教堂。从教堂出来后，安三老师请们我吃了朝鲜冷面。

◎安三老师和郁子老师两个人穿着朝鲜民族服装"则羔利"拍了一张照片（那件朝鲜服是首尔一家有名的女子学校赠送的）。也就是那个时候，安三老师对我说："玄桑[1]，穿朝鲜服跟我一起照张像吧。"当我回答说"我没有朝鲜服"时，他又说"那就没办法了。平时至少得准备一件朝鲜服短上衣哟"。老师认为，不会做朝鲜服的人，嫁到婆家后，会遇到很多麻烦的。老师就是这样一个人，连这些事儿也替我们担心。

No.49　穿着朝鲜民族服装的清水安三与清水郁子夫妇（1930 年代）

[1]指崇贞学园日本人部第一期学生玄次俊，战后返回韩国。——译者

◎那是李王殿下（旧朝鲜王朝的末裔、日韩合并后属日本皇族）来访时的事情。当时，我们五六个韩国学生在接待室拜见了殿下。安三老师对着穿着军装的殿下介绍说："这几个女生是朝鲜人，她们学习都很用功。"我们恭恭敬敬地敬了礼，但殿下却一言不发，只是点了点头而已。之后，我偷偷地哭了。安三老师无论何时都很照顾我们，鼓励我们，给我们灌输民族精神。可是，流淌着同一民族血脉的殿下，为什么却连一句鼓励的话都没有呢？……

**活着的圣者**

◎二战结束前夕，毕业之后的我来到久违了的崇贞学园，见到了安三老师。我从来没有见过老师那样悲怆的表情，他深深地叹了一口气之后，对我说："日本要战败了，朝鲜一定会独立，你要为祖国尽力啊。"老师的眼里含着眼泪，我为这突如其来的话语所感染，也流泪了。

◎日本战败的那一天，老师跟我们道别。他说："朝鲜一定会独立。要更加努力学习，为了祖国，为了民族，尽最大努力吧。"他最后祈愿的话语是，感谢朝鲜独立，为日朝两国的将来祝福。那种令人感动的场面，我永远不会忘记。

◎安三老师九十二岁的时候，我去日本拜见了他。普通的问候不足以表达我多年的感谢之情，想起此次一别也许会成永别，我遂给安三老师行了四拜之礼。四拜是我们国家的最高之礼（人一生中最重要的礼仪），是出嫁的女儿给父母、妻子给即将出征的丈夫所行的一种大礼。我两手和两脚合拢，连拜了四下，边拜边在心里喊："您是活着的圣者。你那深受韩国人喜爱的教育理想，将永放光芒。"①

①原文摘自小林茂编《木槿花盛开之时：崇贞学园的清水安三先生》，樱美林学园发行，2001。

# 第四章　纵论民国时政与中日关系

No.50　圣诞节时学校悬挂着中华民国国旗和崇贞女学校校旗

1919 年（大正八年）5 月 4 日，在北京爆发的五四运动成为中国现代革命史的开端。大约从五四运动前后开始到昭和初期，也就是随着国民革命北伐的展开，中日之间的对立越来越尖锐的时期，清水安三先生作为新锐的中国问题新闻撰稿人，积极挥笔写作。他不断地向《北京周报》、《我等》、《日本及日本人》、《读卖新闻》等报刊杂志投稿发表文章，并于 1924 年（大正十三年）同时出版了两本书：《支那当代新人物》和《支那新人与黎明运动》。

被誉为日本大正民主运动之代表的吉野作造博士在为这两本书所作的同一个序文中，大致做了这样的介绍：

这些年来，我一直坚持不为别人所写的书作序这一原则。可这次却深感清水安三的新作应予介绍，遂破例拿起了笔。清水的书写得非常好。对中国的评论，清水有极具客观之见识。现在，我们是作为好朋友来交往的，但事实上我能认识他是从向他请教开始的。那是 1920 年（大正九年）的春天，我为清水发表在某报社的一篇文章所感动，遂向他讨教。清水在各种报刊杂志上发表着自己的见解，每一篇都对我们很有启发。我相信，在现今的"中国通"之中，大概没有人能超过他。

清水的每一篇评论都来源于第一手材料。他并没有凭据书中人物所发表的文章来论其思想。他与书中所论述的人物均有过长期的直接的交往，这是非清水莫属的绝技。为什么这么说呢，因为他自己能亲自与中国的新人接触，敞开心扉，推心置腹，终博对方之信赖。要做到这一点，特别是在今天，我们的同胞几乎都是不可能的。清水是能将这种不可能变为可能的唯一的人物。

另外，清水并不是根据个人的偏见喜好就随便说事的人。坏事就是坏事，他具有这么说的勇气和智慧。长期以来我一直对清水的分析深信不疑，时至今日我一次都没有后悔过。

清水安三先生关于中国问题的评论，即使现在读起来我们也会感觉到他的直率，体验到他作为激进自由主义者的风采。他是一个直言不讳的名副其实的难得的自由主义者。正因为如此，当日本的侵华政策变得越来越露骨的时候，他的"先见之明"就引起了日本军部的反感。在清水安三作为通讯员最活跃的时期，刊载了他很多文章的《北京周报》最终在军部的威压之下于1930年（昭和五年）被迫停刊。据该报社主的遗孀（藤原茑）的回忆录的记述，该报停刊的最重要的原因之一是清水安三的批判性评论。①

①此文为编者所发感言。——译者

## 第一节　五四运动之后的中国

### 1　为什么日本人讨人嫌——与大多数中国人交个朋友吧（1919年）

人是看不到自己的脸的。从这个意义上说，中国人的眼睛不就是一面很好的镜子吗？②

②本文为清水安三先生于五四运动爆发之日在北京所写。——编者

通过观察中国人的眼神，我们就可以领悟到自己的丑陋。现在有很多日本人到中国来旅游，他们这才体会到了强国的可贵，感觉到了什么是自尊，纵然他们中有很多人就这样回去了，但凡有良知的人都会越来越清楚地认识到日本人自身是多么的狭隘和无情，这时，他们非但不会自傲自大，

可能反而只有一种惭愧之情了。

与中国自身统治青岛时期相比较，青岛在德国占领期间，它对山东省来说变得非常便利，许多人深受其惠，甚表感谢。自从青岛转到日本的手里以后，坐个火车也得按日方要求来办，屡屡遭到小看，在各个方面让人有不快之感，心情苦闷。其结果是什么呢？你们看，北京的游街不是变成了如火如荼的示威游行了吗？毫无疑问，以本国利益为本的殖民地政策早已过时了。如果连最起码的同利共益的殖民地政策都不采用的话，那么像朝鲜那样的民众运动也许永远不会绝迹。

日本人移居到这里后，破坏中国良风美俗之事常有，给人以感化之事却不常有。比如在中国要开窑子（即日本的妓馆区）的话，除要缴纳重税之外，自己的家还必须建在城外。尽管如此，可日本人却假以奉天新市街发展之策这样的美名，不但几乎不缴税金，而且还把宅地都借出去建了窑子。更有甚者，这些窑子是在中国舆论声讨其为破坏良风美俗之举的怒涛声中强行建起来的。此外，日本人不管是在城内还是在行人杂沓的地方，都肆无忌惮地在中国的大街上开起了妓院。虽然这些妓院名义上是为日本人开的，但在只有二十个日本人居住、其中十五个人就是妓女这样的地方开妓院，其真实情况就不言而喻了。日本人往来于中国，尽管是出于中国商业道德的诱惑，但在感化他人积极向上方面，是没有什么建树的。

日本人遭人厌恶，白人却招人羡慕。如果听说这个人是排日主义者，那么人们就会说，他是一个受官民信赖的有素质的人。相反，如果知道他是一个信赖西洋的人的话，人们好像就会把他看做是一个进步人物。既然人们那样地讨厌日本人而羡慕白人，这不就说明日本人的度量和才干比白人略低一筹吗？

日本人需要更加认真地梳理一下自己。如果不从内心开始梳理的话，就很难与中国人携手共进。不触动灵魂，自然就不会燃起热恋之情。现在，不管是在穷乡，还是在僻壤，都有白人医生、牧师以及他们的学校和医院。白人是在中国人还没有崇拜他们之前，就亲自把金钱和真心都抛了出去的。这是那些存了点小钱后转到中国从事教育的日本人想都没有想到的工作。那些从日本来的医生，反正不会一辈子呆在这儿，也不会去爱中国人，因此他们连汉语都不学。于是乎，在小学给中国人上课时，居然有这样的日本人，他把《世界皇室长短比较一览图》等挂起来，在图上将最高的最突出的部分用红色标出来，以此来标榜自己的国家。要是这样下去的话，其结果就是：你办个学堂，这个学堂正好就变成了排日运动人才的养成所；你建个医院，中国的患者就会拿它跟白人办的医院相比，在这里接待他们的是不懂汉语的日本医生和护士，他们感知到的只有寂寞和不安。因为横竖最初动机不纯，其目的"不是因为爱中国人而是为了争国威"，如此这般，你越办，中国人就越与你疏远，这个结果也是合情合理的。

许多留学日本的中国学生都是作为地道的排日者回国的。好像有这样一种现象，即你越尽力去做，他就越反感。如果这样，从日本国内的教育家到出租房子的女老板，就都必须做一个世界人。这是非常正确的。日中亲善是在华日本人与日本国内的日本人都必须参与的大事。从事国民教育的教育者如果不实事求是地讲述历史事实，如果不以一个世界人的身份开始教育活动的话，我们怎么能放心地让中国的青年来留学呢？

如果仅仅是拉拢拉拢段祺瑞，或者把宝押在张作霖身上，日本人也就不行了。一方面向东清铁路长官赫尔瓦多暗送秋波，另方面又与该地区的军人谢苗诺夫（Semyonov）藕断丝连，用这种稀奇古怪的做法来与中国的权门交往，如果日本不适时地终止这种手法的话，后悔的时候迟早会到来的。

时代在不断变化。一个英雄就能成就一番事业的时代正在过去，只有那些能与大多数人共事的人才能逐渐地成为领导人。这一趋势在中国也是同样的。当白人使用报刊作为宣传工具将自己的主张诉诸大众的时候，日本人却整天利用术数权谋操纵着少数权门。至于眼前和未来有没有胜利的可能，他们是无暇顾及的。

即使利用一些阴险的贿赂手段拉拢了一小部分人，但如果不用开放的、主持正义和真理这样的手段来争取大多数人的话，你就什么也干不成。但是，如果慢慢地用充分的时间去教育大多数民众的话，那么这就会变成为一股少数人无法压制的力量。这样的话，段祺瑞也好，曹汝霖也罢，其实都已经不重要了。不是吗？日本应该走的道路不正是以中国的大多数人为友、共同走向亲善这条路吗？[1]

（五四运动爆发之日执笔于北京）

## 2　排日运动——日本人是毛毛虫吗（1920 年）

中国的群众运动能取得如此的成功是谁都没有想到的。[2]

在首都北京的中心区，热衷于排日的学生与青年随意袭击商店，将日货扔到大街上，然后加以打砸和烧毁。商店的

[1] 本文之日文原文载于《我等》1919 年（大正八年）12 月 1 日号。

[2] 1919 年在北京爆发的五四运动是与尔后的抗日战争紧密相连的一个历史的转折点。清水安三先生是这一运动的目击者。——编者

伙计和掌柜的不但不去迎战抵抗，反而加入他们的行列，一起打砸。不管是出资者还是经营者，只要这样做能成为一种广告，能提高信誉，都会予以默认并暗暗推进。巡查和士兵对这种情景视而不见，不去制止，不去询问，也不出手管管。

日本的那些军阀总认为，依靠中国官宪的威慑力，排日运动是能够予以制止的。但是，只要那些掌柜的、巡查和士兵还有满腔的排日情绪，那就做什么都没有用。即使把参加排日运动的青年和学生都抓起来，但只要审判官还有排日情绪，那就不会有什么效果。如果要把排日者都抓起来，那么也许就有必要准备能幽闭四亿国民的拘留所或牢狱了。

只要是亲眼目睹过在北京被称为游街会的示威游行的人，也许都会有现在才体会到了民众的威力这样一种感觉。即使中国的政府具有更大的力量，但对于这一运动仍毫无办法。

他们是如何上街示威游行的呢？ 他们不骂人不发怒，只是打着白色大旗，两三千人在一起，好像没什么大事一样，在大街上行走。汽车也停下来为其让路。

不管怎么说，在北京不断举行的游行始终都秩序井然，连那些卖馒头和卖茶水的也都加入了他们的行列。要是我们有一点儿不怕沾上尘埃的勇气，我们也会毫不犹豫地成为游行者的伙伴。只有脚步声在响，一种寂静的游行，这种情景与暴动的性质完全不同。

在世界的东方，面向日本的无抵抗主义的战斗正在进行。朝鲜的万岁运动和中国的排日运动都属于这一种。他们没有拿武器。他们没有想着去杀人。

朝鲜人和中国人已经体验并掌握了剑道的那种不战而

胜的奥妙。对于拿着枪威胁他们的人，举起双手，不进行抵抗，将会怎样呢？面对大肆杀戮的日本军人，朝鲜人和中国人使用的是举起双手默默地予以抵抗的办法。

即使是在强敌面前战无不胜的日本军人，也不可能随意向赤手空拳的抵抗者开枪或杀掉他们吧，因为这就像用"日本刀"去砍大家都看不见的"真理"之后的情况一样，那种感觉是非常不好的。毫无疑问，现在，如果日本人不反省自己的行为，那么日本人一定会在全世界成为孤家寡人。一个被孤立的国家会不会灭亡，明眼人一想就会明白。

我极不喜欢毛毛虫，理由我并不清楚，其实讨厌毛毛虫只不过是从祖母那里传到母亲那里，再从母亲那里传到我这儿的一个概念。日本人马上就会成为人类社会的毛毛虫了。

中国人正在从老子到儿子、再从儿子到孙子，一代一代地往下传，说要排斥日本人。每年的五月七日前后，排日宣传进行得很彻底。从信封上的设计图案到钱包的装饰，全都有"勿忘国耻、勿懈排日"的字样。这在中国青少年的心中已刻骨铭心，是想抹也抹不掉的。各大日报的报头每天都用一号字印着这几个大字："一年三百六十五日，每日都勿忘五月七日"。对此，你有办法做出对应吗？

排日之所以发展到今天这个地步，完全是日本这十年所干的坏事所导致的。从今以后，日本至少得干二十年的好事，如果不能持续做好事的话，亲善是绝对不会实现的。

更进一步说，日本人如果不忘却"国家"这一概念的话，那么他与中国人就无法携手合作。如果没有一个与中国人一起掀起排日运动的胸怀和气概，那就会一无所成。合办企业也是如此，让中国人受益、让日本人受损的这样的企业，越多越好。

日本的教育应该更进一步地面向世界发展，与其培养爱国者，不如改为培养世界性人才。凡爱日本者，是不是应该多一点努力去忘却日本这个国家呢。在日本人的世界主义观念没有形成之前，对华问题也许是无法彻底解决的。[1]

①本文原载《基督教世界》1920年（大正九年）3月18日号。

### 3　中国有亡国之兆——对日本军阀的批判（1920年）

对于中国，有乐观和悲观这么两种中国观。用悲观的眼光去看待中国，还是用乐观的眼光去看待中国，这在讨论对华政策时会得出完全相反的结论。中国幅员辽阔，全国各地到处都有散见的各种各样的资料，从这些资料中，你既可能会看到它亡国的征兆，又可能会看到它兴国的迹象。每个人依据自己的思想倾向选取资料，无论什么说法，都能做出解释。

我们宁愿乐观地去看待中国。当然，这可不是那种奉承式的轻率地说出来的乐观，而是一个教徒在自己心中所祈求的那种乐观，是在内心祈求看好中国前途的那种乐观。我们面对现实生活中的各种事实，欲与年轻的中国的新青年们一起，共同展望中国的未来，我们期望能从中来发现一丝丝的光亮。

听一听悲观论者的说词，我们就知道那只不过是对中国国民性的一种诽谤。他们举例说，请问你们，"中国的政治家中有值得信赖的人吗？有的话，请说出十几个人名来"，结果呢，别说十几个人，就连五六个人、甚至一个人都举不出来，如果这还不是亡国之兆的话，那还有什么才是亡国之兆呢？他们还举例说，"你们看看中国兵的那个软弱样，能冲到前面拼刺刀的军队几乎没有呀。这样的军队怎么能获得信任，怎么能从列强那里获得独立呢，只怕连自己国家的统一都很困难了。"作为亡国的征兆，被列举的例子是非常多的。但所有的问题归根结底还是人的问题。亡国的征兆也好，兴国的机运也罢，我们只能说它都是体现在中国人身上的。

在中国的国民性中，常出现使人失望的东西，但还不曾令人绝望。看到不顺眼的地方，唉唉声叹叹气，这并不仅仅限定于对中国和中国人。回过头来想一想日本和日本人的时候，我们也常常会发出同样的叹息。如果把中国比做一棵老龄大树的话，那么它同青竹般迅速成长的日本是不能比拟的。老树不知什么时候会突然倒地，青竹或许一阵大风就会折断。枯木腐烂格外费时，而青竹一旦栽倒，那是惊人的脆弱。

尽管话是这么说，但我们还是不希望对日本太悲观、陷入自暴自弃的境地。说到底，年轻的要有幻想，年老的也要有梦想，我们只能为我们日本的前途来祝福。恰恰如此，对于中国，你束手无策，也不必过于着急。只要喘气的虫子还有一口气，我们就不能丧失为其喂药的那份好心。我们希望对华政策能够在比较乐观的中国观的基础上建立起来，有这一愿望的人并不仅仅是我们，我认为美国也是如此，而且它已经在踏踏实实地进行方针的转换了。

我们认为，就是为了日本的未来，制定一个能获得民众支持的对华政策也是贤明的做法。关于中国的前途，光明而有望的征兆虽然还很朦胧，但毕竟已依稀可见，那种征兆就是民众运动的萌芽。如果只看到每天没日没夜地沉浸于赌博和鸦片的那些中国人，你会感到特别讨厌，但是一旦你与年轻的中国人相接触的话，你就会发现他们有很多长处。在日本对成年人实施怀柔之策的时候，美国却在对青少年进行引导。

最近，不知是哪一位中国人说过这样的话："在我还是个留学生的时候，我可没少受日本人的欺辱。这次作为绅士赴日，不管是谁都前来奉承，表示欢迎。但由于留学生时期所留下的印象太深刻了，所以越是受到欢迎，就越有一种扯淡的感觉。"此外，说这种话的人也有："你要是有了一点儿地位，日本人就好像很惊讶，有的说是你的同窗，有的说是你的旧知，都找你来了。很讨厌的。"寺内内阁与中国进行谈判时，虽说除了选择暂时掌握着政权的北京政府之外别无他途，但日本人其实并不喜欢与一个连自己的地位都尚未确定的人来往，在外交方针中更是没有把民众放在眼里。要是这样的话，事情怎么能够得到解决呢。王正廷在巴黎的舞台上（指凡尔赛和会）大显身手、积极排日以前，他就与美国深有因缘。不是吗？从担任上海基督教青年会主事的那个时候起，他就受到美国人的重视。知心的朋友绝不是用奉承就能得到的。

为了笼络老成的中国人，有些人付出了我们所无法想象的辛劳。故意在赌博时输掉，看一些自己看不懂的戏剧，宴会时提供歌舞侍酒的日本艺人，他们饱受各种辛劳，努力行事。赌博和听戏在人际交往中必不可少，这是那些冒牌"中国通"的口头禅。而让中国人最瞧不起的人，不是别人，正是这些所谓的"中国通"。

以剑为生者可以因剑而立，也会为剑而亡。中国的枯荣盛衰亦非常激烈，变化之快令人目不暇接。

这里我要责问一下，援助段祺瑞的援段政策究竟会有什么样的结果呢。几年前，有个军人在《太阳》杂志上发表文章，宣扬起用段祺瑞的论调。我们读了那篇文章后，只是哼一声，不把他当一回事，完全不敢苟同。我记得，文章像列举一种药物的功效一样，就段祺瑞的人品、才能和手腕写了一条又一条。尽管日本的报刊把徐世昌说成是"年老昏聩"，但君不见，大总统徐世昌不还是通过充分准备，以阴险狡诈的惊人手腕，把段祺瑞这么一个尾巴翘上天的人推到了圈外，让他饱尝失败之苦了吗？只要对方有一点点倔强的地方，日本军阀马上就会看中他，接着与他看中的人一起坠入泥潭，张皇失措，这是日本军阀的一种癖好。那个写文章鼓吹起用段祺瑞的人此时该是目瞪口呆了。

在西伯利亚，他们被谢苗诺夫牵着鼻子走，不遗余力地援助他，做他的后盾，到最后实在撑不下去了，才将其抛弃。在北京也是这样，当力挺段祺瑞的政策进展到一定程度已不能撒手不管的时候，他们将日本公使馆当作段派元凶的避风港，对这些人加以保护，大肆发挥大和民族精神的那种气魄。有道是，穷鸟入怀，猎夫不追，我们权且对这一行为予以肯定吧。但关于日本的对华政策是不是值得赞赏，疑问恐怕就非常多了。即使触犯众怒也要对这些人加以保护，这是完全没有必要的。令我感到吃惊的是，日本能一边若无其事地在嘴里喊着人道呀正义呀什么的，一边却在总的对华政策中显现出帝国主义的魔掌。

目前，各国的对华政策正在从争夺利权、侵略和瓜分向门户开放、机会均等这一贸易主义方向转换。这个时候，仅仅是收买权门又有何用？制定一个能获得民众支持的对华政策才是正路。这是将唯利是图、以利权为生的投机商驱逐出去，全力援助正派做生意的日本商人的唯一的办法。

无论如何中国人在自己的国家从事最适合于自己的政治

活动，当然丝毫不希望别的国家指手画脚，加以干涉。无论在中国爆发什么样的革命，日本都不必多插嘴。反对袁世凯称帝的时候，中国没有排日，但日本与军阀勾结在一起的时候，就爆发了轰轰烈烈的排日运动。不管是什么时候，日本都表示最重民意，这不是贤明之策吗？就像当年很多日本浪人与孙逸仙、黄兴一起奔走革命那样，出现一两个有志之士与孙洪伊、陈独秀一起为即将到来的非常了不起的革命而奔走，不是也很好的吗？[①]

① 本文原载《我等》第2卷11号，1920年（大正九年）11月1日出版。

## 4　基督教传教者要超越国家观念（1924 年）

### （1）恶魔的宗教

"请先去说教吧，如果不灵的话，那就拔出你的剑吧"。这就是葡萄牙、西班牙、荷兰、英国等的对华政策。不承认是不可能的，因为事实已经证明了这一点。即使你辩解地说，抱着《圣经》来华的人与拿着刀剑来华的人是毫无关系的，但他们也会从不同渠道辨别出来的，对中国人来说，他们不用考察与对比而通过想象就可以得出这样的结论：只要你是同一个国家的人，那就是一丘之貉。这样被人看待也是无可奈何的事情。

他们在基督教的美名下干了多少罪恶的行当？使中国持续经受了多大的苦难呢？我们在研读日本史想起天草之乱时，都非常同情那些基督徒，从内心诅咒动用酷刑残杀基督徒的日本人。然而当我们研读中国传道史时，感想截然相反，甚至会觉得这帮人被杀掉反而是件好事。因为当时的基督教徒也许就是恶魔的使者。基督教的传教士在进入文化强国的时候，礼仪是非常端重的，所干的都是崇高的事业。但他们一旦进入到文化弱国，反而会有胡作非为的倾向。这一点如果不予以特别注意的话，那么你就会在不知不觉之中干出恶魔的使者才会干出的事情来。

（2）义和团与赔偿

1899 年至 1900 年的义和团运动只不过是从山东兴起的一场迷信运动，但在这场运动中有四十四名天主教传教士、一百八十六名基督教新教传教士，还有很多中国教民被杀害。教堂和学校被烧毁，有的情景令人目不忍睹。在惨遭杀害的人当中，有的人也许是善良的传教士。

因为这一事件，各国所获得的赔偿金是 4 亿 5000 万两白银，外加 40 厘的年息，总金额是 9 亿 8200 万两。教会所获得的赔偿是 1525 万 1281 两 3 钱 7 分。各国的传教士就是用这笔钱来修建学校和教会的。今天，在中国各地像样的教堂和校舍大多是那个时候兴建的，他们成为所谓的赔偿金暴发户。当时在分散于各地的日本人所开的商店中，有很多店都发了赔偿财。打碎一块玻璃，勒索 5 万日元赔偿金的人也是有的。

今天的中国为什么这么混乱呢？ 理由有很多。经济的枯竭使得中国进一步退两步，故步不前。这样的话，我们不得不说，义和团事件的赔偿金是造成中国财政困难的最大要因。中国的混乱起因于财政困难，财政困难起因于义和团的巨额赔偿，义和团起因于教民的横行霸道，教民的横行霸道责任在于传教士，于是可以得出这样的结论：中国的混乱是传教士导致的。即使没有我说的这么严重，但有些地方还真的与事实相符。

过去的事已经过去，无法挽回，但从现在却可以做起。传教士们只要离脱恶魔之手，不滥用国家的权与利，而只相信上帝的庇护，潜心传道就可以了。如果不这样做的话，那么第二次义和团运动就一定还会爆发的。到了那个时候，各国是不可能像这次一样获得如此巨额的赔偿金的，因为那个时候中国已经极其贫穷了。

（3）新时代的到来

1919年五四运动爆发之后，中国迎来了破除偶像、思想革命的新时代。追求自由的思想使中国青年的心在燃烧。民众运动的烽火在全国各地熊熊燃起，合理的排外运动发展为社会运动，最终变成为一种将教会问题弃置不顾的左倾势力。

滥用教权的时代已经过去了。时代已不再是依仗国家的威力来欺压中国人的时代了。我们所应该做的就是以上帝为唯一的后盾在中国进行认真的传教。所以，当两三个传教士在河南被土匪杀害之时，什么赔偿呀抗议的，不应该如此气势汹汹。就当他们是在非洲传教时被毒蛇咬死了，这样考虑问题就可以了。反正那些传教士是把自己的身体和灵魂都交给了上帝与中国人之后才来到中国的。事到如今就不应该再抗争了。他已经把生命都献出去了，却要向中国这个国家索要赔偿。这样的话，因他的死已经通过赔偿得到了回报，那么上帝对这种高尚的牺牲就不会再予以奖赏了。《圣经》不是教导过"伸冤在我"吗？[①]不替死去的传教士报仇也是可以的。千万不要让远隔大洋的自己的国家来做你的援军。

对了，有一种说法，说在中国的传教士因被土匪瞧不起，随时都有被杀的危险。这是一种谬论。现在，情况完全相反。一旦外国传教士被什么人扣起来了或遇到了危险，因为中国政府首先害怕出事，急于花钱了事，这样扣押传教士的人就能赚一笔钱。因此，把外国传教士扣起来做人质的事就多起来了。单从这一点来考虑，商人及其他人暂且不谈，

①罗马书第十二章十九节大致说了这样的意思：不要自己伸冤，宁可让步，因为耶和华说过，伸冤在我，我必报应。——译者

单说传教士，如果他没有上生命保险的话，他们是不会深入到中国内地去的。如不上生命保险而到内地去的话，中国就不得不从国库中为传教士的到来准备很大一笔经费。归根结底，这是一种制造麻烦的事情。

（4）人比钱更重要

日本人总是先敛钱，认为只要有钱就什么都能干成。但是，光有钱是什么也干不成的。

到中国各地走一走，你会看到很多大学附属医院、教会和学校的宏伟的建筑物。你只要稍微瞧一眼，他们就会说自己有钱。但是，一般的人可能不会想到，这些事业之所以有今天这样的规模，那是因为有人曾为此而粉身碎骨、鞠躬尽瘁。请看吧，不管是哪一所大学，也不管是哪一家医院，它的上面站立着的不正是一个个我们肉眼看不见的血乎乎的人影吗？

燕京大学是在刘海澜（Hiram Harrison Lowry）博士的双肩上建起来的。从现在回想四十年前，如果没有刘海澜夫妻两人招收二十名学生开办此校并苦心经营，今天的燕京大学是难以想象的。武昌、上海、奉天①的教会学校或医院，没有一个是只用金钱就能建起来的。没有崇高的牺牲，就不会有在中国传教的成功。

我们希望我们能超越"国家"概念，为中国而来中国传教。当然，一个人把祖国从自己的心中完全驱除出去是不可能的，但我认为，不管在哪个国家，都应该有十多个人或一百多个人，他们将自己的国家完全忘却，而把自己的一切都贡献给了外国，这也是很好的事情啊。

只有这种超越国家概念的人为其他国家而工作，才能使民族与民族之间变得友好起来。②

①如英籍医学传教士司督阁（Dugald Christie，1855~1936），1882年至1923年在中国东北地区施医传教，历经40年，创立了盛京施医院。——译者

②本文原载《北京周报》1924年（大正十三年）1月13日号。

## 5　中国会赤化吗（1926 年）

最近，我去看望周作人，给他打个招呼，说我已经返回北京了。当时周问了我这么一句话：“怎么样，北京有什么变化吗？”经周氏这么一问，我还好好地思考了一番。

是啊，北京也许没有什么变化。离开北京也就只有两年的时间嘛。但是，仔细看一看，中国的一切都与以往的印象不同，使人不得不产生异样的感觉，令人发出“哎呀，这儿的样子大不相同哟”的感叹。

大约在七八年前，北京住着一个姓何的官僚。那个人曾对我说，“中国会赤化？ 哈，啊哈哈……”中国怎么会赤化呢，这是不了解中国的人才会说出来的话。他对我的话提出了异议，还讽刺挖苦我。

从那个时候开始，我从俄罗斯人满脑子想的都是要求东渐这一角度考虑，同时也考虑到其他因素，我得出了这样的结论：中国可能会在某个时候赤化吧。

第一个理由是，针对俄罗斯对东洋的侵入，中国的抵抗已经失败了。如果日本没能阻挡俄罗斯的日渐东进，那么中国的一大半早就变成一个大西伯利亚了。

第二个理由是，中国今后在组建新的国家时，他当然要以最有新意的国家组织为榜样了。

第三个理由是，中国本身就有一种由康有为、孙文所创设的共产国家的思想。

所以我认为中国会赤化。虽说是赤化，但并不像日本人所想象的那样，并不是要创造一种井然有序的共产生活。但在那里也许会建立起这样一个国家，它将坚决抵抗外国资本主义式的帝国主义，坚决贯彻俄罗斯式的粗暴的国际关系。我们还可以预想到，它接着还将向土地的国有制方向进展。

这种预想现在已经成为中国的一般民众所抱有的预想了。

我认为，此时此刻日本也到了必须认真对待中国问题的时候了。摆着一副了解中国的样子，对中国的发展方向视而不见，而只是"啊哈哈……"一声笑，自以为了不起，那就一定会被人看作是傻子的。迄今为止的"中国通"们，如果内心什么都不在乎的话，在中国还能混碗饭吃。但对于今后的"中国通"来说，他们就需要有一个思考缜密的好头脑。在现时的情况下，不管你内心做好了怎样的准备，一拼智慧，你马上就会招架不住，以败而终。①

### 6 请支援南方的国民革命军吧（1926年）

当中国由帝制向民主政体转换的时候，日本朝野有很多人是有危机感的。

他们认为："日本是帝制国家，不是民主国家。然而如果旁边的中国舍弃帝制而转向民主政体的话，这股风潮无疑会影响到日本。这可是非常严重的问题。"

为此，有的日本人非常重视与肃亲王的交往，与宗社党串通的日本人也为数不少。当然在日本民间也出现了一大批有志之士，他们同情南方，帮助孙文，不帮清政府，他们是所谓的"浪人"。这些人主张推翻中国的皇室，但对日本的皇室却愈加崇敬，是一群很善于因人而异、随机应变之人。只有凡事均不缜密思考的人，才能轻而易举地做出如此自相矛盾的事情来。仅从这点来看，也许我们可以说，凡事均不缜密思考的人在行事方面有时还真方便。

① 本文原载《北京周报》1926年（大正十五年）2月21日号。

但是，此次在蒋介石统率的政治上有一点偏红的南方军中，好像没有日本人参与其中，听说里边似乎有俄罗斯人。

如果帝制国家的日本人民参加了反对清朝帝制的革命，而说这一行为与忠君爱国并不相悖的话，那么日本人民投身中国革命，参加中国人反对北洋政府的革命党，不也就没有任何问题了吗？依此推论，一方面在中国参加反政府的红色运动，另一方面在日本则全力维护政府的白色统治，如将这一自相矛盾的行为加以说明的话，满天之下，也就不会有人再误解了。

那么，为什么日本没有出现上述这种"新支那浪人"呢？如果真出现了这样的新浪人，那这对日本来说也许是再合适不过的了。为什么这么说呢？因为万一北伐军取得了成功，那日本就有了接近南方的正当门路了。

以前，日本人头山满曾拿着五六挺机枪参加了中国的革命军，现在难道没有一个有志之士，能像他一样，拿着二三挺机枪去投奔武昌吗？如果你的行为会招来人们的误解，人们误以为你是与共产主义者同生共死的话，那么你只要找个机会，表明你诚心尊皇的决心不就可以了吗？

这样的新支那浪人为什么在日本没有出现呢？那是因为"中国通"们总体上都变得过于认真的缘故，是因为连自相矛盾之处也感觉不出来，凡事均不缜密思考的那些"中国通"们都死光了的缘故。中国已经变成了不适合于浪人这种头脑简单的人来进行活动的舞台了。在中国人自身已具有相当锐利的洞察力和成熟的思想的今天，以前的那些浪人在这里什么事也干不成了，我认为这也是必然之中的必然。

所以，如果想投身中国的红色革命军，那么自己不变成红色就什么也干不成。以前的那种做法已经是行不通了，比如，在日本搞尊皇主义而在中国却搞叛皇主义，如此自相矛盾的东西都能圆滑地做出解释，这样的事已经是行不通了。在中国，如果你参加共产主义运动，你就得有尽管心里不愿意但在日本也搞这一运动的决心，要不然的话，人家是不会与你同伍的。浪人那种人肯定是不行了。你必须是有一份工作、不干活就没得饭吃的那种人，你要不是这样的人，那就什么也不行。

要是这样的话，日本也肯定有共产主义者，把他们调出来，去参加中国的南方军又如何呢？君不见，万一南方军得了天下，日本人兴许还能做个顾问什么的，对日本不是很有利吗？就像片山潜给俄罗斯当顾问一样，我们也把堺枯川或着什么人派去给蒋介石做个顾问，怎么样？有这种想法的这帮家伙还真是挺有意思的。现在，他们当中肯定有人正在监狱里呻吟着呢。与其把这样的人幽禁在监狱里，还不如把他们派到武昌或广东那样的地方去，怎么样？在头山满派去的拿着十挺机枪的人当中，像安川敬一郎那样既有大志又有金钱的人，现在怎么没有一个呢？

但共产主义者是不去那种地方的。他们对中国的战争其实没有多大的兴趣。从日本到中国去参加革命的那些有鸿鹄之志的所谓"支那浪人"，虽说是参加了革命，但揭一揭他们心中的秘密，我们就会发现，他们的初衷其实并不是为了中国而是为了日本。他们是为了在革命之后，日本在中国能有发言权，或者让新的中国能对日本能有一种好感，他们是抱着"后日必有用"的居心来参加中国革命的。揭开老底就知道，他们什么都不是，他们的想法非常浅薄。可以说这是帝国主义的一种变异。他们的这种想法与跟着张作霖、段祺瑞的那帮日本人如出一辙，时至今日还跟在张作霖屁股后面打转的人，总以为这样做对日本会有好处，跟着段祺瑞的人，总以为他在为日本这个国家办大事。

这么糊涂的事日本的共产主义者是做不出来的。他们有他们自己的事情。他们在考虑的与其说是中国的事情，不如说是日本的事情。他们已经注意到，稍不留神中国的革命可能就会领先于日本，一步步地前进。因为就是这么一个情况，日本的共产主义者的同志之中，也就不会有"新支那浪人"那种人出现了。

这样的话也就无可奈何了。难道要在热衷于国粹主义的这些日本人中间，派上一个亲近南方军的人物，让他跟在蒋介石的屁股后面跑来跑去吗？就像在中国北洋政府那里的一些军事顾问一样，他们纵然遭到张作霖、张宗昌的小看，但仍紧随不舍。这些人即使被中国的英雄豪杰瞧不起，但在日本人面前却完全可以狐假虎威，摆个"顾问"的架子。这样做，值吗？[1]

①本文原载《北京周报》1926年（大正十五年）11月28日号。

## 第二节　1927年前后的中国

### 1　请放弃治外法权与租借（1927年）

日方所说的《日清通商条约》，在中国被称为《中日通商行船条约》。这个条约是1896年（明治二十九年）7月21日缔结的。因为是甲午战争的战胜国日本与战败国清国之间缔结的通商条约，所以条约的内容也就必然充满了不平等的款项。

去年（1926年）的10月20日，外交部致函芳泽谦吉公使，提议修改通商条约。根据这一条约第二十六款的规定，从该条约批准之日起算，1926 年（民国十五年）10 月 20 日正好是第三十个年头，可以修改。①所以中方提出了改订的要求。

过完元旦后，从今年的 1 月 21 日开始，顾维钧部长与芳泽公使在外交部召集了日中通商条约改订会议。据悉，在开幕词中，顾维钧希望双方在平等互惠的基础上缔结新的条约，并提交了涉及领事裁判权和租界问题的《条约基础案》。各大媒体均认为，这次会议不容乐观。人们预测，要想缔结日本所热切期望的互惠条约，恐怕还需要经过好几个难关。

在这种情况下，我感到我们有必要谈一谈日本对华政策的一些具体问题。

很多日本人好像至今仍不愿意放弃领事裁判权。将已经拿到手的东西主动放弃一个或半个的，心里很不愿意，这种心情当然可以理解。如果亲眼看一看中国人执行死刑的现场，那么谁都不希望自己按中国的法律被处以死刑。犯人被推上拉货的马车，在一片叫好的骂声之中被游街示众，接着在天桥被枪决，喷出的血还被狗舔了个干净，想象一下都觉得可怕。如果同样是死刑的话，那么走上日本的绞刑架不是更好一点吗？比如说，临刑前作上一首诗，高声一吟："如已是在天桥被毙之身，宁愿回日本被处极刑，如此则快哉！"或者以"那么诸位，我就先走一步，对不起了"这样的语气说一声，然后从容不迫地被处以死刑。谁不觉得这样好呢！

记者本人在学柔道的时候，曾不止一次地有过被卡住脖子陷于假死境地的经历，绞首并不是一种痛苦的死亡方式。正因为如此，所以人们就越来越觉得中国的那种残酷的落后于时代的死刑无论如何是无法接受的。从这一点上来说，享有领事裁判权肯定让人放心多了。

① 该条约第二十六款规定如下：此次所定税则及此约内关涉通商各条款，日后如有一国再欲重修，由换约之日起，以十年为限，期满后须于六个月之内知照，酌量更改。若两国彼此均未声明更改，则条款税则仍照前办理，复俟十年，再行更改，以后均照此限此式办理。——译者

但是，对于在华日本人，难道领事裁判权所带来的都是难能可贵的好处吗？对此我们不得不持怀疑的态度。领事并不是真正的法官，而只是外交家。法律是非常可怕的东西，如果你以各种理由被领事当作嫌疑犯，那么即使你上告到长崎法院，而且日本国内的法官也宣告你无罪，你也无可奈何，因为你不但拿不到被羁押期间的工资和补助，而且也得不到任何赔偿。

领事手中握有行政和司法两个大权，领事要是有心整你，你就不会有任何申辩的机会而只能乖乖地服从他下达的出境命令，离开中国返回日本。这样想来，领事裁判权也有很大的随意性。现在，德国、奥地利、俄罗斯等国的国民在这里虽不享有治外法权，但也没有看到他们的国民有人在天桥被枭首示众的。对于在当地居住的本国国民来说，治外法权只相当于不让他们光着脚在大街上乱跑，也就这么一点点的作用。如果日本这个国家行为端正，即使治外法权被废除了，在法庭上日本国民也是不会受到不公正判决的。

下面谈一谈租界问题。租界也是一个人们恋恋不舍、不愿放弃的地方。但直截了当地说，看一看天津的租界就可以了。日本人难道不是把繁华的大街卖给中国人了吗？就说东洋拓殖株式会社吧，毕竟腹不能变成背，它最终还是把到手的土地卖给了中国人。中国人正在以国民的力量将国家失去的租界用钱往回收复。用不着从国家的角度来看待这一问题，仅仅凭着经济的发展这一问题就能顺利解决。长此下去，租界也就只是一个名义，事实上它会成为中国人的商业之地、避难之所。

为了让中国人放心地在这里居住，安下心来做生意，日本政府有必要放弃租界，这样日本也就没有必要派兵到租界来护卫了。日本要把租界这样的地方一个一个全都予以放弃，然后去培育国民的力量。国民有了经济实力，在获得了内地杂居土地所有权之后，愿意的话也会反过来在满洲把土地一亩一亩地买下来。如果不培育国民有这么一种气概，那将一事无成。

如果在中国的日本人要靠着太阳旗的威势来发展事业，那么日本人肯定是没有希望的。日俄战争后日本所发扬的国威把在华日本人都纵容坏了。日本国民必须有男子汉的气概，立足于独立不羁的精神之上。像现在这个样子，什么都依靠国家，那今后的发展不就是非常悲观了吗？即使这次赶上好运，互惠条约能得以缔结，但短则十五年后，长则二十年后，这种互惠条约失效之日也许还会来的。我认为，日本国民必须做好充分的准备，面向未来。在对华政策即将调整的这一时期，我们不得不促使日本国民尽快觉醒。[①]

## 2　南京事件与日本出兵（1927 年）

听到田中内阁成立的消息，我们就料到，日本不久就会出兵。果然不出所料，日本真的出兵了。[②]如果说以前向天津出兵还有个理由，借口说是为了义和团事件后签订最后议定书，而这次出兵山东，很显然就是对中国国家权力的侵略。"可是，先有南京事件，后又有汉口事件，可以说不出兵都不行了。"有人如此辩白。

国民革命军挑起南京事件对国民革命军来说也不是一件好事，如果说正是因为这个事件才使日本实施了今天这样的强硬政策的话，那么国民革命军也许会对引发南京事件后悔不已吧。

据老人们回忆，即使是在伏见鸟羽大战之中，在和彰义

①本文原载《北京周报》1927 年（昭和二年）2 月 20 日号。

②1927 年（昭和二年）3 月 24 日，北伐途中的国民革命军占领南京之际，引发了"南京事件"。事件的背景复杂多样，来自日本、美国、法国等外国的居留民遭到袭击和掠夺，出现了死者和伤者。4 月 20 日，力主对中国强硬的田中义一在日本组阁，5 月就开始第一次向山东出兵。之后，日本接连发动了九一八事变、卢沟桥事变，一味扩大侵略路线。——编者

队的战斗之中，只要有战争，必然会有强奸或掠夺行为，因此，军纪败坏的并不仅仅是国民革命军中的中国士兵。我读过一本书，它详细记述了欧洲大战期间德国兵的种种兽行，大战结束后，我又买了几本用德语写的类似的书籍，从这些书的记载中，我们才知道，在欧洲战场上，英美等国的士兵也是丑态百出。

台湾有一个名叫玛考的英国传教士，此人娶台湾人为妻并将自己的一生献给了台湾。在日本占领台湾之际，许许多多的台湾人或惨遭杀戮或遭受凌辱，玛考实在看不下去了，遂到乃木希典大将处，一见面他就大声质问：

"你为什么要杀害台湾人？"

听到此问，乃木大将马上跪下回答说："如果善良的台湾人有一个被杀害了，那我深感惭愧。"说完他黯然无语。目睹如此庄严之场景后，玛考好像劝说了很多台湾人归顺日本。即使是正义感如此之强的乃木大将，他麾下的士兵那个时候的胡作非为也相当多。

在南京，国民革命军的士兵们与世界上的所有士兵一样处于战争之中，在极其残酷的非生即死的状况下，他们变得疯狂而不能自控，从而挑起了南京事件，这一点我是可以理解的。我深知，做出这样的事是人类的通病。我们应该揭露人类的这种通病，对于中国的国家地位还相当低这一点也必须予以说明。

日本将出兵的理由说成是保护日本居留民，为了我们这些不中用的平民百姓而出兵，我们可担当不起。

卡尔·马克思曾经说过，所有的战争都是资本家发动起来的。我以前不太相信，为什么呢？因为就像我小时候从歌曲中所学到的那样，我认为甲午战争和日俄战争都是一场压邪显正的战争。但是能赚钱时尽管赚钱的工厂主们为了维持工厂的经营大肆放言出兵，这就正好证实了马克思所说的那句话是正确的。

资本家之所以不把纺织厂建在日本而有意放在中国，其中的一个理由就是日本支付的工资太高。我敢肯定地说，日本资本家绝不是为国家着想而在中国建厂的，而只是为了自身的利益，他们故意不去增加日本劳动者的工作，而去增加中国劳动者的工作量，目的就是为了赚钱，仅此而已。对于这样的企业，国家是没有必要去保护的。

另外，此次出兵名义上是保护居留民的生命安全，但人的生命并不是出了兵就能保护得了的。由于日本的出兵，在济南，日本人的生意做不成了，他们只能把家产交给军队看管，自己等待着被送回日本。有人说，要是把出兵的钱给了当地的居留民，那才有莫大的利益呢。居留民都是因为有生意才留在这里的。如果情况到了非日本出兵不可的地步的话，那生意也就无法再做了。不能做生意了，也就没有必要再留在这里了。因此，遇有战事时关闭店铺就可以了。如在外避难期间店铺遭到掠夺，事后能得到赔偿的话，那么问题就都解决了。如此看来，无论是出兵，还是不出兵，其结果都是一样的。

如果在济南和京津都驻扎了日本军，而其中有人偶然被中国南方军的流弹击中负伤的话，日本军可能会以此为借口向南方军开火。这也许会引发又一场世界大战。

最后我要提前把话放在这儿。这次出兵又一次给那些脑筋迟钝的决策者们好好上了一堂课。一定要好好分析一下这次出兵，如果出兵所带来的是重大损失的话，到那时，那些反应迟钝的自称是"中国通"的人，就该剃个光头，以示自惩。①

①本文原载《北京周报》1927年（昭和二年）6月5日号。

## 3 "国贼"与国际精神（1927年）

在北京，我经常这样告诫自己，要置身于社会最底层。过去的十年，我就是这么过来的。我在日本有时被视为"国贼"，有时被责为"激进派"，有时还被说成"混蛋"，被当作"狂人"看待。无论别人怎么称呼我，我对自己的行为都没有后悔过。

凭什么说我是"国贼"？骂我"非国民"①的理由在哪里呢？不言而喻，就是因为我有一种国际精神。我有一颗热爱日本民族的心，同时又有一种以邻国中国之忧为己忧之情。所以，有人一说中国的坏话，我就非常愤怒。因为有这种精神，我总是批判日本的时候多，而责备中国的时候少。我想做到的是宽以待人，严于律己。

那是五四运动时的事情。日本的孩子被中国人扔了石头，日本人群情激愤。不过，就是在这样的气氛中，当时我还是对大家说："希望日本的孩子们不要对着中国的游行队伍说骂人的话。"就这一点，我就被说成是"国贼"了。此外，在中国学生游行示威时，不知道是哪个日本人因驾车横穿游行队伍，遭到殴打。就此问题，我给报社寄了一篇短文，写道："驾车横穿排日游行队伍简直是胡来。在华日本人惹了事对我们很不利，以后请大家留意，尽量谨慎行事。"之后，我就收到了一封恫吓信，上面写着"揍你个混蛋"。

只要一听到中国军队野蛮抢劫的消息，这里的日本人个个都义愤填膺，我只是在默默地祈祷：不要有借此发赔偿财的人出现。从我本人的角度来说，要打要杀我都无所谓，我要把该说的话都说出来，借用《圣经》路加福音中的一句话说，那就是"要是我闭口不说，这些石头必要呼叫起来"。

①二战期间，日本人中最狠毒的攻击人的语言之一，意即"背叛祖国的人"、"卖国贼"、"叛国者"等等。——译者

今后如果出现了被抢劫的事情，希望日本警察在计算损害金额时能提示正确合理的金额，而没有必要考虑其他外国人的索赔金额以与其保持平衡。

与在日本国内的同胞不同，居住在外国的日本人仅有国家精神是绝对不够的。仅有爱国心并不能达到爱国的目的。凡真心祈愿日本民族发展的人，就不能不具有国际精神，这样的时代已经到来了。

在华日本人中有这么一种人，他们从与白种人，特别是盎格鲁－撒克逊民族相对抗的意义上讲，替中国担忧。这也是一种很狭隘的想法。日中亲善必须立足于国际精神之上。把英美放在对立面，把中国人拉拢到自己这一边，这种做法是有很大危险性的，它可能使英美为了与日本相对抗而煽动中国人。

另外，我信奉追求人人平等的这种社会精神。我不仅能与有钱人交朋友，与贫穷的人也能交朋友。我自己是一个基督徒，既不是共产主义者，也不是布尔什维克。但是，在当代社会中，不要这种社会精神，即不希望各阶级融合的人，如果要给他们一个称呼的话，那就是社会的寄生虫。不能因为是自己得到的私有物，富人们就可以随便奢侈。

我是具有这种社会精神的，连西洋人都忘却了的援助中国贫民阶层的工作，我正在努力去做，这有什么问题呢？修建高楼大厦式的校舍，招收资产阶级出身的学生来上学，西方人的这种做法，我是模仿不了的，我的兴趣所在就是深入到被遗忘了的贫民百姓之中，去教授他们的孩子读书。事实上，这不是一件很好的事情吗？而且我是在远离繁华大街的一个不起眼的胡同里租了一个小屋，从事贫民子弟教育的。与其说我愿意厕身于大小宴会、借此增加与中国资产阶级接触的机会，不如说我更喜欢与穷人为伍，他们住的是用一文铜钱就能租住一天的房子，有三十文铜钱就能填饱肚子，我就是以这些人为友生活着的。如果没有一种追求人人平等的社会精神，这些谁能做到呢？有那么一两个具有这种国际精神和社会精神，与北京的社会底层生活在一起的人，不是也很好吗？这样的人即使有时发表一些激进的议论，反对日本对中国出兵，甚至攻击自己的祖国，那也只是能稍微缓和一下中国人的排日感情，而绝不会带来什么严重不好的后果呀。

我就要暂时离开北京了。病情好转后我还会回来的，因为我喜欢北京，我爱中国人。纵然骂我是混蛋，我也还是要完成我的使命。好人多的是，混蛋有一两个也无妨。[①]

①本文原载《北京周报》1927 年（昭和二年）7 月 31 日号。

## 第三节　抗战中的中国

### 1　蒋介石做好了长期抗战的准备（1936 年）

（1936 年）11 月 6 日，我离开山西太原，去石家庄。在那里换乘平汉铁路，前往郑州。因为平汉铁路是从法国借款修建的，所以车票上、车站的告示上都写有法语。7 日拂晓，我乘坐的列车渡过了黄河。

郑州是陇海铁路和平汉铁路的交叉点，十八年前的那次大饥荒时，我曾来过这里。当时我是来送救援粥和衣服的，那个时候，郑州还只是一个村子的样子，现在却已变成一个摩登城市了。之后我去了开封。开封是宋朝的首都，跟北京很相像，只是规模比较小。

\*\*\*\*\*\*

因为在北方的日本陆军进行各种各样的挑衅，所以中

【编者按】

1932 年（昭和七年）春天，清水安三先生给自己在日本国内为期五年的生活划上了句号。终于可以回北京了，这时，1931 年（昭和六年）的九一八事变已经爆发，所谓的"日中十五年战争"正在进行。在日本，自 1925 年（大正十四年）实施治安维持法以来，言论自由的大正民主运动的时代就已经结束了。

国在黄河沿线集结了约 60 万的兵力。像样的城市里到处都是军队，对过往行人宪兵不是要查看通行证，就是要查看护照，盘查得很严。不过，任何一个旅馆都允许我住。五四运动以来，只要掀起轰轰烈烈的排日运动，旅馆基本都不让日本人住。现在，日本对中国采取的是强硬政策，中国人反而客气起来了。如果这种情况给了日本人的话，估计做法会是相反的吧。

****** 

11 月 8 日，我到了以前的长安即现在的西安。蒋介石把西安做为陪都，非常重视。万一突然出现了什么紧急情况，他可能马上会把首都迁到西安吧，因为南京很容易受军舰袭击。他会把指挥部安置在这里，然后跟日本打。蒋介石会以黄河为线与日军作战，万一失手的话，他会再往四川省的成都转移，尽量进行持久的战斗。

正因为此，西安虽位于乡下，但却有近三十米宽的大路，①在北方恐怕是很繁华的城市了。在征服了共产党的军队后，蒋介石的下一个目标该是什么呢？关于这一点，日本在中国进行了这么多次的挑衅，心中应该有数吧。我是个和平主义者，不喜欢谈论军事，我觉得日本也应该收敛一点儿了，应该用骑虎的架势来骑骑牛了吧。

① 日文原文为 16 间道路，在日本，1 间等于 1.8 米。

****** 

无论怎么说西安是唐朝的首都，所以，夏威夷的各位，没有比参观长安的历史古迹更愉快的事情了。

在秦始皇的阿房宫遗址处，散乱着一些柱脚石。一想到英雄留下的痕迹竟成这个样子，不由得心中有些悲哀。别说一千年，就是五百年后，日本的那些英雄的将军们驻屯古北口的遗址能保留下来吗？往来于富士山脚下的义家和赖朝的遗址，不是一个都没有保存下来吗。不过，就像内村鑑三的《救安录》所记述的那样，在富士山脚下被迫从事开拓的无名百姓的事业却流传了下来。直到现在，一到秋天，它就会开花结果。

\*\*\*\*\*\*

11 月 10 日，我去了咸阳。这里是秦的古都。我坐着车跨越渭水，在咸阳吃了午饭。在中国农村吃饭，你几乎得闭着两眼进饭馆，闭着两眼吃饭。如果不那样，你不小心看到了苍蝇成群、不洁至极的厨房，那么你就无法进食了。如果闭着眼睛的话，感觉俨然就像是赴周公之宴，会很愉快地拿起筷子的。

\*\*\*\*\*\*

匆匆结束对西安的参观后，我去了洛阳。洛阳现在虽是一个乡下城市，但洛水中的河水仍像以前一样流淌着，与京都有很相似的地方。很久以前，洛水架有一座桥连接两岸，桥的名字叫天津桥。

即使到现在，在河滩的正中间还孤零零遗留着一些天津桥的遗迹。我变得兴奋起来，坐在遗迹上环顾四周，在欣赏无限风光时，听到了杜鹃咕咕咕的叫声。我不禁想起了"杜鹃鸣，天下乱"的诗句，心中不由黯然忧伤。

我深深地感觉到，就像埃塞俄比亚使入侵者意大利陷入泥潭那样，中国死死地拖住日本的日子是越来越近了，中国以日本为假想敌人而展开的军备配置正在踏踏实实地进行。眼下的日本人根本不管这些，其所作所为是太不考虑后果了。

现在，北方正在进行的自治运动就是一例。这里的日本记者给东京的报社发出的电报没有一句是实话。中国报刊的报道完全相反，北京的英文报纸的报道也大相径庭。我心想回到北京后，一定要给相贺主编寄一份北京的英文报刊《北京日报》（The Peking Chronicle）。

******

眼下，蒋介石对于日本是"和"与"战"两手准备。在这次行政院的人事安排中，九人中就有五个人是在日本留过学的"日本通"。日本如果不能与这届内阁就中日问题达成一致意见的话，那么就会坐失一次良机。此时此刻真需要广田外相发奋努力了。

但是，中国人之中已有八成人认为，不与日本一战，日本的对华政策是不会改的。这不仅仅是政府要人的想法，普通的老百姓也都是这么认为的。

中日之间必有一战的话，洛阳这里也许会成为必争之地。吴佩孚以前驻军洛阳的时候，这里的兵营被改造得很好，面向北方的防卫很牢固。在河南、山东、直隶这些平原上建起来的二十多米宽的大道，[①]条条都通向洛阳。

① 日文原文为 12 间道路。

洛阳之外，蒋介石对日作战的第二个立足点肯定是西安，山西、绥远、河南等地的高速道路都与西安相连。因为从太原到风陵渡的火车已经开通，所以从太原向潼关方向集结兵力很容易。西安守不住之后，蒋介石的最后一个立足点恐怕是成都了吧。现在，从成都到西安的道路正在不分昼夜地加紧施工。蒋介石他们猜想，在自己坚守成都期间，英美法德俄等国一定会团结起来，一致对抗日本。

不敢说我的猜想一定是准确的，但这确实是一部分中国知识分子在心中暗自构想的抗战计划。

中国的报刊每天都有这样的报道，说什么某某某在花钱雇佣中国的苦力，每个人给二块十五分美元，让他们搞自治运动等等。听此消息，北京的学生十分愤慨，举行了反对自治运动的大游行。这次学生不分男女，虽屡遭巡查的殴打，纵然头破血流，也奋不顾身、毅然决然继续着游行示威。

在天津桥上，我听到了杜鹃的啼鸣声，不禁心想，今年的东亚绝不会是寻常的一年。昨天晚上我彻夜未眠，因为自从听到杜鹃声之后，我思绪万千，一想到中日两国的未来，即使为日本着想，我内心也是忧虑不堪。

******

我从洛阳出发，途经郑州，于 11 月 14 日到达汉口（现在的武汉），入住到好久没有体会过的日本人的旅店里，心里踏实极了。还是住在榻榻米的屋子里好啊，穿着和式棉袍，坐在火盆边，烤烤手，写写文章，那种舒心的感觉难以名状。

这种日本人的旅店无论是天津、北京，还是济南、南京，哪儿都有。所以从日本到中国来视察的政府官吏和公司职员等，都住在这种旅店里，他们几乎都不与中国人接触，都是在对中国一无所知的情况下结束行程的。十有八九的日本游客常常是没在中国人的旅馆里住过一宿，没挨过臭虫一次咬，就在中国转完一圈了。如此这般的话，当然就不会了解中国了。

******

在汉口，就中国问题，我大讲了一番。不出所料，在中国的日本人基本上都信奉大陆主义和帝国主义。我对人们讲，在各国的对华政策中，美国的是最聪明的。美国对于任何问题，不是 YES 就是 NO，态度非常明朗。美国认为是对这个国家应该做的事，就毫不犹豫地去做，认为不该做的事，就干脆不做。

比如，美国在不断地向中国出售石油、汽油及其他产品的同时，为这个国家建立了很多医院，还在许多地方设立了学校。一方面从这个国家大笔赚钱，另一方面也试图为这个国家文化的发展做点贡献。

然而，日本和英国的政策又如何呢？利欲熏心，但却亏损万千。有名的西原借款是日本对段祺瑞怀柔政策的表现吧。为了让段祺瑞组建自己的亲兵，居然借给了他两亿日元。现在呢，不是一分钱半分钱都没有还回来吗！要是有两亿日元的话，你看一看别人能干些什么吧。在北京有洛克菲勒建起来的全世界最大的医院，有燕京大学这所世界上最漂亮的大学，这样的大学在中国的各主要都市至少建了十几所。现在，为了支持北方的自治运动，某个地方的某某人不是花了不少钱么？啊，太可惜了，有的人不禁发出了如此的感叹。在汉口举办的清水安三中国问题演讲会上，我们就是这样讨论问题并交换意见的。

******

11月15日，我坐船前往宜昌。从汉口到宜昌需要五天，从宜昌到重庆又需要花五天的时间。也就是说，从北京到重庆与从东京到旧金山所需要的时间是一样的。到夏天水多浪急时，宜昌与重庆之间单程也要花十天的时间。中国真是个大国。11月23日，我终于抵达重庆。这里简直和旧金山一样。内陆之地竟然有这么好的一个贸易大都市，我甚感意外。贵州和四川两省共有六千万人，而重庆却是物资进出口的唯一的商业都市。汽车一辆接一辆地驶过，接连不断，特别令我惊奇的是，到处都有出租车在串街揽客，无论什么时候，想坐出租时随时都能坐上。就是在北京，在街上候客的出租车也是没有的呀。

四川属亚热带气候，人们受益颇多。小麦、大米、麻、桑等，只要是人类所需的东西这里都能生产。真不愧是天府之国。物价很低，物资要运出峡谷，就必须用船，必需支付昂贵的运费，这样，即使在四川很便宜的东西到了汉口就变得很贵了。

现在，中国已陷入贫穷的深渊，无论是北京、天津，还是上海、汉口，都急剧贫困。二十年前，我刚到中国的那阵子，街上的绅士、淑女十有八九，所穿的衣服不是棉布就是绸缎，而现在大部分的妇女，穿着棉布衣服也不介意。人们变穷了！的的确确。

然而，到重庆后我发现，本以为早已流向外国的银币却还在这里的市场上哗啦哗啦地大量流通，人们的生活好像都很富足。也许这是围攻共产党的军队都集结到这里后形成的一时的战时景气吧。

******

重庆的山顶上有个涂山寺，相传禹就是在涂山娶妻的。站在涂山上俯瞰重庆，景色极为秀丽。甲午战争以后，日本所获得的租界地就在长江沿岸的涂山脚下。但现在是杂草丛生的荒地。在中国，各国的租界到处都有，唯独重庆的日本租界是最肮脏最不整洁的居留地。真令人感到害臊。不要说修柏油大道了，就连一条像样的石子路也没有。

这里有很多日本人经营的工厂，如生丝厂、面粉加工厂、酱油酿造厂等等，但此时都处于停办之中，机器都生了锈。这是九一八事变的结果。由于九一八事变的缘故，在中国南方的日本人的企业受到了很大的冲击，尤其日本人在重庆所经营的企业受到的冲击是致命的。其中有的企业苦心经营二三十年，此时全都化成了泡影。

＊＊＊＊＊＊

从重庆到成都修筑有三十多米宽的大道。蒋介石在征讨共产党和土匪时，首先动用兵力修筑了汽车用的高速路，这是一种很专制的做法。这条高速公路又脏又乱，但各种公交车都在奔跑。花了 25 美元买了张票，两天两夜就到目的地了。中途要住中国人经营的旅馆，乘客和司机都住在那里。重庆还有中美合办的机场，肯出一百美元买机票的话，用不了四个小时就能到达成都。

除了北京之外，成都是最雄伟典雅的都市了。不愧是蜀国，它自给自足，地势很好，诸葛孔明在此定都是很有道理的。

＊＊＊＊＊＊

我应该向夏威夷的各位说明，美国的教会在成都建了一所与北京的燕京大学同样规模的漂亮的大学。日本人嘴上喊着"大亚细亚主义"，说什么西洋文明衰落之后，下一个就该是东洋文明的兴起了，东洋文明要由我们来建等等，大话没有少说，可看一看，日本人来到中国后都干了些什么呢？

看看吧，继日本军阀势力之后，来到中国的不是酒吧，就是赌博场和烟馆（供人吸食鸦片的地方）。热河的承德就建有二十多家酒吧，一帮子年轻女子在那儿奉伺。相反，看一看美国人在成都所建的大学，那是何等的气派啊！

最近我总在想，我们不能不好好地考虑一些问题了。很久很久以前，唐朝的人称日本为东方君子国。那个时候，日本没有文字，却令人依恋。尽管没有文字，但人都很诚实。而现在呢，中国人称日本为东洋鬼子，而绝对不说它是东方君子国了。①

①原文连载于在夏威夷出版的《日布时事》，连载日期为 1936 年（昭和十一年）1 月 31 日——2 月 20 日。

## 2　西安事变之后的中国（1937 年）

去年（1936 年）1 月，一个占卜大师曾预言，今秋蒋介石将会有生死大难。我虽然半信半疑，但内心还在寻思着飞到太原、绥远的蒋介石不会有事吧。正在这时传来了 12 月 12 日西安事变的消息。因为八卦有时也算得很准，所以中国的许多要人都不惜聘请算卦先生为顾问，大家都觉得这不一定就是徒劳无用。

今天是（1937 年）1 月 1 日，"蒋介石已经死了"、"现在活着的是他的替身"等流言或谣言又在广泛流传。中国真是一个充满流言和谎言的国度。连张作霖这样的人的死都能隐瞒三个星期，因此，并非占卜者的我也就不敢再预测什么了。

不管蒋介石是死是活，现在的中国与十年前是截然不同的了。国民已感知到国家的危急，在竭尽全力避免内战。这也许是日本客观上促使中国人民不得不这样做的结果吧。不信我们到电影院看看去，中国人争先恐后去看的电影无论哪一个都是爱国的，都是只为国家着想的。在人们对国家的前途充满危急之感的时候，内战是不会轻易爆发的，蒋介石的统率也不会轻易失灵，即使何应钦也有充分的力量，能继续进行中国的统一事业。①

（两个月后）

西安事变当时，甚至事变过去快半个月的时候，人们对这次事变的真相还毫无所知。

为什么张学良没有杀掉蒋介石呢？当听到蒋已返回到南京的消息时，日本人都在评论说，"中国人的这种做法，实在让人难以理解。"从日本人的常识出发，在那种情况下，

①以上文章的日文原文载《中央公论》1937 年（昭和十二年）2 月号。

不是将对方杀死，就是被对方杀掉，这是一个必然的结局。

张学良之所以没有杀掉蒋介石，其中最大的理由其实是共产党的作用。将著名的反对党头目杀掉，这是最得不偿失的做法。据说，毛泽东立即派人过去并发出了"绝对不要杀蒋"的指示。这种传说并不是不可信的。

中国的国民非常重视西安事变，因为它标志着一个新时代的开始，意味着民国时期中国从此结束了内战而进入了统一的时代，因为共产党的军队与国民党的军队开始了对话，以寻求停止内战、相互妥协的方策。最近几年，中国的政要们在演说中常说的一句话叫"我们的枪口不是对准国民的"，这次的西安事变如实反映了这一点。

将中国由一个群雄割据的时代推向一个统一的、支持中央政府的时代，其中起了很大作用的就是中国的邻邦日本。自九一八事变以后，日本促使中国的民族危机感像决堤的洪水一样迅速传遍全国。这种民族危机的切实感受，才是促使中国结束内战时代的最重要的精神动力。除此之外，也许还有其他的理由，但不管怎么说，二十多年来使中国民众饱受苦难的内战时代终于宣告结束了，虽然姗姗来迟，但中国从此可以步步向上了。

西安事变使得中国的知日派内阁威信扫地。张群等五人在内阁中占半数，日本却在没有与他们进行任何商议的情况下就错失良机了。但知日派要人都是很有实力的人物，他们只需等待时机就可以了。

要想推动中国，抓住良机是非常重要的。

大致说来，要讨论对华政策，以下四点是绝对不能忘却的：

第一，日本国民还没有学好汉语。在日本人之中，真正通晓汉语的人是屈指可数的。

第二，日本人得学会推动中国的窍门。中国有中国的做法，并不像电铃那样，你只要按电钮，它就会铃铃作响。

第三，日本人对日益变化中的中国的认识其实是很不充分的，尤其是不善于分析和判断大众的动向。

第四，日本没有足够的理念。本以为日本是要实行推进进步的文化政策，结果实行的却是强硬的铁血政策。如此这般变来变去的话，不就成了干什么都徒劳无益了吗？日本欠缺的是一种穿金透石那样的首尾一贯的信念。

无论怎么说，蒋介石不愧是领导现代中国的一名英杰。其他的人物都不值一提，而且也不属一个层次。[①]

① 原载《中央公论》1937 年（昭和十二年）4 月号。

## 3　卢沟桥事变的走向（1937 年）

当地终于恢复了平静。我们重新回顾一下事变的开端，了解一下事变的真相，就可以比较客观地做出判断了。

不言而喻，此次事变的开端是 7 月 7 日在卢沟桥发生的日中两军的冲突。众所周知，关于卢沟桥事变已经两次达成了协定。如果协定能得到维持的话，事变可能就不会如此扩大了。

时至今日已经弄清的一个原因是学联的地下活动。学联是学生联合会的简称，是以各个大学的教授为支持者的共产主义秘密组织。大约在五年前，也就是九一八事变前后，学联在北方建立了基地，各个大学都有相当有实力的人物参加。正是这个学联才是将卢沟桥事变扩大为中日战争的真正责任者。

学联的成员为了把卢沟桥事变扩大为中日战争，在双方达成协议之时，大放爆竹，听起来像是枪炮声，以此诱使中日两军开枪。当时不管是驻扎在那里的日本军部还是中国的二十九军的军队，从上到下都好像没有将事变扩大的意思。这么说的证据是，从日军方面来看，他们的营长没有带马，也没有准备食物。从中国方面来看，二十九军在离开北京时，他们把衣服和武器都整整齐齐地放在兵营里，一点儿也没有要做行军的准备。

如此想来，这次事变的真相应该从共产主义者的活动中寻找答案。上海、南京等地容共派的活动其实是很频繁的。眼下的中国乃是容共派的天下。西安事变促进了他们的活动，最终使他们在政治上居于优势。

置身于中国来透视这次事变，有两三个绝对不可忽视的事实。第一，中国的军队是很强大的，这是谁都知晓的事实。"与以前的兵相比现在完全不同了"，那些负伤的与生病的士兵都异口同声地这么说。

第二，中国仍然抱有借助外国的力量"以夷制夷"的思想，这是自古就有的。胡适已前往美国，中国就这样分别派"英国通"去英国，派"法国通"去法国，想方设法想在"以夷制夷"方面取得成功。他们究竟如何看待日本人还不得而知，但有一点是明确的，那就是不管你怎么去打中国，去撞中国，只要它背后有靠山，你就是再打再撞，也是白费力气。

有一种看法说是进入今年9月之后，南京政府就会财政枯竭，这种预测是不太准的。如遇到了困难，中国会从外国那里借款购买武器。借款金额越大，贷款的债权者就越害怕债务者破产，遂不得不一次又一次、一点又一点地贷给他们。与中国的贷款金额成正比，外国对中国的同情心也是越来越浓厚了。

此外，中国现在正在内讧，在家中互斗必然会毁坏自家的家具或古董，同样的道理，中国军阀自身的内讧同时也会消耗不少日本借贷给他们的军用资金。因此，中国的纸币并不怎么下跌。总之，这个国家有点像蚯蚓那样，不管你从哪儿把它切断，不久它都会活过来，重新生存下去。它是不会死绝的。因为它的经济组织没有完全近代化，所以即使有一两个齿轮出了故障，整个机器也不会马上停止运转。

有的"中国通"预言说，到了10月份，南京的中国政府就会因为内讧而全面改头换面。但是，日本的"中国通"的预言从来就没有说中过。现在（11月份），如果我们非要这些人再预测一下中国政局的走向的话，那么他们就一定会抱头苦思，不知该说什么了。

要我说，那就是日本人不要对中国再搞什么预测了，只考虑日本该怎么办就可以了。现在，太原和归化城还没有陷落，虽然马上动手是不可能的，但在适当的时候予以解决，适可而止，乃是最贤明的了。如果对将来有一个基本的把握的话，那么占领北方五省之后，组织与日本合作的自治政府，战略上从进攻转为防御，以此来结束这次的卢沟桥事变，这不是也可以吗？①

①本文原载《中央公论》1937年（昭和十二年）11月号。

## 4　卢沟桥事变问答：日军的南京入城（1940年）

去年（1939年）10月前后，我在上海看到了《读者文摘》的一篇文章。文章说，"日本人在日本的岛上时，是那么地亲切，那么地谦逊，可他们为什么一旦跨海来到中国，却变得那么粗野呢？……"美国人可能也听说了日军的各种各样的恶行丑闻了吧，他们对此可能深感愤慨吧。我想大概是这样的。

特别是日军在进入南京城之际，让外国的记者与他们一起进城，其结果是各种丑闻传遍了世界各国。中国妇女遭狂犬猛咬之类的报道，就连我们都切齿痛恨，连《恐怖的日本人》这样的书都出版了。这本书的英文版和中文版我都读过了，书中的插图都是些目不忍睹的可耻的场面。

特别令人遗憾的是，聚集到传教士所保护的学校来避难的妇女也未能幸免于难。日军没有加害于女传教士，她们都平平安安，这一点总算让人宽慰了一点。

在1927年（昭和二年）2月发生的南京事件中，尽管那属于内战，但中国的士兵还是闯入了各国的领事馆或教会学校，欺凌了日本的妇女以及美国的女传教士。那时，中国的女学生一个也没有被凌辱。

和我很熟的人中有一个名叫H的美国传教医，他凡事都很公平，心直口快。有一次当我很痛切地给他讲述中国的妇女是多么地可怜的时候，没想到H医生却很冷静，他对我说："你啊不知道，第一次世界大战时，我参加过欧洲作战，战争基本上都是那个样。只是听说日本军队的军纪很严、绝对不会有什么丑闻的，现在看来，日本军队还真的什么丑事坏事都干得出来，仅此而已吧。"

很多外国人在中国享有治外法权，所以人们一直有这么一种观念，认为西洋人的家是安全的。自民国以来，一旦有内战，人们都会去西洋人的家里去避难。所以，这次人们普遍以为传教士的家不会有问题，唯有这里是日本兵不会侵入的吧，于是无数的难民争先恐后地涌向金陵大学等地去避难。

可是，难民们唯一倚靠的那些传教士却没有足够的力量抗拒日本兵。于是在那里发生了悲剧。如果是我的话，既然接受了这些难民，那我就会誓死保护他们，即便只有以一

【编者按】

1939年（昭和十四年）12月28日，为筹集捐款，清水安三先生从横滨乘船，只身前往美国。在滞留夏威夷期间，他就卢沟桥事变等政局问题发表了讲演，撰写了文章，结果招来了灾祸。特别是他在《日布时事》上连载的《卢沟桥事变问答》被认为是对日本军队的侮辱，受到外务省的追究，他在返回北京后很长一段时间遭到日本宪兵队的迫害。这里清水安三所说的"日军的南京入城"是指1937年（昭和十二年）12月日军占领首都南京时所诱发的大屠杀与暴力事件。

对万的微小力量，我也要拼命地与他们斗，死而后已。如果那些传教士们有这样的一种气概的话，悲剧肯定就不会发生了，暴行无疑就被阻止了。

然而，他们都袖手旁观，任凭暴力横行。但同时，他们却得意地将自己目睹的这些暴行向自己国家的人去宣传，难道他们不觉得惭愧吗？ 他们为什么不对难民说："我保护不了你们，我没本事，请大家躲开战场，到乡下去吧，逃到山里去吧。"

如果他们这么做的话，那种悲剧也许就不会发生了吧。毫无疑问，日本兵也就不会进到那里去，所做的对国际关系产生负面影响的坏事也就会少多了。[1]

①本文原载《日布时事》1940年（昭和十五年）1月22日号。

# 第五章　与民国要人的交游

No.51　清水安三（1940 年，49 岁）

## 第一节　专访蒋介石与胡适

### 1　专访北伐途中的蒋介石总司令（1927 年）

昨天，即 1927 年（昭和二年）3 月 19 日，我在水都九江的国民军总司令部行营拜访了蒋介石。我们是从九江城里坐洋车前往行营的，洋车又旧又破，市内所至又窄又乱，我有了一种好久没来中国乡下的那种感觉。城里到处张贴的都是革命的标语，无论是电线杆子上还是墙壁上都贴得满满的。

真不愧是行营，我们一到马上就觉得气氛变得紧张起来了。大门外紫色对联上写着几个白色大字："提倡三民主义""拥护五权宪法"。进入大门之后，张贴着的标语——"革命尚未成功 同志仍须努力"、"打倒帝国主义 废除不平等条约"等显得非常醒目。

总司令的房间在最里面的院子里。蒋介石的房间里有一把藤椅，墙壁上挂着很多照片。蒋介石身着土黄色中山装，完全是一副军人模样。

蒋介石的长相是典型的浙江人，脸比较长。他脸色光润，两眼炯炯有神，毫无倦意。身材高大，仪表堂堂。日语不是很流利，但能听懂。态度不卑不亢，显得很有教养。原以为他会在左右两派的争斗中痛苦并变得神经过敏，但出乎意料的是他从容不迫，精神抖擞。对于蒋介石来说，大功终于达成一半了，如果从现在开始就精疲力尽，那也许就干不成一番事业了。北伐是计划用两年来完成的，到今年 6 月正好一年，所以他还有一年多的时间。

【编者按】

1926 年（大正十五年）7 月，在国共合作中组建的国民革命军以蒋介石为总司令开始北伐，他们势如破竹，不断北上。但由于内部矛盾的激化，1927 年（昭和二年）4 月，蒋介石在上海发动了四一二政变，与共产党彻底决裂。清水安三先生这次对蒋介石的专访是在政变之前进行的。

对蒋介石的专访是在他的房间进行的。我偶尔看见有一个二十五六岁、身材不高但很漂亮，有点像是夫人的女性，她见我们来了遂进到里面的房间去了。

我对蒋介石的印象非常好。我向他讨笔墨，他给我写下了《礼记》中"天下为公"这一句。这几个字是孙中山喜欢写的。我问他："你喜欢太平天国的洪秀全吗？"他摇了摇头回答说："我崇敬的人只有孙中山。"

离开蒋介石的房间后，我又见了他的几个侧近。据介绍，蒋介石几乎所有的事情都由他自己亲自处理和决定，每天从早上五六点到深夜一两点都一直在工作。不把事情推给他人去干，这一点好像是学拿破仑的。

说句实话，我其实并不是特别想去拜访蒋介石。像他这种人我是看不上的。这样说好像我有什么了不起似的，其实我不并是为逞威风才这么说的，而是我另有思考才这么说的。

我知道，在中国，在近代中国即使出现一两个英雄豪杰，基本上也都是什么事业也成就不了的。以有没有精英为中心来考虑问题，这在中国也是过了时的。我之所以访问蒋介石，是因为我想知道他所领导的中国民众究竟有多少真诚，是在多大程度上认真地从事革命活动的。这次国民革命军成败与否，其中之一就与中国民众是否理解并支持国民革命，而且是在多大程度上理解并支持国民革命有直接的关系。所以说，我的兴趣与其说是去见蒋介石本人，不如说是去接触参加国民革命军的学生兵中的一个普通士兵，或者是黄埔军校出身的一名少尉，这样做肯定更有趣，更有价值。话尽管这么说，国民革命军之所以能取得今天这样的成就，不能不说有蒋介石很大的功劳。也就是说，群众之所以奉其为领袖，无疑是因为他具备了当领袖的思想和人格。如果他不具备这些因素的话，那么即使他能成为吴佩孚那样的人物，也不会成为列宁或华盛顿那样的人物。

要想真正重建近代中国，那就必须顺应民众之所求、左右新旧派之所需，而集大多数人的意见于自己一身，如果不是这种人物的话，那么要改变面积如此之广、规模如此之大的中国，那是不可能的。蒋介石对近代中国的民众有多大程度的了解？他对于现代中国的民族诉求又把握到什么程度？我是为探这个究竟，才专门去拜访他的。①

① 原载《北京周报》1927年（昭和二年）4月17日号。

## 2　蒋介石的单独会见（1927年）

自从蒋介石名震中外之后，世界各地杂七杂八的人物为与其握手言谈，纷纷争先恐后地来到南昌，但蒋本人对来访者均婉言谢绝，至今还没有人能得到引见。然而，3月19日，而且在他第二天就必须踏上攻占南京之途的最忙的日子，蒋介石忙中偷闲接见了我一个人。

蒋介石是在司令部行营接见我的。在国内外诸多的新闻记者中，单独见到蒋介石恐怕是从我开始的吧。

到司令部时，参谋和副官们正在吃饭，因为太忙，他们居然无暇坐在椅子上吃饭，而是站着吃饭的。所吃饭菜和普通士兵的一模一样，均比较简单。

不一会儿，参谋长朱绍良出来了。他是个个子不高只有三十一岁的青年军官，毕业于日本的士官学校，日语说得很好。他笑容可掬，表情简直就和日本人一模一样。

国民革命军的将士们个个都很年轻，不年轻怎么可能成就革命呢。我想到了维新时期的日本。我

No.52-1　北伐时的蒋介石

No.52-2　蒋介石为清水安三留下的
笔墨

在想，就是见不到蒋介石等人也没关系了，只要能见着这些人就足够了。我明白了，即使蒋介石被暗杀了，像他那样的人这里多的是。与北方的军阀不同，国民革命军不是某一个英雄、某一个豪杰的军队。这是民众的，蒋介石只不过是民众推戴的领导民众的一个代表。要是认为这里是一两个杰出人物在推动一切的话，那就大错特错了。

嘹亮的喇叭声吹响了。晚上九点半的点名开始。夜深了，在将近十点的时候，我被带到蒋介石的居室。他紧握我的手，好像遇见故知一样开始谈起来。他今年三十九岁，是个身高有五尺七八寸的大高个。他洒洒落落，是个文雅的绅士。他性格开朗，笑容可掬，微笑时会露出洁白的牙齿。他显得很聪明，态度不亢不卑。头发有点少，留着背头，显得额头较大。炯炯的目光，清澈明亮，话语中饱含热情。

他的日语完全够用了。他很了解日本，知道本刊《国民新闻》，还有德富苏峰的名字。

①指武汉政府。——编者

我第一个想问的问题是蒋介石对于南方极左派①对他个人的集中攻击作何解释。极左派宣传说，蒋介石最近突然蜕变，变成了新军阀，采取的是亲日疏俄的态度。

我不便多打扰，向他讨副笔墨便告辞了。他给我写了"天下为公"这几个字。临行前我多次预祝国民革命的成功，并再次与其握手告别。第二天，蒋介石亲率两万大军，南下安庆，欲一举攻克南京。②

②原文于1927年（昭和二年）4月4日分三次连载于《国民新闻》。

### 3　与胡适辩论"战"与"和"（1936 年）

1936 年（昭和十一年）春天，我陪同大阪实业家秋守常太郎，到中国各地游历了一大圈。

名义上我只是给他提包的，但实际上行李是由随行的脚行来搬运的，我一点儿也不辛苦。旅行非常愉快。不，不只是愉快，而且受益匪浅。我们的路程按顺序来说就是：张家口、包头、大同、太原、西安、洛阳、开封、汉口、武昌、长沙、重庆、南京、曲阜、济南和青岛。

从各地游历回来不久，我就到位于米粮库的胡适博士的家去拜访他。博士家的大门为红色，高大漂亮，我与胡适同岁，是二十多年的朋友了，他的血型是 O 型，我也是 O 型。他在二十年前已是中国的第一名士，十年前就已经驰名于世界了。但二十年前，我还只是一个小心翼翼地去敲胡适家的门、为他能接见我而感到十分高兴的人，十年前，我还是一个在北京的日本人中鲜为人知的无名之辈。

"胡博士，我这次到中国各地游历了一大圈后的最大的感想就是，中日之间已经到了随时随地都可能爆发战争的地步了。我觉得蒋介石的抗日作战准备已经到了一触即发的程度，所以，现在如果不去做蒋介石的工作的话，到时候局面就没法收拾了。"

"……"

"我不是想预告要进行战争，我是想预防战争。"

我的初衷是，通过劝说胡适，能够让他行动起来，搞一场阻扰战争爆发的运动。但胡适却用英语这样说道：

"Naturally we should fight against Japan."他完全无意去理解我的想法。

他还说："与九一八事变那个时候相比，现在的形势对中国很有利。"

"日本现在同第一次世界大战前陷入国际孤立地位的德国完全一样。"

由于我是一个日本国民，胡博士是用一种怜悯的口气跟我说话的。我嗓子有点痛，看到我接连不断干咳的样子，他起身到自己的房间拿出来两三块糖给我吃。

尽管他态度坚决，但我仍努力说服他，说对中国来讲，这个时期尽量避免与日本发生摩擦是最聪明的。我还诚恳地告诉他，中国还需要继续忍耐下去。但他丝毫也听不进去。

我把话题一转，与他讨论应该如何爱好和平的问题，说得我的嘴都发干了。我时而站立起来，时而拍着桌子，情绪激昂地跟他辩论，而他却把右腿放在左膝上翘着二郎腿，大口大口地吸着烟，扔出了这样一句话：

"以前，我就是再被自己国家的人嘲笑，也一直主张中日之间绝不可一战。但是，时至今日，我却越来越感觉到，中国必须跟日本决一死战了。"他说话时态度非常镇定，一点儿也不听我的意见。

直到现在，我还在叹惜，当时我自己没有苏秦那样的口才啊。

卢沟桥事变后，中日时局的发展跟胡适博士有很大的关系。为什么这么说呢？因为事变突发之时，中国的大学教育会议恰巧正在庐山牯岭召开。全国各地的大学校长和权威教授学者都集聚在庐山。在做出与日本是"战"还是"和"这一决策之前，蒋介石广泛征求了学者和教育家的意见。蒋介石咨询最多的人就是胡适。胡适在教育会议结束后，仍然作为蒋介石智囊团的重要一员，帮助蒋介石运筹帷幄。[1]

我表情沮丧，像丢了魂似的。在我向胡适告辞就要离开他家的时候，也许是觉得我可怜不忍心就这么让我走的缘故吧，他给我写了一幅字：

> 忘也忘不了
>
> 放也放不了
>
> 刚忘了昨儿的梦
>
> 又想起梦中的一笑

这首白话诗是什么意思，起初我不太明白，但反反复复地念了几遍之后，我觉得自己好像明白其中的含义了。

现在的结果跟我以前的预料几乎没有什么区别。我并不是因为想告诉大家我有先见之明，现在才写这篇文章，而是后悔当时自己的热情还是不够。当时，我为什么就没有以更大的热情每天去登门拜访胡适，一次不行两次，两次不行三次，直到能说动他为止呢。对此我后悔不已。[2]

## 4　郁子独访宋美龄（1937年）

在我拜访胡适几十天后，妻子清水郁子计划去访问蒋介石的夫人宋美龄女士。

那个时候，在我家每天傍晚的祈祷中，我们都会加上一句：请笼罩在中日之间的开战的阴云早日散去。

有一天，妻子郁子对我说："我想拜访一次宋美龄夫人。"这是她脑海里闪出的一个念头。

我说："这是一个好主意，不过我们得先筹措旅费。"真是不可思议的事，没过几天，东京《妇人公论》杂志社就来

[1] 之后，胡适被任命为驻美大使，极力推进对日抗战。——编者

[2] 原文摘自《朝阳门外》。

了一封函，让她去采访宋美龄并写一篇报道。很快，也就是1937 年（昭和十二年）的正月，正是下大雪的季节，她下了去南京的决心。她先找到了她在美国留学时的旧友，请求她无论如何一定想办法让她能见到蒋夫人。结果是，得知中山大学校长罗家伦的夫人是蒋夫人的好友。清水郁子在还没有跟我结婚以前名叫小泉郁子，有一次，她作为日本全国女教员会的一名杰出的代表，参加了在夏威夷召开的泛太平洋妇女会议。她是在那次会议上认识罗家伦夫人的，罗夫人是作为中国妇女会的代表参加会议的。罗夫人与蒋夫人是好朋友，这对郁子来说真是太好了。再加上罗家伦与我也有一面之交，我再请他帮忙，这样罗夫人更是全力而为了。罗家伦在北京大学上学时，在五四运动中是学生方面的骨干人物，是学生领袖。

清水郁子在罗夫人的陪同下，到蒋介石夫人宋美龄女士的私宅拜访了她。宅邸摆放着素雅的木制桌子和椅子，门口大厅的正面悬挂着一大张蒋介石母亲的照片。宋美龄身着朴素大方的黑色连衣裙，显得非常高雅。

蒋夫人英语说得相当流利，虽说中国妇女擅长外语，但英语水平能超过夫人的恐怕还没有几个。

清水郁子的旅费由《妇人公论》杂志社负担，但采访之后她有写采访报道的任务。可是她好像已经忘记了自己的任务，滔滔不绝地讲起了自己的看法，呼吁为了清除弥漫在中日之间的暧昧黑云，希望两国的妇女会能一起行动起来，等等。她说："我丈夫清水先生，已经到中国各地游历了一圈回来了，他说他清楚地看到，蒋介石将军为了与日本一战，已经准备得无懈可击了。天下已经全部笼罩在黑云之下，但是天空的一角，不是依然闪烁着希望的光芒吗，虽然它只有那么一丁一点。为了国家，为了民族，在这样的思考之外，我们还应该从母爱的角度来考虑问题，让我们一起来寻找解决中日问题的那把钥匙吧。焦土外交这个词说出来很容易，但这是在没有料想战士的母亲的眼泪的情况下说出的话，这是一个不能随便使用的词句啊！"

这里，我得自我克制，不能把她所说的话一字不漏地写下来，因为中日之间的战争正在进行之中。

作为清水夫人，郁子已经尽心了，她把自己的想法全都讲出来了。但那个时候的中国人都盲目地相信，与日本一战说不定还能守住中国，在防守期间，世界各国如英国、法国、美国、德国、意大利，当然还有俄罗斯都将站在中国的一边，帮助中国打倒日本。因为所有的人都是这样毫无根据地想着，所以就连宋美龄女士这样的人，也没有对郁子的建议表示出任何兴趣。

郁子缕述的历史事实是，明治时代，日本是如何强忍各国的横暴的，为了安内又是如何强忍国耻的。

郁子当时的感想是，"如果宋女士是日本留学出身该有多好啊！"这是她叹息不已的事情。从南京回来后，郁子好像已经预感到了什么，她对我说："再怎么做都没用了，除了祈祷之外，已经没有别的办法了。"说完，她遂跪坐在那里，瞑目思索起来。①

①以上均摘自《朝阳门外》。

## 第二节　回忆李大钊与张伯苓

### 1　李大钊之死：他的思想与人生（1927年）

1927年（昭和二年）4月28日，李大钊与十九名同志

①李大钊是中国共产党的主要创始人之一，青年时代的毛泽东曾在北京师事于他。清水安三先生与李大钊交游甚密。李大钊被绞死后，清水立即写下此文追悼，日文原文发表于1927年（昭和二年）5月8日出版的《北京周报》，即李大钊死后第十天。——编者

一起惨死在绞刑架上。①

他是直隶省乐亭县人。乐亭县位于天津和山海关之间，因距离唐山、开滦煤矿很近，他从小就听说并亲眼看到了劳动人民的悲惨生活以及资本家的贪得无厌的行为。特别是看到那些资本家是外国人的时候，他义愤之情油然而生。矿工死难后，有时资本家会给遗族送上四十元的抚恤金。那时一头牛一匹马也值数十元，难道人的一条命还没有牛马值钱吗？既然他从幼小时期就接触这些问题并在这样一种环境中长大，那么他站在无产者的一边勇敢地站出来，应该说是有一定道理的。

还有一个使他走向激进的原因。他的父亲在他未到这个世界之前已经病逝，而他的母亲则在生他之后不久逝世。这样，一出生还在襁褓之中，他就经历了人世艰辛。在这个世界上，还有谁比未曾体验过父母之爱的人更感不幸呢。据说，社会主义者中有一半都是从小失去了父亲或母亲的人，他们作为孤儿在心理上总是缺乏一种平衡的感觉。如果欠缺平衡感觉的话，那么他即使逸出常轨，自己也毫无感觉，遂会不断地走向激进。李大钊也没有例外，他那非凡的死是值得同情的。

②李大钊夫人是赵纫兰。——译者

因为照顾他的父母都已逝去，祖父母也年事已高，于是在他十岁的时候，一个十六岁的女孩就被选配来做他的妻子并照料他的生活。这位李夫人赵氏②就这样与李大钊的命运紧紧地连在了一起，直到丈夫被关进监狱，她都一直在默默地照顾他。

李大钊似乎很了解自己，他给自己取号"守常"，有志于循守常规，走正常的人生之路。这有点和爱说话的人取号"沉默"、柔和的人取号"刚强"一样。不管他的名号说要多

么地"守常",但他却凡事总是不达目的决不罢休,这就是他的性格。

说是老百姓的孩子应该做老百姓的事,但即使让他到农田地去,他也因不愿意当一辈子农民而不使劲干活,只是一味地埋头读书。最终家里还是为了实现他的愿望,把农地卖掉,将房屋出售,把他送到了学校。他在永平中学毕业后到了天津,进了北洋政法学堂。当时,今井嘉幸、吉野作造这两位博士都在该校执教。这两位博士都是刚走出大学校门的青年学者,其思想倾向想必比现在更激进一些吧。

这些学者的周围聚集了不少难得的人才,后来成为张作霖顾问的赵欣伯,为共产主义殉难的李大钊,都是那个时候的学生。

在北洋政法学堂的学友中,李大钊与白坚武交往甚密,成生死之交。这次李大钊被捕之后,赵欣伯和白坚武都通过或明或暗的各种渠道,想救其一命,但因李大钊知名度太高,所以各种手段都没有奏效。

李大钊在北洋政法学堂上学时曾很敬仰孙洪伊。孙洪伊这个人可不是一个平凡的政客,他是一个能在刀刃上行走自如的达人。他因屡屡遭刺客袭击,由高度紧张陷入了神经衰弱的困境。李大钊以这样的一个人物为榜样,再加上激进的性格,他自然就不可能平凡地生活,循规蹈矩了。

从北洋政法学堂毕业后,李大钊在孙洪伊的帮助下来到日本留学,进入早稻田大学,学习经济学和社会学。当时,陈独秀也在早稻田,他组建了群益社,团结了一批革命青年。李大钊结识陈独秀就是在那个时候。

1916年(民国五年),李大钊离开早稻田大学返回北京,与白坚武共同创办了一个小报叫《晨钟报》,并自任编辑主任。后经时任北京大学文学系主任的陈独秀的推荐当了北大图书馆主任。

那个时候我和丸山昏迷、铃木长次郎经常去看望他，他家是我们在北京造访的最令人愉快的家庭之一。铃木不久就回东京去了，但他对李大钊思想左倾是很有影响的，因此他说即使自己远在东京，也能见到李大钊的幽灵。话也未必不能这么说。李大钊在担任图书馆主任期间，常常在《新青年》杂志上介绍马克思及其理论，最后还在北大开了新课，讲授马克思的唯物史观。

自从他也在女子高等师范学校讲课以后，女学生中掀起了妇女参政运动。也许是传授了搞群众运动的秘诀的缘故吧，他到北大，北大就会兴起学生运动，他到女子大学，女子大学里就会掀起妇女运动，他一与劳动者的工会接触，唐山的矿工就会开始罢工。

他的马克思主义观的文章应该是刊登在《新青年》第六卷的第五期和第六期上的。现在我手头没有这份杂志，但凭记忆，我记得李大钊大概是如此写的：要以人道主义来改造人类的精神，同时应该以社会主义来改造经济组织；只改造人类的精神，效果不会很大，只有同时改造经济组织，社会的改造才能完成。这是早稻田的安部矶雄也可能说出的话，但李大钊对马克思的唯物论还是有所抨击的。所以说，李大钊是灵魂与肉体完全一致的人，并不拘泥于唯物这一点。他还对马克思的剩余价值论持有不同意见，认为它从根本上就是错误的。

在《新青年》上发表文章的那个时期，李大钊对马克思相对来说还有一点批评性的意见，但自从出版《少年中国》之后，他的观点发生了很大的变化，慢慢地完全赞同唯物史观了。

李大钊读书之多有时会令我惊叹不已。伯特兰·罗素来华的那个时候，我只读了罗素的《自由之路》、《形而上学》以及《哲学问题》这三本书，而他却把罗素的著作全读了。当时，罗素的著作还没有翻译成日文和中文，他就阅读英文版，学习了布尔什维克的现实和理论。他是个读书家，与其说他是个学者型的人物，不如说他是个社会活动家式的人物。在青年人看来，他是一个值得为其献出生命的有魅力的品格高尚的人。

最早把苏维埃革命和俄罗斯革命详细地介绍到中国的是李大钊，他在《新青年》杂志的第九卷第三期上发表了《俄罗斯革命的过去及现在》一文，详细地介绍了列宁的事迹。

"我要杀人，所以人必杀我。"李大钊在自己的文章中多次引用了列宁的哥哥亚历山大所说过的这句话。诚如这句话所言，李大钊被人杀害了。

3月初，我给李大钊写过一封信，告诉他呆在东交民巷是很危险的。因为在我看来，英国公使馆就在俄罗斯公使馆的后面，万一被包围起来的话，那什么事情都可能会发生。"我们一块儿去南方吧"，我是这么跟他说的。但是，这两年我一直没有见过他，结果什么也没有做成。我从美国留学回来之后，本来想去看他，但听说他在俄罗斯公使馆，于是在给他发了一封信后，我就去南方了。果然，他在4月6日遭到突袭，被逮捕。据说是侦探假扮成伙计进入使馆，把他的情况掌握得一清二楚。

4月6日，在李大钊被捕之际，因为俄罗斯的翻译官对他说，"稍后，我们一定会把你救出来的，你就去吧！"所以他就老老实实地让人抓走了。好像他是在墙角蹲着时被抓他的人发现的。

4月28日下午1时，李大钊与十九位同志一起在以何丰林为首席法官的特别法庭上被宣判死刑，立即执行绞刑。李大钊面不改色，很从容地走上了绞刑架。

在用砖砌成的台阶上，有个绞刑架，架下有块木板，架上垂下一根吊绳。李大钊踏上木板，脖子被绳子套住后，那块木板突然落下，他就是这样惨死的。他眼球塌陷，脖子伸得很长，其惨状目不忍睹。

自从投身革命以来，他早已知道会有这个结局，但革命尚未成功，他就离开了这个世界，对他来说也许有壮志未酬之感吧。

那天晚上我怎么也睡不着，回想起与李大钊相见时的幕幕情景，不禁放声痛哭。诚如哈那克所说的那样，通观历史，在文化的转折点上，总会见到鲜血淋漓的殉教者的墓碑。要改变一个时代，就必须有人流血牺牲。李大钊死得其所，他被称为烈士也是应该的吧。人之死的确令人悲伤，但与那种被病魔夺去生命的平平凡凡的死相比，他的死是何等壮烈和光荣啊！

这里我还想补充一点，李大钊对日本人非常和善。不管是谁来访，他都热情接待。从日本逃到北京的一名社会主义者①也是经过他的努力转至俄罗斯的。他绝对不会将在日本的同志轻易地作为排日运动的靶子，他不是一个思想狭隘的人。

但让我感到遗憾的是，李大钊的妻子并不懂得他的革命是什么，他的牺牲又为何，而只是口中念叨"守常迷信共产"，只是不断哭泣。她并没有像何香凝夫人那样去礼赞丈夫之死，她没有那样的思想境界，很令人惋惜。这里我愿为李大钊的遗属祝福。②

①指佐野学。——编者

②本文原载《北京周报》，1927年（昭和二年）5月8日号。

## 2　回忆李大钊（1981 年）

我第一次见到李大钊先生是在东京早稻田山吹町的丸山传太郎牧师的宿舍。丸山牧师[1]毕业于同志社神学部，是我的大前辈，与我年龄相差甚大，犹若父与子之别。其夫人毕业于同志社女学校。

丸山曾在天津传教，创建了天津教会。我是在他回到日本之后才与他见面认识的，在我看来他犹若仙人，与众不同，经常身着绅士大礼服。

不管怎么说，他是一个很关照中国人的人，帮他们找住处，做他们的保证人，他们与日本人发生争吵时他还居间调停。由于他是这样一个人的缘故，早稻田山吹町居住着很多中国留学生。

李大钊原在天津的北洋法政学堂学习，吉野作造、今井嘉幸都是他的老师。他是不是这个时候与丸山牧师相识的，我们还无从知晓，但到日本留学后，不知什么时候他确实是住在丸山牧师的宿舍里了。因为他在早稻田大学留学，住在山吹町当然是又近又方便。[2]

我也经常到丸山牧师的宿舍去借宿。宿舍的房子非常大，有两层，面积大约 130 多平米吧，[3]住着好几个中国留学生，身着立领学生制服的李大钊就是其中的一个。关于他，我记忆非常深刻的是他那伴奏的姿态。那是在丸山宿舍举办的星期日学校开始的时候，他手拉风琴，在为唱赞美歌伴奏。这个星期日学校是在有两个六块榻榻米那么大的屋子里开办的，有十几个日本人的孩子来参加。作为后来成为共产主义重要人物的一个人，他在星期日学校曾拉过赞美歌的曲子，想起来这也许就是一个难得的有趣的景象。但李大钊

①丸山牧师从同志社神学部毕业的时间是 1893 年（明治二十六年）。——编者

②李大钊于 1913 年冬天赴日留学，1914 年 9 月考上早稻田大学，1916 年 5 月回国。——编者
③原文是面积大约有四十坪，在日本每一坪相当于 3.3 平方米。

①李大钊在早稻田大学上学时，听过基督徒阿部矶男教授的"社会政策"这一门课。——编者

原本是一个基督教徒，后来才转变为社会主义者。①

之后，时隔数年我在北京又与李大钊相见。那是在北京大学陈启修教授宴请日本来客的一次宴会上。陈教授留学于东京大学，后在北大教授与法律有关的课程，是一个有威望的知日派学者，当时受到陈独秀的重用。出席宴会的大约有七八个人，因为客人是日本人，所以就请北大能说日语的几个人来陪伴，李大钊是其中的一个。

在宴席上，我们相互以"哎哟，又见面了……"开始寒暄。因为是旧知，此后我们的关系越来越好。李大钊是1889年出生的，我是1891年出生的，所以他年龄比我稍大一点。

我去过李大钊家好多次。不是二十次，就是十四五次吧。从西单稍微向北走，在第一个或者第二个胡同口往西一拐就到了，记得房子是坐南朝北。《鲁迅日记》中经常出现的山本医院就在他家附近。房子在中国房屋中属中等水平，与陈启修、胡适家相比，他的生活要简朴多了。我记忆比较深的是他家的门铃，他家的门柱上方有个孔，从那里垂下来一根细铁丝，只要用手拉一下那根细铁丝上绑着的小布条，门铃就会发出叮当叮当的声音。

与李大钊交谈时我们使用的总是日语，他的日语没有鲁迅那么流利，但可以听懂。使用汉语只限于寒暄之时，我与他的夫人是用汉语交谈的。夫人比李大钊大六岁，在李十岁的时候，被安排与李结成娃娃亲，也就是说兼有照顾李大钊这个小孩的责任，她是一个很普通的妇女。他们之间好像有孩子，后来怎么样了，就不知道了……

在他家客厅兼书房那间小屋子里，我们一般是边喝茶边聊天。李大钊简直就像乡下的村长一样，说话很平静，他不是瞪着大眼与人激烈争论的那种人。即使他谈的内容很左

倾，但他的腔调也绝不高昂。他不是一个让人说话时感到紧张的人，而是一个什么事都能让人放心地与他亲切交谈的人。

他很喜欢日本的食品，经常到东单去买。他还喜欢吃日本的点心和日本"馒头"之类的甜点，我顺便给他带点儿去的时候，他总是很高兴。

对了，想起来了，我曾带着鹤见祐辅去拜访过李大钊。鹤见断言"中国不会共产化"，两个人的谈话变成了争论。我还带着一桥大学教授福田德三见过李大钊。

在与李大钊的交往中，有三件事我记得特别清楚。第一件事是受他之托，我从日本给他函购了堺利彦的《平民新闻》，记得当时是我替他付的钱。他经常在东单三条胡同附近的东亚公司订购日本书籍，但因东亚公司是个小店，并不是什么书都有。所以，他便托我从东京的书店函购图书，或者我把自己读过的书借给他用。

第二件是共产主义者佐野学从日本逃到北京时的事。当时，中江丑吉也帮了不少忙。但最后佐野实在无处藏身，我遂请李大钊予以协助。他本来替佐野安排好了经天津去苏联避难的手续，但在佐野从北京车站出发的那一天，李大钊还是派了一名青年陪他，一直到天津。那个青年身材高大魁梧，穿着稍微肥大一点儿的衣服。后来我突发奇想，那个青年是不是就是毛泽东呢？这也许是我自己的一个想象吧。我们知道，毛泽东是经李大钊的介绍到北京大学图书馆工作的，但时期也许与此不太符合……

第三，我从1924年开始在美国留学了两年。出发前我到李大钊家去辞行。他问我，如果在美国拿到了有关共产主义的宣传品小册子，能不能给他邮寄一些。如果是书籍的话，那是可以预订的，但这种宣传品小册子不是商品，所以很难拿到手。这是我最后一次见到他。在美国，我是有意信守我的诺言的。当时，京都的西阵教会有两个牧师到美国来留学，其中有一个名叫浅野的人在芝加哥转向了共产主义。于是我通过他订购并收集了很多这类薄薄的小册子。对于为学习神学而赴美留学的我来说，我所干的这些事，可能算是走错门路了吧。

我于 1926 年从美国返回北京，其时国民革命的北伐已经开始，我遂作为新闻特派员前往南方。为此最终没有能够与李大钊再次相会。他于 1927 年 4 月 6 日在北京市内东交民巷的苏联大使馆被强行闯进来的张作霖的人马逮捕，并于 4 月 28 日与十九位同志一起被处以死刑。我 3 月 19 日在南方的九江采访了蒋介石，是回到北京后才得知这一噩耗的。将国民革命转向右倾的蒋介石的上海政变发生于 4 月 12 日，那个时候，中国正处在近代史的重要转折点上。

以《李大钊之死：他的思想与人生》为题的一文，是我写的悼念文，发表于 5 月 8 日出版的《北京周报》。文章中我之所以充满感情，痛感悲伤，不仅仅是因为李大钊过早地死于非命，还因为我从内心深处感到与他很亲密的缘故。

我对鲁迅、胡适都有一种亲近感，但最感亲近的还是李大钊。他们几个人中对我最感亲近的也许是胡适吧。那是在 1935 年，卢沟桥事变还没有爆发前的事情。胡适捎过话来，说他就要离开北京了，让我过来一趟。去了以后，胡适大致给我说了这么一番话，从中日关系的前途来看，当你遇到困难的时候，如果那时我还活着的话，请不要客气，尽管来找我。随后他去了南方，不久北京就变成了卢沟桥事变的大舞台。我与胡适再次相见已经是战后的事情了。战后我第一次去美国，他专程从普林斯顿赶到纽约来看我。

以上是我回忆起来的一些片段，请允许我再说几句。刚才已经说过，李大钊就像乡下的一个村长一样，非常的平易近人，沉着稳重，他从不激动，说话平静。在中国出版的李大钊传中，有他在临刑前照的身着中式服装的照片。完全就是那种感觉，总是穿着厚厚的中式服装，留着胡须……对于当时的我来说，我完全没有感觉到他是一个大人物。所以，对于后来人们给予李大钊那么高的历史评价，我多少有些意外。我猜想，也许因为他是毛泽东的老师，借着毛泽东的光环而变得伟大起来了吧。这一点我怎么也弄不明白。读一读他的传记，读一读中国共产党党史，那里所描述的李大钊是一个与我的印象完全不同的富于战斗的英雄人物的形象。

在当时的我看来，北京大学文学系主任陈独秀才像个大人物。也许是他年长很多的缘故吧，他给我的感觉总是一个难以接近的高高在上的人物，他充满霸气，仪表堂堂，与他在一起你就不得不正襟危坐。与能够像朋友那样交往的李大钊比起来，仅凭当时的印象，无论如何都觉得陈独秀是个层次截然不同的大人物。陈独秀后来成为中国共产党的首任中央局书记，国民革命右倾之后，他受到共产党的批判，最终被开除出党。他与成为共产党英雄的李大钊的命运截然不同。

在我的记忆当中，真正的大人物，无论如何都得说是鲁迅。那样的大人物在日本是不会出现的。毛泽东也是如此，虽然我没有亲眼见过他。但能与李大钊匹敌的日本人，我想不会在少数。

再补充一点，李大钊通过日文书籍吸收了各种各样的思想，他也读英文文献，但总的来说是以日文为主的。被执行死刑时，他年仅三十八岁。他真的是一个令人怀念的好人。①

## 3 回忆周恩来之师张伯苓（1971 年）

周恩来是天津南开中学的毕业生，而南开中学就是有名的基督徒张伯苓博士创办的一所学校。当年，蒋介石兵败准备迁往台湾，据说周恩来曾给张伯苓博士发去电报，希望他从四川飞到北京来，愿拜其为顾问，但张先生却以所奉主义相异为由予以谢绝。其时，如果张伯苓博士到了北京，那么中国的基督教也许就不会衰微到今天这个地步了。真的是太可惜了。

那是甲午战争爆发之前不久的事情。当时的清国有了钢铁军舰，也许是想在日本面前炫耀一下吧，这些军舰来到了日本。在大阪湾停泊期间，舰上的水兵和士官成群结队地上街去了。时任北洋水师中尉的张伯苓好像也带着两三个部下到城内去闲逛。在路边看到一个立着的牌子，上面写着"北野中学开学典礼"的字样。当张伯苓毫不介意地进去后，校长便把他们当作稀客安排他们坐在来宾席上。因为没有带翻译，他们只是老老实实地看看听听而已，但坐在来宾席上的张伯苓此时脑子里却闪出了一个念头："日本在建中学，中国如果不建中学的话……"张回国之后，立即辞去了海军的职务，在天津创办了南开中学。

太平洋战争爆发前后，在全国各地的大学校长中，有十六人是天津南开中学的毕业生。如果张伯苓博士从大阪回来后没有辞去军职继续留在军舰上的话，那么他无论如何也就不可能为中国培养出这么多的人才了。

本人不才，于 1920 年（大正九年、民国九年）在北京朝阳门外创办了崇贞学园。从创办开始，我一直拜请张伯苓博士担任崇贞学园的董事长。但卢沟桥事变之后，日军从空中向南开中学的校园投掷了炸弹，将该校的图书馆全部烧毁。随后因张先生南下重庆，我便请北京大学的钱稻孙先生担任董事长一职，直到二战结束为止。

前些日子，在《基督教世界》的人物专栏里，有一篇题为"清水安三"的文章。文章将我的邸宅形容为"只有两室一厅的小屋"，称"作为校长居住的房子，面积之小这可能是日本第一"。

说到我为什么只住这么小的房子，理由还与南开中学张伯苓博士的邸宅有关。张博士的邸宅其实只有三间房子，每间的大小也就是长六米、宽四米左右。在中国，我见过很多名人，如吴佩孚、冯玉祥、张作霖、宋哲元、蔡元培、陈独秀、胡适、鲁迅、康有为、梁启超等等。与这些人的见面并不是从远处眺望的，而是有机会与他们握手言谈的。在这些人当中，给我印象最深的，不管从哪个角度来说，都是张伯苓这个人了。①

## 第三节　与鲁迅的交游

### 1　周三人（1922 年）

周三人！闻所未闻的名字！

所谓周三人，不过是将周树人、周作人、周建人加在一起的一个统称。这三个人都是中国的新人物。盲诗人爱罗先珂（Eroshenko）推崇周树人为中国作家第一人，我也

①本文写于 1971 年。

【编者按】

鲁迅一生与日本友人交游甚多，清水安三是他在北京来往比较密切的一位。清水先生对于自己在鲁迅与诸多日本人交往中所处的地位非常自信，曾坦言在很多日本人里自己是走访八道湾周宅最多的，是最早向日本介绍鲁迅的。他分别在 1922 年、1967年、1968 年和 1976 年发表过介绍和回忆鲁迅的文章。除有些记述，如自己的名字在《鲁迅日记》中出现的频率问题等因那个时期鲁迅日记的遗失而无法确证之外，大部分记述都还是比较客观的。

持这种观点。正当上海文士青社的每个人都在就《聊斋》中那些未写好的故事随随便便写文章的时候，发表了唯一称得上是创作作品的人，实际上就是周树人。被公认的白话诗人和外国文学介绍者是周作人。最近在各大杂志上出了名的评论家是周建人。这三个人是一母同胞的亲兄弟。说到这儿，读者们可能会想起有岛武郎、有岛生马、里见弴三兄弟吧。① "树"、"作"、"建"三个字虽然不同，但意思却基本相同。树人、作人、建人，把三者放在一起称"周三人"，这是多么恰当的称呼啊。

周树人的笔名称鲁迅，任教育部文书科的一个科长，是个政府职员。在北大和师范大学开了一门课叫中国小说史。在日本，他先是在仙台学"中学"，②后在千叶学医学。他本来应该成为医生，但我却从未见他给人号过脉，反而向完全不同的文学方面发展，造诣甚深。可以说森鸥外和木下杢太郎是世上罕见之才吧，鲁迅就是中国的这么一个人。③

虽然年仅四十二岁，但看上去有点老成，好像有点儿神经质的脸上眉头紧皱，说起话来，下颌的山羊胡随之而动。其创作的作品《孔乙己》，刊登于《新青年》第六卷第四号，是1918年冬天的作品。④ 故事说的是在某个小镇上有个叫孔乙己的人，他每天站在酒店的店头，手里拿着几文钱，买碗酒喝。他坐在酒馆门前的石墩上，很高兴地品尝着那一点儿酒，然后回家。孔乙己精通经学，说起话来，满口"之乎者也"。这已成了他的口头禅，人们都不知道他在说些什么，所以凡听到他说话者，均取笑他。孔乙己曾多次参加科举考试，但总是落第，最终没能进学，彻底失望。孔乙己即使被镇上的人小看，但他还是能挣几文铜钱，买点儿酒喝。最近，酒店的人们觉得孔乙己很久没有来了，结果得知，他是

① 他们是大正时期文学艺术界有名的"有岛三兄弟"。有岛武郎（1878~1923）为小说家，有岛生马（1882~1974）是画家，里见弴（1888~1983）是小说家。——译者

② 这里指的是"中学为体、西学为用"的中学。作者当时对史实的把握并不是很准确。鲁迅于1902年留学日本，在东京弘文学院学习日语，1904年进入仙台医学专门学校（现东北大学医学部）学医，1906年返回东京弃医从文，1909年回国。——译者

③ 森鸥外（1862~1922），日本明治与大正期的小说家、评论家、翻译家、剧作家、军医和官僚。木下杢太郎（1885~1945）是近代日本的诗人、剧作家、翻译家、美术史学者及医学者。——译者

④《孔乙己》最初发表于1919年4月《新青年》第六卷第四号。发表时篇末有作者于1919年3月26日所写的附记，说明"这一篇很拙的小说，还是去年冬天做成的"。清水安三说该文是1918年冬天的作品，乃是完全正确的。——译者

在偷别人东西时，他那细细的腿被人打断了。有一天，孔乙己几乎是爬着来到了经常光顾的那家酒店店头的，他摸出几文大钱，要了一碗酒和一点儿腌菜，很快活地喝了起来。

鲁迅有一个癖好，那就是他经常痛骂中国的旧习惯和旧风俗，说这些东西一钱不值。《孔乙己》就是以科举制度下产生的寂寞的牺牲品为主题的。整个作品对人间社会所能折射的暗影，通过最黑的笔墨，进行了最深刻的表现。作者很擅长对人物心理的描写，文字刻画极为细腻。他的创作所表现出来的人生，总是充满了诅咒。然而，那深刻痛苦的人生，一定是从无法解决任何问题的牺牲中产生的，连一棵自由自在地成长或者刚刚发芽的小草也没有。虽然是痛苦的，然而如果找到了人生的出路，却仍还要叹息。鲁迅笔下的人生是黑暗的，他所描写的几乎都是黑暗的人生。

鲁迅自己在人生问题上大概有过很多的苦恼，有过不少寂寞的体验吧，所以创作的作品中没有一点儿光明。除《孔乙己》外，还有《故乡》和《白光》。①

## 2　值得爱戴的大家：鲁迅（1967 年）

以《鲁迅周围的日本人》为题，想必可以写一篇论文。

最早接触鲁迅的日本人，是新支那社②的丸山昏迷。此人是信州松本人，可惜不到三十岁就去逝了。《鲁迅日记》里数次出现过他的名字。

在《鲁迅日记》里，我的名字虽然也时有出现，然而比起我的名字来，更频繁出现的是"山本夫人"四个字。

在西单刑部街有个山本医院，院长山本忠孝，是在德国拿的博士学位，晚年又获得了京都府立医科大学的学位，是个笃学之士。夫人田鹤子脸圆圆的，很漂亮。

① 本文最初发表于《读卖新闻》，在"支那的新人"这一专栏，分三次分别于 1922 年（大正十一年）11 月 24 日、25 日和 27 日发表，作者署名为"北京　如石生"。此文被认为是在日本最早专门介绍鲁迅的一篇文章。后收录于清水安三的新著《支那当代新人物》，该书 1924 年（大正十三年）11 月 1 日由大阪屋号书店在东京出版。当时，中日关系已非常紧张，日本国民对日本政府的中国政策开始感到不安和厌倦。本书真实地记述了基督徒清水安三在北京的教育活动并实地报道了对中日关系的看法，犹如沙漠中的一片绿洲，给人以清新真实之感，很快成为当时的畅销书之一。这里的译文略去了原文中介绍周作人、周建人的部分。——译者
② 该社当时在北京出版发行日文报刊。

· 169 ·

内山完造经常把从上海北上来北京的游客介绍给我，让我给他们作导游。贺川丰彦、平野义太郎来访时就是如此。

同时我也经常把从北京南下到上海的游客，介绍给内山完造，并请他作向导。鲁迅移居上海的时候，我把他介绍给了内山完造，恳请内山多多予以关照。

因为我很早以前就知道，鲁迅经常去位于北京东单的东亚公司，订购日本图书，所以我就想，内山完造的内山书店陈列着很多日本书籍，在规模上不亚于东亚公司，内山书店肯定会使鲁迅心满意足的。

在《鲁迅日记》里，内山完造的名字不多见，然而"内山夫人"四个字却屡屡出现。内山的夫人内山美喜，年轻的时候曾经当过艺人，是个和蔼可亲善于招待客人的女性。

除此之外，再加上内山夫人是京都宇治出身，所以她经常用有名的宇治茶来款待鲁迅。鲁迅坐在放在书架与书架之间的藤椅上，品茶看书，每天都在这里惬意地渡过午后的时光。

鲁迅住在八道湾周宅的西厢房里。正房是鲁迅的母亲和夫人住着。周作人先生和羽太夫人住在后面的后房里，后房的东厢房是盲诗人爱罗先珂的临时寄身之处。

鲁迅的夫人是在他赴日留学之前受父母之命娶来的。鲁迅与那位夫人一直没有同居，而是一个人住在西厢房，过着形单影只的生活。鲁迅都是在西厢房会见日本来客的。

鲁迅到了晚年，与许广平开始恋爱以后，才有了真正的家庭生活。鲁迅对最初的夫人非常固执，我曾诚惶诚恐地劝说过他，要他对夫人稍微好一点儿。

最早向日本介绍鲁迅的，不好意思地说，就是我本人。也许是 1921 年或 1922 年（大正十年或十一年）吧，受丸山干治的委托，我在《读卖新闻》上以《支那当代新人物》为题开始撰文连载。其中有一章，用《周三人》这个标题，评述了周树人、周作人、周建人这三个人的文学创作。

周树人是鲁迅的原名，记得我曾写到中国当代小说家里的头号人物就是鲁迅，并且称赞他二弟周作人先生是最好的散文家。

顺便提一句，鲁迅的三弟周建人现任浙江省省长。二弟三弟均娶日本人为妻。[①]

①周作人娶羽太信子为妻，周建人娶羽太芳子为妻。——译者

当我把《孔乙己》翻译成日文请鲁迅过目之后，他说："误译的地方太多了。这样吧，我来自译，你来作笔记吧。"于是，他边抽烟，边用流畅的日语给我翻译起来。

从那以后，每逢日本的杂志社来约稿，他都打电话找我去作笔记，这样的事我们都习以为常了。顺便说一句，不仅仅是鲁迅，有名的爱罗先珂也经常让我给他作笔记。

既然如此，鲁迅和爱罗先珂向日本杂志社投的稿子中，如果日文假名使用有误的话，其责任不在他们而在我身上。

鲁迅并不像周作人那样很有学问，但他的日语很好。周作人的日语在发音声调方面有一定的讹音，鲁迅却没有，他的发音很地道。在中国长期生活的过程中，我认识很多中国人，但是像鲁迅那样平易近人、善解人意、谈笑风生、见识高深的人还未曾遇到过。[②]

②本文原发表于《文艺春秋》1967年5月号，第128~130页。作者清水安三时任樱美林大学校长。——译者

## 3　回忆鲁迅（1968年）

在鲁迅先生的日记中出现有很多日本人的名字，我的名字也常常会出现。在这些日本人名中有一个叫昏迷的人，指的是丸山昏迷。此人的真实姓名叫丸山幸一郎，系长野县北

安云郡八坂村人。在北京，他是有名的安藤万吉的日刊报纸《新支那》的记者。

他是个很有进步思想的人。在当时的北京，曾在阪西公馆与小山贞知一同工作过的早稻田大学出身的铃木长次郎，《新支那》的丸山昏迷以及我本人，事实上是"激进派三杰"。那个时候，中江丑吉还只是一个正在苦心求学的游客，他与铃江言一、村上知行等人一样，在北京的日本人中知名度都还不高。事实上，最早与北京的思想家及文人接触的人就是丸山昏迷。说句实在话，我本人第一次造访周作人、李大钊时也是他介绍陪同的。

与丸山昏迷不同的是，我常常去访问位于八道湾米粮库的胡适公馆、旧刑部街的李大钊私邸。为什么我能够如此频繁地去访问这些中国的思想家和文人呢？为什么他们不使用"没在家"这一常用托辞来闭门谢客而乐于见我呢？事实上，我自己一个人去访问的次数是极少的，每次几乎都是陪同来访的日本知名人士去的。如田山花袋、芥川龙之介、林芙美子、片上伸等人来北京时，我们访问了八道湾的周宅；福田德三、服部宇之吉、鹤见祐辅、长谷川如是闲、贺川丰彦、桑格（M. H. Sanger）夫人等人来游时，我们访问了胡适宅；伏野学、中江丑吉等人来访时，我带着他们会见了李大钊。

至今我还清楚地记得第一次拜访鲁迅时的情景。严格地说，当时我不是专程去拜访鲁迅而是去拜访周作人的。可是，当时不知是因为我没人介绍单独去的缘故呢，还是周作人真的不在家，反正我被中国人惯用的"没在家"这一挡箭牌挡住了，吃了个闭门羹。因为八道湾几乎位于北京的最西边，坐着洋车颠簸了一个小时，结果还吃了闭门羹，心里很是失望。尽管被告知周作人没在家，但我还是再三恳求听差的，说只要给我五分钟就行，请他一定行个方便。这时，一个鼻子下蓄着黑胡须的中年男子从西厢房掀开门帘，探出头来说："如果我也可以的话，就进来吧，我们聊聊。"于是我进了房间与他进行了交谈，没想到这个人就是鲁迅。从那以后，我每次去八道湾不知不觉地由拜访周作人慢慢地变成了访问鲁迅了。仅从这一件事上就可以看出，鲁迅真的是一个心肠好的热心人。

从日本来的游客中，凡从上海北上到北京的，拿着内山完造的名片找我帮忙的为数不少，相反，从北京南下到上海的日本来客也大都拿着我的名片去找内山完造帮忙。记得鲁迅移居上海时，我给他详细介绍了内山书店和内山完造的情况。正如人们所说的那样，鲁迅在上海很喜欢去内山书店。为什么呢？因为内山书店陈列着很多日本书籍。虽说中国很大，各地也有不少日本的书店，但图书之丰富能比得上内山书店的还没有一个。

但是，鲁迅之所以经常去内山书店并不仅仅是因为书店的书籍丰富，陈列整齐，还因为内山的夫人美喜招待得很周到。内山美喜是个和蔼可亲的很善于招待客人的女性，她出身于京都宇治附近的村落，经常让人邮寄来宇治茶叶，鲁迅来时，她会用茶壶泡上一壶来招待鲁迅。她在书架和书架之间，放上一把藤椅，让鲁迅坐下来，然后沏上一杯好茶。对于一个文人来说，什么都没有被书围在中间更惬意的事情了。在书中打茶围，对鲁迅来说，无疑再也没有比这更让他愉快的事了。

鲁迅还很年轻的时候，也就是在赴日留学之前，受父母之命娶朱氏为妻。在八道湾的周宅里，朱氏与鲁迅、周作人的母亲一起住在正房，鲁迅则住在西厢房。

在当时的中国，受父母包办所娶之妻并非真正的妻子，当时作为一种社会新风尚，流行通过恋爱再娶一妻。但在这种情况下，丈夫只有每个月都不间断地为第一夫人提供生活费，人们对他的行为才会宽容，才不会说三道四。当因为爱而结婚的夫人不愿意第二夫人这一名份时，她可以让他的男人在报纸上发一个与第一夫人离婚的广告，然后再举行婚礼，这是常有的事。当时的报纸上几乎每天都有一整版这样的用小字印刷的只有五行的离婚广告。但是天性狷介孤高的鲁迅却没有这样做，也没有重新娶妻，而只是让最初的夫人朱氏去照料自己的母亲，他自己则不与其同居。一个人住在西厢房，过着寂寞的单身生活。

最早向日本介绍鲁迅的是不才的我。1924 年（大正十三年），大阪屋号书店①出版了我的《支那当代新人物》一书。在这本书中，我专设一节，题名为《周三人》。在文章中，我这样评论说："盲诗人爱罗先珂推崇周树人为中国作家第一人，我也持这种观点。"有一次，东京出版发行的《我等》杂志的记者福冈诚一陪同被日本驱逐出境的爱罗先珂来到北京，②因为有一个时期我几乎每个月都在《我等》杂志上发表有关中国的论文和随笔，所以福冈诚一来北京之前就先和我取得了联系。我想起爱罗先珂与周作人都是世界语者（*Esperantisto*），遂立即与他联系，在得到肯定的答复后，爱罗先珂马上就去了八道湾的周宅并在那里落了脚。

福冈诚一离开北京后，我几乎经常去爱罗先珂那里，并应他的要求，把鲁迅的小说翻译给他听，尽管我翻译的并不是很好。这样一来，爱罗先珂对我说："鲁迅这样的小说家在日本是没有的。"我每次念给他听的时候，他都会赞不绝

①当时专门出版有关中国图书的书店。

②《我等》杂志是长谷川如是闲、大山郁夫、枡田民藏等人主办的杂志。福冈诚一后来担任日文版《读者文摘》的主编，当时他还是一个戴着角帽的东京大学的学生。

口。现在，如果允许我说一句实话的话，我要说，到那个时候为止，鲁迅还远没有周作人有名，鲁迅的稿子还是通过弟弟周作人的介绍最终才开始在《新青年》、《晨报》副刊上发表的。后来由于爱罗先珂的极力赞扬，日本的一流综合杂志开始竞相刊载鲁迅的作品，最后中国也开始出版鲁迅小说的单行本，这样鲁迅在中国获得了认可。不管在哪个国家，当自己国家的人在国外得到认可的话，本国的国民尽管迟了一步但还是会给予高度评价的，鲁迅也是这样的一个例子。这样说来，八道湾的周宅很热情地接纳了被日本驱逐出境的爱罗先珂，并腾出三间房子让他居住，这件事本身不仅对于周作人学习世界语，而且对于日本甚至中国认识并认同鲁迅，都是很有益处的。周宅热情地接纳并厚遇了一个很可怜的外国盲诗人，它的影响还是很好的。

如果允许我再多说几句的话，我还愿意介绍一些细节。每次爱罗先珂给我打来电话，我都会坐上一个多小时的洋车（人力车）赶到他那里，将鲁迅及其他人创作的作品翻出来朗读给他听。有的时候，还把他口述的童话记录下来。整理完记录后，我会把他的童话寄给东京的杂志社，帮他赚点儿稿费。我不仅仅帮助爱罗先珂做笔记，有时还到西厢房帮鲁迅把他的口述也用日语记录下来。所以说，如果那个时候发表的爱罗先珂的童话和鲁迅的文章中，日文的假名使用有误的话，那是不能责怪他们的。

最早认识到鲁迅的真正价值的，无论从哪个角度来说都是他的弟弟周作人，其次是爱罗先珂。这里我愿大胆地并明确地说，本人虽然不才，但第一个将鲁迅介绍给日本知识界的却是我本人。关于鲁迅，周作人在他的著作中有很多有趣的记述。如他写道："同样是鲁迅，有时候他会被作为资产阶级的作家受到批判，有时候却会被作为无产阶级的作家而受到推崇。这不是很可笑的事吗？"这是周作人的一种很独特的讽刺的说法。

在我看来，鲁迅无疑是一个很有进步思想的人，是一个不管对什么样的社会现象，对什么样的政策或主义，都会以犀利的笔锋痛加批判而绝不宽赦的人，这一点是确定无疑的。他能洞察一切，对任何事情都有极高的见识，这一点也是真实的。

鲁迅是这样一个论客，他嘴里含着烟斗，一口一口地抽着，在烟雾缭绕之中，侃侃而谈，滔滔不绝。因为胸中充满了种种的不满，所以他抨击社会、批评文学，因为他博学多识，对什么问题都敢于评说，这样，对鲁迅这个人物的评价自然也就是多种多样的了，这一点是可以理解的。但依据我与他的直接接触而获得的感受，我认为他也就是一个文明评论家吧。

鲁迅是个心地善良、待人热情的人，同时也是一个直言不讳、畅所欲言的人。当我把自己作的汉诗拿去请他指正的时候，他几乎一字不落地做了修改，并说："你算了吧，作无韵诗是好事，但日本人作不了啊。"他总是嘲笑日本人的汉诗，说它只讲道理，不讲诗韵。我有几幅鲁迅亲笔给我写的字。他的字从书法上讲可以分为三种，极其规范的楷书，比较容易辨认的行书，还有圆滑老练的草书。从他的字上就可以看出，鲁迅既有作为官吏拘谨认真的一面，能一丝不苟地处理好各种事务，同时又有大写小说、与年轻泼辣的烈女都敢去恋去爱的那种文人作家特有的桀骜不驯的一面。此外，鲁迅在从事小说史研究时还很具有学者的气度。不管怎么说，鲁迅都是一个真正令人怀念的、值得敬慕的、有高尚人格的人。①

①本文原载樱美林大学《中国文学论丛》，1968年（昭和四十三年）3月号。

## 4　怀念鲁迅（1976 年）

### 走访周宅

在《鲁迅日记》里出现的日本人名中，最多的是"山本夫人"，其次就是敝人了。这究竟是怎么一回事儿呢，无论怎么想，我也没有猜出来。也许，在众多的日本人当中，我是走访八道湾周宅最多的人吧。欣闻展示鲁迅遗稿及相关物品的"鲁迅展览会"将于 10 月 19 日在仙台开幕，然后将到东京、名古屋、神户、广岛巡回展出，此时此刻，我的心中不禁涌出了绵绵怀念之情。我心潮澎湃，很难把话说得井井有条，故笔随所思，权且把想起来的事写下来。

周树人（鲁迅）先生在即将到日本留学之前，受父母之命结了婚。这样结婚的妻子称作"幼妻"，鲁迅就让他所谓的"幼妻"住在正房里，自己则住在西厢房。正房坐北向南，日照很好，西厢房则坐西向东，下午完全见不到阳光。也许是这个原因吧，在中国，一家之主都是住正房的。顺便说一句，周宅的后房有榻榻米的房间，大弟弟周作人住在那里，小弟弟周建人住在东厢房。从旁门进去后，有东格房，那里曾给盲诗人爱罗先珂住过。不过，鲁迅和他的"幼妻"之间没有任何夫妻关系。他只是抚养她，善待她。在娶许广平为妻之前，他一直在西厢房过着单身生活。

鲁迅是一个很爽快的人，有一次，我去拜访周作人，却被告知他没在家。当我正要回去的时候，鲁迅掀开西厢房的门帘，透出半个身子，关照说："清水，如果我也可以的话，就到我这儿聊聊吧。"因为他人品好，凡事直言不讳，所以我把自己作的汉诗拿去请他指教。结果是，他几乎一字不漏地加以修改，并说："日本人作不了汉诗哟。"他不仅是对我作的诗，而且是对古今日本人的汉诗，也常常进行苛刻的论评，说日本人的汉诗只讲道理，不讲诗韵，很死板。顺便提一句，鲁迅的日语没有弟弟周作人那么流利，但完全运用自如。周作人的日语在发音声调方面有点讹音，但鲁迅却没有。

我在前面说过，在《鲁迅日记》里"山本夫人"的名字出现得最多，而鲁迅的熟人里有两个不同的山本夫人，一个是上海的山本夫人，另一个是北京的山本夫人。《鲁迅日记》里出现的山本夫人很可能是指医学博士山本贤孝的夫人。北京西单牌楼的刑部街有一个医院，名叫山本医院。同样在西单牌楼有一个女子师范学校。鲁迅曾是这所女子师范学校的老师。也许是这个原因吧，鲁迅就成为经常出入山本医院的患者之一。鲁迅患有呼吸气管的疾病，好像经常到医院去看医生。

**兄弟失和，情谊依旧**

《鲁迅日记》里多次提到山本夫人来信之事，这里还有一个故事。由于山本贤孝医生的误诊，导致了周作人孩子的死亡。周作人遂在《顺天时报》的显著地位刊登了一则告示。《顺天时报》是日本在北京发行的日文报纸。山本博士倒没有发表辩解文什么的，被那则告示激怒了的其实是鲁迅。关于周氏兄弟失和的原因，有各种各样的说法，但我认为，山本医生的误诊事件，严格来说是在报上刊登告示的事件，至少是他们开始失和的一个原因。事实果真如此的话，那么，我们真应该称赞鲁迅是个很讲义气的人了。

但是，在这个必须予以诚恳说明的问题上，直至鲁迅逝去，周作人都没有责怪过他，也没有埋怨过他。他对哥哥鲁迅的感情，没有丝毫的改变。周作人在自己的文章里到底是如何评价鲁迅的，我不是很不清楚，但在我见他的时候，他总是在称赞鲁迅。

在日本好像有不少人认为，因为哥哥周树人（鲁迅）很有名，弟弟周作人也就沾光跟着出了名。事实恰好相反。

爱罗先珂被从日本驱逐出境后，由后来成为共同通讯社社长和读者文摘社社长的福冈诚一陪同，来到北京，在八道湾周宅做了一名食客。爱罗先珂滞留北京期间的一大贡献是增加了世界语的课程，并断言："鲁迅在日本和中国都是一流作家。"到那个时候为止，鲁迅的稿费不及周作人的一半，此后他的稿费却突然上涨了两三倍。往往有这么一种情况，那就是外国人首先承认了某人的价值之后，本国人也渐渐地开始认可其价值了。鲁迅的作品获得认可在很大程度上也得力于爱罗先珂的推崇。我经常被爱罗先珂用电话叫过去，他让我给他朗读鲁迅的小说。我且译且读，爱罗先珂听得很入神。我发现，他对鲁迅作品中出现的人物，特别是对阿Q，抱有很大的兴趣。

### 终生对日本人热情

读到这里，读者们也许都会深深地感觉到，鲁迅是一个对日本人很热情的人。为什么鲁迅能够成为一个对日本人如此热情的中国人呢？那是因为他在留学时遇到了藤野先生那样的日本人的缘故吧。大体说来，留学日本回到中国的所谓"知日派"基本上都是排日派。鲁迅从日本回国后，能与山本夫人、内山完造那样的日本人为友，所以他才慢慢地对日本人有了热情之心。顺便说一句，鲁迅移居上海的时候，是我把他介绍给内山完造的。在上海，人们之间经常这样说：

"要想见鲁迅的话，每天下午四点左右到内山书店，就能看到他了。"内山夫人是京都宇治人氏，她经常从宇治买来高级绿茶，用来款待鲁迅。

很久很久以前，我曾在《读卖新闻》上以《支那当代新人物》为题撰文介绍过中国的新人物，连载持续了一个月。其中应该有一篇标题为《周三人》的文章，是介绍周树人、周作人、周建人三兄弟的。我认为，这是在日本的报刊杂志上最早介绍鲁迅的一篇文章。想到这一点，我不由自主地感到很自豪。①

①本文原发表于《日本经济新闻》1976年10月19日。作者清水安三时任樱美林大学校长。——译者

# 第六章　东京时代（上）：
## 创建樱美林学园

No.53　1946年3月22日，我们从北京回到东京。这里已是满目疮痍……我们不由得几度脱口惊叫"国破山河在"。我们决意，就在这片焦土上创建樱美林学园

## 樱美林学园前三十年的历程

1946 年　创建学校法人樱美林学园（5 月 29 日），创办高等
　　　　女子学校，设置英文专业科目

1947 年　创办新制初等中学

1948 年　创办新制高等中学

1950 年　设置短期大学英语英文科目

1955 年　增设短期大学家政学科目

1956 年　获得"复活之丘"校区地段（萨莲·巴戈·兰德捐
　　　　赠），学生人数达 205 人（初中：35 人，高中：
　　　　102 人，短大：英语 32 人，家政 18 人）

1960 年　首任理事长贺川丰彦先生逝世

1964 年　学园长清水郁子先生逝世

1966 年　设置樱美林大学文学部

1968 年　创立幼儿园，增设樱美林大学经济学部

1973 年　第二任理事长小崎道雄先生逝世

1976 年　樱美林高中棒球队参赛夏季甲子园全国大赛获胜，
　　　　举行创建三十周年纪念活动，学生人数达 6272 人
　　　　（幼儿园：197 人，初中：272 人，高中：1254 人，
　　　　短大：1363 人，大学：3186 人）

## 第一节  樱美林学园的创建

### 1  焦土上的祈祷

1946 年 3 月 19 日清晨，我们到达山口县仙崎港。撤出中国后，当我们看到日本美丽的山河时，不由得几度脱口惊叫"国破山河在。"3 月 22 日五点半到达东京。东京已是一片焦土，焦土上处处可见房屋建筑的残骸。日本战败虽已过半年有余，这里却依然是满目疮痍。面对此情此景，我们卸下背包，跪地向神祈祷。

"神啊，请赐我重建家园之力吧。我们从中国归来，已是心力憔悴。让我们去工作吧，宁可粉身碎骨。"我的面颊已挂满泪水。妻子也默默作了长时的祈祷。

"欸呀，这里不是还有基督教青年会吗？"当我意外地发现这里时，总算放下心来。过去，我来东京时经常借宿此地。于是，我抖起精神走进去，想找个地方坐。这时，一位手拿扫帚的女职员走来却说："这里是美国妇女的住处。"

之后，我们又在神田一带找了七家旅馆，请求住上一个晚上。然而，都因我们是撤回人员，被一一拒绝。

升龙馆是我们寻来的第八家旅馆。这是一家较大的旅馆，位于中央大学后门小型八幡宫神社之前。经过和旅馆女主人交涉，对方同意我们在这里滞宿一晚。

我们在升龙馆吃过早餐后，分头外出继续寻找住处。我首先想找到下落合的姐姐家。结果，姐姐已把房子卖掉回到农村老家。之后，又找了两三家过去认识的人。这些房屋石门上的门牌还在，可房屋本身却已无存。而幸存的房屋已被转卖。连寻几处均只剩门和院墙。当我回到升龙馆时，已是日落黄昏。不久，妻子也回来了。

"找到房了吗？"我问。

"找到了。可对方说，只让我一人住。"妻子回答。

"是吗，我不能去吗？"

"……"

女子高等师范学校时期的学姐山崎女士住在大塚窪町。她说，一间四叠的吸烟房空着，可以租用。但是，两人居住比较困难。因此，只允许妻子一人住在那里。这天夜里，我辗转反侧，无法入眠，心里犯愁。我在虔诚默祷：神啊，赐我一个落脚之处吧。

翌日清晨，为寻找住处，我们背起沉重的行装，准备从神保町步行到大塚。当我们走在骏台河一带再往前行时，我不由得突然停下脚步，"对呀，美子家没遭火烧。"我叫起来。

美子，是神田神保町一丁目一号古书店林彰文堂家的女儿，是北京崇贞学园的毕业生。她的父亲面对周围这些东京众多的学校，却偏偏选中越洋过海的北京崇贞学园，送女儿留学。林彰文堂的玻璃窗紧闭，里面拉着白色的窗帘。我们上前敲门。

"啊呀，是老师呀，崇贞怎样了？"美子打开门时非常吃惊。

"崇贞和日本一样已不复存在。"

美子双臂倚柱，伏面哭泣起来。

"这不是清水老师吗？"美子的母亲出来打招呼。这是位典型的庶民美人。"你们住在哪里？"

"妻子去大塚住。我打算露宿上野的高架桥下。"

"这怎么行？如愿意，住我家如何？"

妻子环视了一下周围。这是一家小小店堂。

"不是说让你们住在这店里。在片濑那儿有个住处，说不上是别墅，五室小居。平常只有母亲一人住。你们就别客气，让美子当个军曹伙夫。你看呢？"

读者可以想象到，当时的我真是喜出望外。于是，我来到片濑海滨。窗前可望到富士山。我们在这里住到 7 月 2 号。就在这里，我们决心重整旗鼓。林彰文堂店主还每月把五百元放到我的衣袋里。任何事业的起步，都因为得到这些援助之手，才可能获得成功。相反，如果没有他们，事业也不会成功。如果没有林彰文堂温暖之手，一无所有的清水安三也不会停留东京，自然也不会有樱美林学园的诞生。

7 月 2 日，我离开片濑时，作为礼物留下一幅诗笺和半折画轴。

写这首诗时正值阳春五月，樱美林创建之际。诗曰：

春风扬满帆　轻舟已出航

杉户松叶郁葱葱　君情留心间

## 2　片仓组宿舍变成校舍

那是我将要去林彰文堂片濑别墅时的事了。我把行李放在店堂里，然后去神田锦町的公共浴室去洗了澡。回来的路上，当我路过基督教青年会馆时，没想到遇见了贺川丰彦先生。他从小川町来。

"呀，你什么时候回来的？"

"19 号早晨到达仙崎。"

"全部被烧得一干二净。你去年过年时住过的家也没有了。"

"但是，总算活着回来比什么都好。你今后如何打算？"

"我想去农村，在农村办学校和教会。"

"那太好了。你来我事务所一趟吧。"

贺川先生的事务所在基督教青年会馆前日本基督教团楼内的一层。我进去时，他的秘书小川清澄也刚到，我们一起做了祈祷。

"我带你去个地方。那儿做学校再好不过。去看看吧。"

我们三人垂首祷告。这一祷告便是樱美林学园的起步。樱美林学园就在这天诞生。

1946 年 3 月 24 日，我们和片仓组庶务课长酒井、贺川先生秘书小川约好，在东神奈川车站会合，之后一起乘上横浜线电车来到渊野边。渊野边是战时兵器业制造的中心地区。陆军曾规划在这里建设相模原地区的较大城市，士官学校设在座间，大野是军医院，渊野边是钢铁公司和兵工厂。相模原的平坦林中铺设纵横街道，街道的每个十字路口均设中心岛。如战争继续，这里也许会成为日本的格尔普或特洛伊。

从兵工厂的烟囱中，一股股黑烟卷上天空，小仓钢铁厂的炼钢炉喷着火舌。天空映着红辉又罩着黑雾。渊野边的深夜，男男女女，熙熙攘攘，热闹非凡。听说，这是从前的情景。我来到已不见昔日的渊野边，是万幸还是不幸？

眼前的渊野边，已是一片废墟，过去的景象已无踪影。乘车时可看到兵工厂破碎的玻璃窗，残断倒落的房顶，断折的烟囱。平地水泥铺筑的二三十米宽的大路两旁，被废弃的装甲车、炮车任凭风吹雨淋。渊野边的街道满是泥泞，走起路来十分艰难。过了渊野边再往前两公里是八幡神社的绿林。这里有片仓组所有的建筑物。

"像副骨架，太惨了。"

这是妻子看到后的第一句话。只是玻璃碎了还可以换上，可这些建筑物既没有窗户也没有门。甚至连一件可利用的废物都没有。

"这些建筑原来是做什么的？"

"是宿舍。陆军让片仓组建了这些房子，每月用两千日元租下来，用作兵工厂技术人员的宿舍。一度曾住过上千人。"

"清水，你看如何？在这荒芜之上建个学校够难的吧。"

"不会的。可建个好学校。"

我和小川在一问一答。

"为什么片仓组有心要把这里租赁给贺川先生呢？"

"那是因为，片仓组社长要把自己的宅邸转让给美国的一位律师入住。贺川先生为此热心相助，尽心竭力。社长非常敬重他，于是设宴款待他和那位美国律师。这个宴会，正是你在神田见到贺川先生的前一天夜里的事情。听说宴会后，贺川先生准备告辞，在门口，社长对贺川说，'贺川先生，我在东京郊外的农村有处较大的建筑物，你看你能做什么？'"

"那就是说，如果我早一天或晚一天见到贺川先生，他也不可能会有这样的机会给我。"

"这里景色很美。很称我心。"我说着从二楼的窗前向前眺望。远处，相模山峦绵绵起伏，再往远看是富士山。常年覆盖白雪的山顶，如同一张倒开的白色扇屏。

No.54　渊野边是战时兵器业制造的中心地区。这里是片仓组所持建筑物，曾是兵器工厂技术人员的宿舍。没想到竟成了樱美林学园的校舍

"富士山变得这样小巧玲珑。就像从丹泽山间展背眺望这里似的。"妻子说。

对这座破旧的建筑物，要说修缮也可以，新建也不是完全没可能。但是从风景来说，作为教育环境确是得天独厚。自己真是幸运。我心中已定，"学园就建在这里。"

没想到踏入国土不到一个星期，也就是到达东京的第三天，就得到5280建筑平米的建筑物。这完全是神所赐。

校舍有了。下一步是"钱"的问题。登上仙崎港时，我们俩人各自领到了1000日元。我们抠抠索索用这些钱买来横格纸作起创办学园的申请计划，又买来粗纸制作招生广告。这是我们创建学园的第一个工作。

申请创办学校，没有资金是不会得到认可的。早在以前，我在第一信托银行有十二三万日元存款。这是早年我在朝日出版社及改造社分别出版的《朝阳门外》和《姑娘的父母》的稿费。由于当时兵荒马乱，这些稿费在兑换管理上出现了疏漏，一直被冻结在第一信托银行，没能寄到北京。

我们做梦也没有想到，搁置在东京的存款竟然为创建学园起到了关键作用。

## 3　招生宣传

我们开始担心是否会有学生来。我用四张10日元大票从教团那里分得小开粗纸一千张，用黑红两色笔和这些纸，开始手制招生广告，并外出张贴。每天晚上制作广告时，美子就来帮忙用红笔画圈儿。我每写完五十张，就把它们放在桌面上，搭上右手，闭目祷告，祈愿能送来好学生。

翌日清晨，我沿着小田急、横须贺电车线奔忙于各站。在大街小巷的十字路口，每贴一张广告就祈祷一次。完成招生广告张贴是 4 月 20 日。至此，报考的学生已突破二百名。我深深感到，神之恩赐重于泰山。我当时也奇怪，为什么有这么多学生会应募而来。听说河井道女士创建惠泉女学园时才有九名学生。羽仁元子夫人创建自由学园时也不过是二十四名。

### 4　"樱美林"的命名

我们在片濑滞宿时向文部省拟写了办学申请。"要给学校起个什么名呢？"

我曾很多时候想命名为"崇贞学园"。可是，北京的崇贞学园已被当地接管，如和北京的校名相同会被认为关系不清。万一征收赔款过来，事情会不妙。因此，"崇贞学园"不可取。

我们为办学事业而满世奔波时，正值四月春暖花开时节。校园里樱花漫开。其中，吉野樱和八重樱两类最多。当吉野樱的花瓣飘落大地时，八重樱如同红梅在含苞待放。与其说校园有樱林，不如说樱林有校园。

那天傍晚，妻子在洗澡间喊道，"校名想好了，就叫樱美林吧。"

我们都毕业于美国俄亥俄州奥柏林大学。J·F·奥柏林[①]以毕生精力从事教育事业的精神一直在激励着我们。妻子主张以他的名字命名。

普法战争刚结束，J·F·奥柏林就回到战祸中心地的故乡阿尔萨斯，创建学校，创办教会。夫人创立手工艺学校，为农村教化殚精竭虑。奥柏林携锡杖巡回于美国各地。俄亥俄州的德国移民们对他所提倡的教育理想产生共鸣，并创立了奥柏林大学。

①奥柏林大学以此名字命名。该大学以在美国率先实行男女共学制及接收黑人入学而著称。——译者

---

**· 189 ·**

　　回到日本后，我的目标是为重建日本在农村的教育事业创建学园。这点和奥柏林的人生意志完全一致。想到这些，校名为"奥柏林"最为合适。

　　在中国的山西有个叫奥柏林的地方，是因为美国奥柏林大学一年一度举行"银品收集"活动，以此为资金派遣师资前往山西太谷的铭贤学校。我想，我们樱美林学园要和山西奥柏林一样，和俄亥俄的奥柏林大学建立真诚情谊，同心协力为日美亲善作贡献。

　　我们的校名是根据"奥柏林"的音译，为"樱美林"。对此，老宣教师塔冰葛夫人十分高兴，于是把自己从法国带回来的 J·F· 奥柏林的石膏像赠送给了我们。

## 5　开园典礼

　　樱美林，可谓名副其实。八重樱已是繁花满枝，开园仪式即将到来。我们于 1946 年 5 月 5 日，迎来了理事长贺川丰彦先生，举行开园仪式。仪式前，学园里竟然还没有桌椅和黑板。

　　在此之前，妻子曾七八次去东京的家具统制会，请求减价出售军营废弃的桌椅板凳。但由于这里和东京为远隔之地，物品一批又一批被都内的灾区学校和市政机构运走。到头来，我们依然两手空空。

　　有一天，我们得到一条内部消息，说刚到一批桌椅。机不可失。我们迅速奔到家具统制会的仓库——荒川区三河岛。仓库在荒川小学。我们到达时，物品早已被哪个学校或政府机构运走。显然我们是晚来一步。

　　这时事情有了转机。家具统制会事务所有位年轻的值班员，我们偶然了解到这位青年雇员是从北京复员归来的，他说很早就知道我们。我千言万语向他倾述创建樱美林学园的事情，讲了我们的计划和理想。我不知不觉热泪盈眶。"无论如何要支援我们重整旗鼓。请求你了。"

5月4日，我们接到青年发来的加急电报："桌椅到，机不可失"。于是，我们凌晨开着三辆卡车出发了。这批物品是海军炮兵技术学校弃置的，刚到现场，已被特别置放在仓库前。桌椅板凳，黑板，床，应有尽有，堆积如山。这些物品不多不少正好够二百四十名学生使用。我当时那种兴奋的心情真是难以用语言表达。

夜已过九点。我们终于把这些桌椅卸了下来。我们在欢呼，"明天的开园仪式一定精彩。"

天空放亮，5月5日一早，我们把板凳摆进讲堂。之后，举行由理事长贺川丰彦和监事小川清澄两人、教员十人、学生二百四十人以及数百名家长参加的开园仪式。

仪式在第三七〇赞美歌的歌声中开幕。这首赞美歌的歌谱用的是《萤火虫之光》。虽说时值学园创建之初，但全体人员都会唱。之后朗读《圣经》。教员尾崎菅子女士读了箴言第三一章第十节。我们曾把这段圣句选定为崇贞学园示作学园精神的教材。

小川监事致祈祷词。之后全体高唱校歌。这首校歌也使用了日本人所熟悉的歌谱，可以同声高唱。我走上讲坛报告了学园创建的经过。先对校歌作了说明。

## 校歌

词　清水安三

1. 美丽盛开樱花林　养育万代大和心　开阔太平天

2. 村里润土滋养深　给我力量大无比　重建新日本

3. 远空富士高山岭　学子教化启迪深　理想志向高

"过去总说，樱花开放短暂，凋谢瞬间。喻身似鸿毛，没有战场之露气，疆场之惜怜。人们喜欢以此比喻日本的武士精魂。如此象征的樱花已经不复存在。此时此刻，我提倡樱花要成为一种新精神的象征。樱花烂漫时节，应该是标志着和平天下，泰然安详。今后，我们要把她作为和平之花，她将会绽开在日本人民和世界各国人民的心中。换句话来说，樱花，要弃旧迎新。

校歌的第二段，意思是要把日本的传统道德首先扎根于农村大地，弘扬民族精神。自古以来，亡国的重建都从农村开始。第三段，歌颂了富士山。在学园的楼顶向西远眺，以相模山峦为侧景，富士山如同倒开的小小扇屏。今晨，富士以她的英姿在看着我们的学园。就是说，神在观注着这块经营之地。我们没有资金。但是，我们得到了神赐宝物。你们可以看到，至昨日，这里还是空空如也。而今天却人人坐有板凳。"

之后，贺川先生作演讲，忠生村长致词。开园仪式充满激情，在成功中闭幕。当我走下讲坛时，许多家长握着我的双手，流下激动的泪水。也有人奔上前来说：

"清水先生，这座学园创建得太精彩了。今后请多加指教。"

把参加开园仪式的人都送走后，教职员工们按捺不住内心的激动，人人掩面而泣。


## 第二节　实现"创办大学梦"

### 1　破格获准

办学申请要上呈文部省。这天我们前往文部省主管中等教育部门。文部省的官员面带微笑地说："申请报告昨天刚到。心急吃不了热豆腐。你们看，那位老教育家已跑这里十年。这不刚刚才得认可。"

我们侧头看了看他说的那位老教育家。是位头发花白的女士，正走出门。首先，各种学校的申请中，只要出现"高等"两字，女校就会被拒绝审批。申请人面对这种情况一般做法是，如果以女校形式经营，首先是建办裁缝职业女校，以此经过五或十年，甚至二十年才有可能获准办高等女校。在这样的经营程序中，其间，如有学生想升入四年级，那么，在她三年级时就有必要转入其他有资格的学校。因此，这对学生来说十分不便，而对单薄的经营者来说却是创业的必经之路。

面对如此境况，我们 3 月 20 日回国，4 月就想获准建校，似乎想得过分美好。但是，花费五年、十年去奔波文部省未免年龄已不饶人。于是，我对这位负责办案的文部省年轻官员开始大声诉说，试图让他背后的课长也听到。

"我不知那位老教育家踏破千双草鞋跑文部省。但是，我在中国也曾有过同样的经历。作为北京崇贞学园的继续，无论如何请批准。听说，东京的中等学校有二十多所都被烧毁，已一无所有。他们均借用别处校舍。而樱美林学园仅校舍就有五栋。校舍无论是接收的也好，被烧毁的也好，要一碗水端平。请相信我们和撤回的教员、学生定会同心协力，重新振作。请批准吧。"

我一字一句，真真切切，额头上渗出层层汗水。有时喉咙哽咽，句不连声。于是，年轻官员身后的课长（名字已记不清）说，"说实在的，下周我要去某专业学校赴任，担任那里的校长。因此在这把椅上，我还能坐到这周。作为我坐这把交椅的纪念，就成全你们吧。希望你们加倍努力。祝成功。"

没想到，我长篇的申述，竟然得到如此简短而有分量的答复。课长说完急急离去。我朝向他的背影不由双手合掌。我感到自己的心在颤抖。在文部省的石阶上，身体似乎失衡，泪水如泉水般涌出。

"批下来了。"当我把结果告诉妻子时，一贯坚强的妻子，眼镜后面也是滚滚热泪。

5月29日，办学申请正式获准。①

① 摘自《永不绝望》1948年（昭和二十三年）9月1日发行。

## 2　永不绝望

> 我们四面受压，但不可失去希望。受责而不弃，受击而不倒。要在身体上忍受耶稣所受的致死待遇。
>
> ——致哥林多人后书第四章第八至十节

我以此为座右铭，并将自己的书名定为《永不绝望》，告知世人。书的封面临摹了英国画家瓦茨的名画《希望》。一位眼睛被蒙、脚被绑着的少女弹着只留下一根弦的竖琴，她看不见天上仅有的一颗星在闪烁着光辉。自己当时的心情如同这位少女。

这段时期，我经常深夜起身，端坐祈祷。在创建学园的事上，脑中不断涌现出各种尝试，自然感到精疲力竭。我甚至很忧郁。如买下这座校舍，需要325万日元。校舍建筑面积5715建平，每建平不到2000日元，实在便宜。但是，神如何给我安排这些购置资金呢？首先要请求借助神国和神意的帮助。为此，大家要齐心行动。反省自己才是酬金的第一步。

作为筹集资金的第一步，我写了《永不绝望》。如果这部书发行量达到十万册，购买校舍应该不成问题。十万册，听起来是个大数目。过去，《朝阳门外》十万册，《姑娘的父母》五万册，《支那的人们》三万册不也发行了吗？这本书的发行也一定会不错。

我为出售这部书，计划走遍全国化缘筹资，借用町镇教堂进行售书演讲。这种行商做法对我来说最为适合。我在教堂一角落脚歇息，如同禅僧托钵化缘。乞丐是我的理想。

我甚至想去美国，请移居在那里的一代二代日侨以一册两美元买我的书。即使去不了也绝不失去希望。

然而，我毕竟不再年轻，时时血压升高，坐骨神经疼痛难忍，胃痉挛总是复发。显然已力不从心。我打算和学生告别上路。出发那天，我登上"复活之丘"祈祷。如果不借助神之魔力，这 325 万巨款是不可能到手的。[①]　①摘自《永不绝望》。

## 3　主张男女共学

学园长清水郁子早在 1931 年撰著《男女共学论》。有一天，她因工作去联合国总司令部机构的教育科。霍姆兹博士见到她就说，"这本《男女共学论》是你写的？当我知道在日本已经有人最早提倡男女共学，感到很吃惊。我想让人把它译成英文，已经仔细读过了。"

郁子主张共学论。因此，学园创立时就有如此意图。我们把学园既不称为中学，也不称为高中女校，而取名为樱美林中等学校。以此为原则制定了捐款形式和校则，并和当局部门进行申请交涉。但是，当局部门认为"要想得到认可也许需要再等两三年"。面对现实，我们只好以创办高等女学校的名目提出申请。

然而，没过两三年，事情有了变化。有预告发布说，从1947年度开始要实施男女共学制度。我们满心要摘下高等中学女校的校牌，改为男女共学的新制初中和高中。没想到，樱美林学园理事长贺川丰彦主张反对男女共学。对此，我们感到非常吃惊。

"郁子，千万别弄什么男女共学。我反对。"贺川理事长极力反对。我也提议就此打住。确实，从私立学园经营角度来看，女子学校的经营既有利点，又不费力气。但是，校长清水郁子却丝毫不让步。[①]

①摘自《永不绝望》。

## 4 七十七岁前实现创办大学梦

我决意，如果老天给我七十七年的寿命，那时我要实现把樱美林英文专科办成理想的大学。目前为止，英文专科设置在中学部。中学部学生人数为五百零三人，新制高等中学学生为九十三名，英文专科学生只有四十三名。由于附近町村中学水平不断向上，报考这里的学生逐渐在减少，学园只能设置一到两个班，这还要看学生家长的热心程度。如果英文专科移设到大学，那么，全国的学生就会纷至沓来。学园就会迎来划时代的转折期。[②]

②摘自《永不绝望》。

## 5 学园的特点

要说樱美林学园的特点，校舍并非井然排列，校园未加修饰装潢，建筑墙壁也没有统一颜色。树木杂林任其自行生长，如同一座自由林场。校园里的人亦是如此，既有大大咧咧不拘于小节的，也有认认真真谨小慎微的，互补互助。对于接受任务，有人行动缓慢，有人认真从事。尽管百人百态，但人们一致认为，和其他学校相比，这所学校非同一般。

樱美林一个独特之处是，学园就是大家庭。老师对学生没有等级观念；学生之间人人平等。没有高年级学生对低年级学生发号施令，或要求他们恭恭敬敬。互相打招呼时，只是动动嘴唇或微微点头示意。平常见面时，不打招呼陌生相待是绝对禁止的。无论任何理由均不允许动手打人，任何场合都要互敬互爱，亲切待人。这已形成樱美林的校风。[①]

①摘自《永不绝望》。

## 第三节　令人难忘的日子

### 1　纪念建园十五周年回顾

这年 5 月 29 日是学园创建十五周年纪念日。回顾以往，岁月沧桑。

我为筹集学园资金卖过饼干。那是学园创立不久的故事。日本基督教团社会部从美军仓库得到驻军的面粉做成饼干，再涂上白糖进行推销。听说，在美军仓库里运输面袋的过程中，那些已破损的面袋会撒出面粉，而这些还剩有面粉的破损面袋被弃置为废物。基督教社会部的人把它们运回来，再捡来仓库里丢撒在地上的古巴糖。他们精心把糖过滤干净。这样，做饼干的材料就备齐了。

教团社会部把这些饼干以实价卖给各教会的牧师。牧师们再以实价分给 S·S 的学生。我每天往返神田的社会部卖四贯[②]。每人限卖一贯，而社会部的干事山口牧师特别安排让我卖四贯。

②一贯约 3.7 公斤。
——译者

记得我用背包把这些饼干背在背上，下圣桥阶梯时非常艰难，因此右手紧抓着扶杠倒着往下走。我把饼干价格提高两成卖给学生。学生们用茶罐装好饼干带回家。他们或是自家享用或是再转送给町镇的人们。似乎町镇里还有人订购。

但是，许多学生不愿意看到我像运输队长一样出没于电车上下。连我自己也不愿意是如此形象。然而，卖饼干所得盈利足以充实学园杂费。

学园创建当时最痛苦的是饥不果腹。尤其蛋白食物更是难以见到。老师们挖来土豆虫，捉来蝉的幼虫烤着吃。我当时经常吃煮蛤蟆。这些蛤蟆从小山田储水池捉来。虽说是食用的，但是否真能吃还是个疑问。

田崎花马看在眼里痛在心上。于是，他去座间美军基地去讨剩饭。负责事务工作的高桥背着汽油桶也去了座间。特别是星期日正餐有许多菜没人动过筷子。也许是因为星期天，外出时日餐的鸡素烧已塞满美国兵的肚皮。

我不愿意吃别人动过的食物。因此，妻子精心把饭菜整齐地摆在碟子里，让人看不出是残羹剩菜。我也把这些看作是新烹制而成，动起筷子。有一天，我看到高桥刚拿回的饭菜，简直是一团糟。

创业当时最让人感到难以忍受的是洗不上澡。学园成立三年后才有了洗澡设备。这三年，我们只能去"复活之丘"山脚下的小河洗澡。我们在这条河上横了一条小坝。月夜下，女教师们去洗澡。在路上，月光下的赤条光身可看得清清楚楚。天冷时，我们就去学生细野家。他家在"复活之丘"背后。尤其是，在他家洗完澡后围着火炉烤白薯吃，真是幸福，还喝到牛奶。那时还没有牛奶可买。那牛奶的美味至今难忘。

当时的教员都是撤回人员，衣物等用品十分缺乏。大家都没有蚊帐，晚上任凭蚊子乱咬。那年 12 月才配给了蚊帐。我们都感到，12 月配蚊帐岂不是时令差错，愚蠢之举？但是，这蚊帐发挥了重要作用。这年冬天，我们支起蚊帐，感到非常暖和。宿舍简陋破旧，四面透风。我们发现，支起蚊帐如同改换了天地。配给的被子薄如煎饼。于是，我们把几张报纸粘摞起来作成报纸毯铺在褥下。睡觉时虽然哗哗作响，但御寒最佳。我有生以来第一次知道，报纸原来很保暖。[1]

① 摘自《复活之丘》1961 年 5 月 15 日刊。

> 落壁破窗任风雨　　三年营营注心血
> 谁说此校是破家　　不知邦家又如此

这首诗是学园创建第三年正月所做。残墙破窗任凭风吹雨淋。三年过后，依然如此。依我个人所见，虽然校舍破烂不堪，只要事业意义深远，也并非可耻之事。但是，我的内心深处却有着苦疚。英文科的一些女学生入学不到一小时就悄悄卷起行李离去。床板断裂，缺臂少腿，有的学生因此而落地受伤。雨天，教室里上课需要打伞。冬天，教室里没有火盆，窗户没有玻璃，学生要穿着大衣上课。学园里没有洗澡设备，夏天去田间小河淋水，冬天打扰农家借浴。

## 2　出行演讲集资

我下决心要修缮改建校舍。首先，我用 13 万日元卖掉在京都的房子。这所房是伯父出资 4000 日元所建。我用卖房钱作为印刷费出版了拙著《永不绝望》。之后，我为筹款开始在福岛、茨城、栃木、群马、埼玉、山梨、长野等地巡回演讲。每次演讲结束前都要宣传一句书的事，哪怕能卖出一册两册也好。在关东八州巡讲时，我的钱包里竟然收入 20 多万日元。我想把这笔钱用于赴美旅费。但转念一想，樱美林短大理科实验室设备不齐，会因此难以通过审查。因此，我在岛津为购置实验器具立刻用去 23 万日元。短大升格顺利实现，而赴美却成泡影。

翌年，《永不绝望》增印三千册，《中江藤树研究》印刷三千册。我又去近江、和泉、摄津、纪伊、阿波、土佐、讚岐、伊予各地巡回演讲，获得 17 万日元。以此于 1951 年 3 月实现赴美。半年滞留檀香山，之后巡锡加利福尼亚州、俄勒冈州、华盛顿州、犹他州、内布拉斯加州、科罗拉多州、伊利诺斯州和北美的加拿大。

踏入檀香山时，我身无一分（美元单位——译者）。我决心，如没人接站就扛着行李步行去诺阿诺。换了钱后用 10 分买了三个饭团子。我以此充饥发过千封信，光贴邮票就是大工程。我厚着脸皮请求接受演讲。至今想起这些，仍会感到额头冷汗有三斗。

我从北美巡讲至南美巴西。在巴西的巡讲心中无底，我想也许会出现意外情况。大概是因为自己已有迎战一切的决断，在北美巡讲期间，没有丝毫厚颜乞讨之感，反而感到轻松愉快，并得到捐款。巴西有我的竹马挚友御德。另外，巴西巡讲的成功还要感谢小野和弓场两位牧师。他们真诚仗义，给我无限勇气，令人永远不可忘怀。

北美巡讲得到的捐款，一部分用于旅费，一部分用于邀请郁子来访使用。她借此机会巡访了奥柏林大学、蒙大拿、得克萨斯及其他一些地方，在建立和白人教会的友好关系上，成功地起到牵线搭桥

No.55 我下决心要修缮改建校舍。我用卖房钱作为印刷费出版了《永不绝望》。之后，携书开始外出化缘，巡回讲演。两年里所筹资金不仅足够修缮校舍，还填补了学园的经营赤字

作用。另外，还填补了学院以往经营方面的赤字。——可谓是当时的巨大成果。

两年期间，我在南北美旅行巡讲，随时寄回筹集来的资金，用于填补学园赤字。同时，学园校舍的修缮费已经足够。归校后的首项工作是修筑厕所，其次是修缮第二和第三栋校舍。这两栋楼的顶棚和地板全部更换，楼顶腐朽之处翻修一新，修缮工程一做彻底。到这年冬季，除讲堂外，所有校舍焕然一新。特别对第四栋家政科教室进行了精心修缮。

今年 3 月，我们决心改建讲堂。讲堂内外进行喷漆，并予以内外区分。最后的工程，根据我的建议，在讲堂门口栽上树木，做了广场。整个工程计划花费两年时间。

全部的修缮改建费为 833.6952 万日元，设备费 222.7550 万日元。另外，还用 107.9086 万日元，买下校园前小山地带 1.4157 万平米的土地。总共费用合计为 1164.3586 万日元。

借此，我要再次感谢关东八州各教会以及各位牧师，感谢四国、近畿地区各教会和各位牧师，感谢滞留在夏威夷、北美、南美巴西的姐妹同胞。学园能有今天，均蒙各方各位所赐。我暗自向神发誓，我们要用十倍百倍的努力去报答他们……①

①摘自《复活之丘》1955年 8 月 1 日刊。

1956 年 1 月 14、15 日两天，去年 9 月视察过樱美林学园的费尔弗德博士的报告会在奥柏林大学举行。此次会议将决定，在印度、台湾、日本中集中资助一所学校，也是湘西·奥柏林财团的理事们聚集在一起的一次协商会。

去年夏天，费尔弗德博士来日。我们事先接到他寄自加州的来信。信中写道，"这次，湘西·奥柏林财团派我赴日，专访樱美林学园，目的是经济资助的考察。以往，财团对一些学园进行了资助。今后将考虑资助要集中一校。"我们欢迎他来访，并准备全力对应。

我在奥柏林大学留学期间，曾和费尔弗德是同桌学友。我们一起听沃兹奥斯教授的讲义，相处和睦。此次他的来访令我不由心中暗喜，觉得没什么了不起。费尔弗德博士曾在中国滞留四十年，其中经历过卢沟桥事变。他经营的山西奥柏林铭贤学校，当时教员学生都避难外出，不知下落。而在印度经营的学校总算持续下来。因此，我想他对日本也不会抱有好感。

学园全体教职员工、学生总动员进行彻底大扫除。校园里里外外洁净如洗。学生们用杉树枝作了一条绿色迎宾道，如同欢迎凯旋而归的大将军。费尔弗德博士在全校欢迎会的致词中明确说，"今后的资助，要在印度、日本、台湾的学园中，选拔一校集中资助。我为此而来，进行考察。"

欢迎会后，他一一巡视各教室，每到一处都要听上五分钟的讲课。之后在家政科吃了学生制作的午餐。之后，听取了学校、评议会、理事会、组织、财会等部门的工作汇报。我们向他介绍了理事长、评议会长以及PTA（家长教师会）会长。

在此之前，我们已拿到申请表，报告了集中资助的申请理由和项目。"如果奥柏林派遣资深教员而不是年轻教员，你们将如何予以合作。"费尔弗德博士向我们提出问题。我们会把派来的代表作为园长、校长、圣坛首席人员来敬重，在他的指导下予以协助，运营工作，特别是郁子女士在语言方面会竭力合作。另外，在财会监督方面，如委托驻东京美籍人监管，所有材料均用英文制作——我们对他提出的问题作了切实的回答。

　　下午，费尔弗德博士参观了学生组织活动。一天的视察结束，他在暮色降临时返回东京。住校生们两手挥动着奥柏林和樱美林学园的小校旗，高唱"惜别"之歌欢送他远去。

　　之后，费尔弗德博士在东京又如同审查员，听取多方会讲英语人士对清水安三的评价及对樱美林学园的反映。对此，我的直感是情况不佳。《圣经》中提到，共苦易，同乐难。日本人为典型的岛国根性，枪打出头鸟的风气习以为常。像小崎道雄"甘作向导"那样的人实为罕见。国际宗教界知名人士对日本的风气也提出过批判。这种风气会使我们的艰苦努力化为泡影。

　　如果能得到湘西·奥柏林财团的集中资助，我的计划是，第一要把教职员的工资提到接近其他私立学校的水平。第二进行十年规划，把校舍改建成水泥结构。首先改建短大校舍，其次是高中和初中，然后是体育馆、图书馆、教堂和游泳池。我们需要丰富多种的教育设施。如果每年能得到五万美金的资助，十年后的樱美林就会成为一所完备的学园。

　　我虔诚地祈祷，希望能出现奇迹。10月9日清晨，我们在学园的小教堂静静举行了祈祷会。太阳东升时刻，圣坛仍然烛光闪闪，我们在默默祈祷。14、15两日我们决定断斋。这是我有生以来的首次所为。我想这是有意义的。断斋期间，脑中时刻都在浮现着"奥柏林正在开会决断"的情景。

　　1月27日，我们接到来自奥柏林财团的航空信件。回复为"否"。我清楚地感到，这一结论不光是湘西·欧柏林的决断，也是神的答复。2月2日，我们又接到一封来函，结论理由为"资助樱美林学园，并非能起到促进日美亲善的显著作用"。面对如此结论，我不禁汗颜反省。由于自己的不足，今后，教职员工依然要艰苦度日。

然而，我坚信神之答复中包含着信任。她在启示我"不可依赖美国人，要靠自己去完成"。"自己已是古稀之年。相信神意。只能为实现十年计划去努力，达到费尔博士提出的目标。"我暗自向神宣誓，心中涌出无限勇气。先前的沮丧转为愉悦和感谢。回顾以往，虽为老身昔阳，但却会迎来新的未来。让我和读者一起去努力祈祷吧。①

① 摘自《复活之丘》1956 年 3 月 1 日刊。

## 3  校地面积 16500 平方米

校舍占地面积最先有 16500 平方米。这已是七八年前的事了。

有一天，有位美军牧师来到校园。我与他素不相识。"这是所基督教学校吧？"他问。"你怎么知道？"我问他。"因为上面有十字架标记。"他指着学园正方屋顶上的指示塔。于是，这位美军牧师在学园里走了一圈后说，"尽是宿舍，怎么没有教室楼呢。"这学园之前是兵工厂的宿舍，因此，每座建筑物的房顶都很低且相互连接，各栋楼上楼下看起来均像宿舍。我说，"校舍在那边山丘上。"牧师随着我的话音，向"复活之丘"望去，说："什么也没有呀。"他说着又回头看着我。我说，"对你来说什么也没有。但依我看，那里排列着栋栋水泥结构的校舍……"这位牧师听我说后放声笑起来，"哈哈，好呀好。"

两三天后，他又一次来访。问："那山丘的地皮都买下了吗？""我替你买吧。"他说完离去。这位牧师就是厚木美军基地的牧师萨莲巴戈先生。

后来，他把教堂每礼拜天的捐献又都捐给学园，为学园集资。他归国时为我们留下了足够的购地资金。现在学园中"复活之丘"山腹一带就是用这笔钱购置的。我们在这块土地上建筑了水泥结构的三层教学楼和教堂。

16500平米加上借来的29700平方米，我当时想，在自己有生之年已经足够。后来，学园不断扩大发展，现有占地已远远不足。这次又决定购入16500平米，也就是说，"复活之丘"，中间隔一条马路，马路两边各持相同面积，均已属学园领地。

在这些土地上，我们可以建筑短大、高中、初中校舍，还有体育馆和图书馆。希望读者也为我们高兴。①

萨莲巴戈先生是厚木教堂的牧师，也是母国蒙大拿州比特市组合教会的牧师。当他听到我兴建新校舍的计划时，问，"需要多少地皮多少钱？"我根据当时的行情回答，"大约66600平米，2000美元吧。"他于是说，"地租我来想办法。但需要点时间。在今后在任的一两年期间想法解决吧。"他的这番话令人难以置信。

他说到做到。去年夏天，校地登记手续办完，这也是他回国后的第二年。购置土地的交涉进行得十分艰难，经过五年终见成果，再加上和农民的离作交涉花去三年，本年度秋季终于胜利收场。

在这其中的五年岁月里，地价猛涨，手中置款只能买到16500平米，仅仅是计划的四分之一。万分遗憾。但是，我们的"复活之丘"正因为有了先生的热情帮助，才得有购置机缘，令人感激。

萨莲牧师尽管公务百忙，但总是力求能够来看看，五分

① 摘自《复活之丘》1958年12月15日刊。

No.56 ……后来，萨莲牧师把每个礼拜日的捐献，又捐给学园。我们用这笔钱购置了 16500 平米的地段，郁子命名为"复活之丘"。就在这块土地上建起了钢筋水泥结构的教学楼和教堂

①摘自《复活之丘》1958 年 12 月 15 日刊。

②摘自《复活之丘》1956 年 4 月 1 日刊。

钟也好，十分钟也好。后来，我们学校的圣歌队经常去厚木教堂去演唱。特别是圣诞节、复活节成了促进日美亲善的良机。

1952 年正月，我应邀去作新年伊始的礼拜说教。那天大雪纷飞。然而，东京的司令官等人竟也大驾光临。礼拜后，大家一起共进午餐，十分愉快。自那以后，每次礼拜都收入一些捐款，最后达到两千美元。就这样，购置"复活之丘"的"萨莲巴戈校区"土地的资金积累起来。①

厚木美军基地附近教堂的萨莲巴戈牧师在任期间，把每礼拜天的捐献又捐给樱美林。我们用这笔钱从运输省那里购回"复活之丘"一带 16500 平米，取名为"萨莲巴戈校区"。3 月 25 日，请占地农民农耕至 6 月。他们接受了樱美林的这一要求。

我们计划在这里兴建校舍。虽然没有得到美国奥柏林大学的建筑资助，但我们有幸得到了这笔捐助款。从这个月开始，即将进入校区建设。建筑施工分五期进行。第一期为高中校舍，第二期为初中校舍，第三期为短大校舍，第四期为游泳池和体育馆（室内运动场），第五期为教堂和图书馆。各期工程费需要预算 1500 万日元。今年到明年先要筹集资金 1500 万日元。这一计划的蓝图首先登载在本刊的封面。左面是教室，右面是图书馆。如果图书馆建筑成砖瓦结构，则需要 1500 万日元。楼顶未呈现于图面，但四周为绿地，可分辨出楼顶的琉璃红色。狸皮到手，下一步是如何精心制作裘衣。这要仔细去考虑。②

## 4　乞行外出

我对近日即将回国的濑谷教堂牧师说，"今年秋天，我也未在学校。也许明年会去美国。"他说，"美国私立学校的校长或总长几乎整年没在校内。他们一年四季都在为集资而奔波在外。"去年，奥柏林派来的费尔弗德博士曾问我，"你授课时间至少有一小时吗？"我回答说，"我喜欢教书。"

北京时代，我喜欢为那些中国的女学生教学。我的课是第六节到夜幕降临。教学时间还是不少。在樱美林正好相反，我的课是第一节。正如学校通年教授制度那样，每届学生直到毕业，我至少对其授课一年。教师愉快，学生高兴。

但是，从今年秋季开始，自己的身影在校园将会消失。我想，哪怕一周带一节课也好。可是连这也做不到。人们常说，教书无倦。我感到世上一切教书才是最愉快的事情。然而，世间一切事物都有表里两方存在。有生就有死。既有春夏，又有秋冬。苦乐共存。为了教书的愉快，就要有集资的艰辛。

朋友面前被误解，被蔑视，被推出门外。自己厚着脸皮去行乞，踏破铁鞋有百双。不这样怎会有樱美林学园的完成？

俗话说乞行三日止。有时舍施到的是馊饭臭菜，有时遇上作法事送葬的人家，给碗白饭，饱餐一顿。我的乞行不会止步。我的筹资行程一旦走出第一步就会一直前行到底，不到黄河心不死。

最近，收到几十张暑中问候的明信片。其中有写到"老身如何"。难道我真的已经是老人了吗？如果自己继续在北京朝阳门外的学园，那么现在一定是悠闲垂钓，或是以花草为友了。可是如今，白头之年再次托钵乞行，步入难行之途。耳边走过风声，有名无名人士接连离世，他们也不过是六十三四。我时年六十五，只要不倒即无休止。

1956 年 8 月 1 日，"复活之丘"沐浴着盛夏的灿烂阳光。在这块土地上，突然传来机械的隆隆声。路旁行人不由驻足观望。不到一刻，学园前便垒起了人墙。推土机开始作业了。两台推土机绿色四轮，机身庞大，机前的大铲在地上挖来铲去。挖出的土被运到丘坡低处。两台八十马力推土车，分别由两人交替操作。丘坡一隅搭着帐篷，夜里有看管人员值班。推土工事包括周日整整进行九天，完全是重体力工程。承蒙美军基地厚意，借来了推土机。工事面积约 6600 平米，最深处约一米。学园圣地——"复活之丘"的土地上已经挖下象征近代科学的第一铲，迈出新校区建设的第一步。[1]

① 摘自《复活之丘》1956 年 9 月 1 日刊。

学园的校舍是过去的旧兵营宿舍，天棚低柱子细，破陋老朽，作为校舍显然不合适。学园创建当初战火刚过，城里的学校要么被烧，要么被毁。校园能拥有这些建筑已十分不易。随着时代的变化，其他学校每年都在修建家园，立起水泥或耐火结构的校舍，自己的学园相形见绌。改建学园校舍已是时代的急迫要求。

因此，我们计划兴建钢筋水泥结构的校舍。首先在前年，把现在学园对面的中间夹着通向八王子县道的"复活之丘"中腹一带地皮从运输省购置到手，约 16000 多平米，和学园并为一体。去年，承蒙驻留军基地慷慨，借来推土机进行整地作业，目前建筑动工就在眼前。

本来拥有这些土地已足够。但长远考虑，依然窄小。想再请运输省割让 16000 多平米，近来正在为此活动。

地皮准备就绪。建筑资金还未全部到位。目前收入只是来自学生每人每月纳入学费的 200 日元，月额约 13 万。数字就是力量。仅这些零星资金就能每年建筑一间钢筋水泥结构的教室。一个教室宽 7.2 米，长 9 米，再加上楼道 1.8 米多，约 80 多平米。有 150 万日元即可。

如每年兴建一个教室，按十五年来算，学园所需教室就会完成。三十年后，能完成教室、图书馆、体育馆、教堂等建筑设施。但是，再仔细掂量，花十五年或三十年去建筑教室，目前的学生会赶不上，只能供他们的后辈去使用。因此，对他们每月出资 200 日元于心不忍。于是，我们决意先一举建设九个教室，以供现有学生享用。多亏这一时期我们可以得到私学振兴会一笔低利息贷款。还号召广大学生家长购买校债，以此作为建筑经费。

校债为一年百分之六十，归还期限为三年。用固定资产樱美林学园校舍"复活之丘"土地作担保，签署借用证明。我们推算，筹资没有 500 万日元则无法开工。也就是说，建筑费 1500 万日元中，作为校债需要学生家长购买 500 万日元，从私立振兴会贷款 500 万。剩下的 500 万日元就要恳请建筑行业的理解，允许根据资金筹集情况予以分期付款。①

① 摘自《复活之丘》1957 年 5 月 1 日刊。

1957 年 6 月 15 日，请宗像先生驾上轻骑，我坐在他的背后。十点离开学园外出化缘。

"去哪？"他问。我们的目标是南林间高桥幸枝医院。我们的轻骑在奔驰。当我们跑过相模大野一带时，他突然说，"去井上房次郎家怎样？"到了他家，正好主人上大学的儿子——幸君在家。问起来才知道，原来他家的两个儿子都是宗像先生的学生。井上在我们的奉账本上记了"一万",说,"实在抱歉,太少了。"之后,车来接他,他急急忙忙离家外出了。

离开他家,我们继续向南林间奔去。跑上横断铁道的坡路时,轻骑油断停火。我们好不容易到了高桥医院。崭新的病房林立而起,十分壮观。高桥女医生早在北京时代就和我们很熟。我向她说明来意,拿出奉账本。当她瞥见井上"一万"元的记录时,说,"回头送来。"我说,"两三千元也不嫌少。"她执意不肯。于是,我们又向渊野边挺进。

第一天仅仅是笔记。所到之处受到热情接待。翌日,我们去了八王子。这天的轻骑很争气,始终未出现抛锚。

在桥本,我们访问了竹内汽车专售店。这里是竹内悦子的本家。"敬请记上三千元吧。"我小声说。她的父亲立即拿起笔来。我们的轻骑在御殿岭左转,穿过八王子街道直往元八王子方向奔去。小岛正明君的家在元八王子。他家院门口覆盖着一颗枝繁叶密的山毛榉,大概已有二百或五百年的树龄。

"父亲没在家。"他似乎有些为难。我们被让进屋内。"父亲没在,实在不巧。我们是为兴建新校舍筹集捐款,正在寻访毕业生的各家各户呢……"他祖母和母亲听此,"那我捐上五千日元吧。"正明君的母亲慷慨解囊。听说,今年春季,正明君利用春假为实习去亲戚家濑户物品店干活,刚拿到 1500 日元的报酬。

之后,我们来到学园运动物品专供店丸善,记入"一万"日元。接着是宫川和英君的家。他家在街道的一角。

"记得和英君上初一时,曾捐款一万日元。那时,学校教员的工资才 500 元。一万元可是大数字呀。我们至今仍牢记心间。这次稍稍也……"我说。于是记入"五千"。和英君目前是东邦医大的学生，还没放学。

轻骑又驶向佐藤芙美的医院。我向她父亲说明托钵化缘的目的后，他立刻就说"也记上我一笔吧"。

夜幕降临，我们的轻骑顺着八王子街道跑上归程。这几天四处奔波，结果还算理想。总之，回去后首先要满怀感谢，虔诚祈祷。

## 5　计划行进一帆风顺

为在"复活之丘"的山坡上建筑钢筋水泥结构的校舍，私学振兴会的贷款 500 万日元到手。家长会购买校债 500 万，剩下的 500 万计划请求建筑业能够完工后分期付款。于是，校舍建筑开始动工。计划行进，一帆风顺。

6 月初，私学振兴会内示先到款 400 万。还有 100 万呢？对方要求这 100 万作为设备购置使用。

家长会的校债购买，10 万元两名，7 万元两名，5 万元五名，3 万元十二名，2 万元二十名，15000 元两名，1万元十四名等，六十四名合计达 350 多万日元。

建筑行业方面十分爽快，一口答应。总之，进展非常顺利。工程承包商沃利兹建筑事务所已进入工事规划，7 月间要拿出规划设计图。只要都厅建筑部门审批许可下来即可动工。

去年，学园的学生们在运动会上化妆游行。导路牌上大大写着"安三队"，其后行进着钢筋水泥结构校舍的模型。情景动人。今后就要看我的了。"请神赐我八十八岁，那时，我会有教堂、体育馆、图书馆、校舍。我要让复活之丘旧貌换新颜。"①

① 摘自《复活之丘》1957 年 7 月 1 日刊。

①日本奈良时代歌人。
被视为《万叶集》编撰
人之一。《万叶集》收入
的和歌中他的作品最多，
是《万叶集》后期代表
歌人。——译者

新校歌和过去校歌的歌词有所不同。过去校歌歌词选用了大伴家持①的和歌"海滨"。这首歌，伴随着甲子园入场仪式，震撼全场。歌词歌谱均精彩至极，因此把她定为校歌。但为考虑长远，我们还是决定作一首新的校歌。新校歌歌词如下。

  1. 遥远天空　翘首仰望
   富士高山　展现眼前
   樱花园的年轻人（女声）
   樱花园的年轻人（男声）
   是那样健美（女声）强壮（男声）
   （反复）
   啊　樱美林人
   让我们携起手
   让我们来呼唤
   耶稣啊　耶稣（女声）
   耶稣啊　耶稣（男声）
  2. 高远深空　十字架耸立
   复活之丘　侧耳倾听
   樱花园的年轻人（女声）
   樱花园的年轻人（男声）
   是那样纯洁（女声）勇健（男声）

歌词大意是这样的。第一段，让我们垫起脚尖翘首眺望富士山，她是那样遥远。山峦绵绵，只能看到九合目之处。富士高山岭，你是神的象征，请给我们智慧和力量，"让樱美林学园顺利去发展"。第二段，耸立着十字架的"复活之丘"，你象征着耶稣在静听。新建教堂的高塔上，青铜的十字架，两三年后，你将会贴上一层涩锈。让我们樱美林人携手共进。歌词的第一个特点是使用了现代语。但"呼唤"一词用古语表现，富有情趣，十分摩登。第二个特点是，女男声分唱高低音，体现男女共学。第三个特点是，用"樱美林人"和"耶稣啊耶稣"混合横写文字，更使人感到幽默。[①]

① 摘自《复活之丘》1958 年 12 月 15 日刊。

## 6　重建家园

1958 年 3 月 8 日，举行学园毕业典礼。颁发毕业证、离别赠言、来宾致词都进行顺利。下面是高二学生岸间正代表在校生致词。当他刚走下讲坛时，只听到传来喊声，"不好了，着火了"。

仪式主持人宗像先生跑出会场向厨房方向望去。他即刻回来喊道，"火势不算大，请大家镇静。高二的全体男生到消防部集合。"我来不及脱去学位服就和大家一起跑出教堂，也立即喊道，"女生赶快去图书馆救书。"之后，命令道："有谁赶快打电话通报。"

当学园灭火启动时，红红的火舌已在厨房屋顶窜起。教堂的钟声乱响，周围村庄也响起救灾警报。大概十五分钟之后，学校的水泵发挥作用。这时，下矢部消防队的救火车也接二连三赶到现场。使用大小消防车二十二辆。

其间，为避免火势延烧到第一栋宿舍的二层，志村牧师、宗像先生、泰先生登上浴室房顶，拼命扑灭火苗。那天天气虽然风平浪静，但厨房的火势却风卷升腾，大有向第一栋楼烧去的可能。我于是大声命令道，"保住一栋！"

讲堂里众多学生、毕业生、家长来宾都做到不慌不忙，井然有序。他们自动形成队列分别从讲堂的三个出口撤出。

讲堂三面均有低窗，却无一人跳窗窜逃。

这时，毕业生家长和多摩少年院的德院长看到讲堂的椅子，便亲自指挥男生开始往外搬运椅子。他们把窗框卸下，排成队列把椅子传送到外面。院里顿时摞起椅山。

志村牧师等人判断不会再延烧到一栋，于是跑下浴室屋顶，奔回讲堂，开始指挥抢救讲堂里的两架钢琴，一台风琴，还有讲坛上的重椅和桌子。

不久，美军的大型消防车到来。直到下午三点一刻，火被彻底扑灭。这时，我站在大门口，深深鞠躬，感谢并目送返回的消防车队。郁子园长和家长教师会田中会长一起前往消防团致谢，乞请根岸的"鱼仪"做些饭团子送去。

下午四点半，毕业生、在校生、教职员再次相聚，继续进行毕业仪式。短大代表铃木和子用英文进行了演讲。高三代表佐藤菊代和初三代表铃木杉子分别致谢词。之后，全体高唱校歌，"看吧 那复活之丘的十字架 和富士高山辉映高耸 是那样崇高庄重"又唱了棒球拉拉队歌，"从前 小山田太郎 高家明知战势不利 却鼓足士气 大义凛然 奔驰战场 这就是樱美林健儿"。毕业典礼在歌声中闭幕。我和郁子园长及川上先生排成一列和毕业生一一握手告别。

厨房和食堂被烧会吃不到肉食。而讲堂被烧却提供不了精神食粮。

我们学园，三分之一的学生是住校生。他们来自全国各地，北有北海道，南有冲绳。食堂被烧毁，为他们提供餐饮遇到困难。8日的晚餐、9日的早餐，学生们只能以饭团子解决。我们决定，火灾翌日到25日，学校和平常一样照常上课。住校生的伙食还算能撑得住。就这

No.57 1958年3月8日，正当举行学园毕业典礼之际……

样，迎来了春假。总之，一般人会想，厨房食堂是人们一天也不可缺少之处。但精神食粮的讲堂也事关重要。

学园尤其如此。火灾后，大家已两次在运动场朝拜。祈祷，大声去诵读会失去宗教气氛；圣歌合唱，听不到声音也是问题。朗读《圣经》，奖励活动等均为如此。总之，在运动场上不会触动心弦。

如果没有讲堂活动，就等于失去学园特点。因此，学园教职员计划齐心协力，告急全世，呼吁内外兄弟姐妹给予理解，积极捐助。为此，我们发出上万封信件。

8日火灾后，自己大失心力。每天晚上睡觉前定跪坐向神祈祷，这已是五十多年的习惯。但3月8日那天夜里，却打破常习，入床躺下。我想，"今后免去以往做法未必不可。"但就在这天夜半，只听有"清水先生"的呼唤声。我翻身坐起，一边问"是谁？"一边冲向走道。然而却既无回答，又无动静。窗外一片寂静，鸦雀无声。难道是在梦中？我回到床上躺下。这时，又听到"清水先生"的唤声。如神之唤声，那么"先生"的称呼极不自然。我辗转反侧，难以入眠。这时，我突然想到"为什么不把人们送来的慰问金用来重建讲堂呢？"决心定后，我开始祈祷，直到天明。

3月10日早上起来，我把裤带抽去换上一条麻绳，西装放在一边，穿上便装来到学园。我和教职员工们一起早朝完毕，宣布了我重建讲堂的建议和决心。

新建的讲堂需要容纳千人席位，为钢筋水泥砖瓦结构。建筑资金需要大约一千万日元。我们立即向沃利兹建筑事务所东京支店提出设计方案。同时动员所有教职员工外出进行募捐活动。刻写印刷、抄写信封、贴邮票都分别布置到各个部门。

我们给国内日本人基督教徒发出六千封信，给美国相识基督教徒和滞留日本的美国人各发送两千封信。总之，首先发出万封信件。教员室即刻变成战场。[1]

## 7　回忆贺川丰彦先生

贺川丰彦先生长期卧于病榻。于去年即1960年4月13日仙世。

大约在1933、1934年左右，贺川先生曾来过北京。这之前，我们并不相识。我受天津还是上海基督教会之托，前往车站迎他，还要陪他游览北京。当时，贺川先生已是知名人士。因此，我为他在北京饭店约好了房间。可他刚一到站就说，"我想住到你家。"我如同撒该[2]喜出望外。可是，我们夫妇以日本籍技师身份受聘于中国电信局，是北京的食客，因此不便请他留宿家中。他于是说，"那，让我也做两三天的食客吧。"无奈，我们只好将他请来，三人睡在一张床板上。

②《圣经》中人物。耶稣进入耶利哥，有个男子名叫撒该是税务长，又很富。他设法要看耶稣是什么样的人，却因个子小，碍于众人而看不见。于是，他跑到前头，攀上一棵桑叶无花果树，要看看耶稣，因为耶稣快要从那里经过。耶稣来到那里，往上一望，对他说，"撒该，赶快下来，今天我要在你家里留宿。"他就赶快下来，欢欢喜喜地接待耶稣做客。（参照《圣经》路加所记的福音第十九章第一至六节）——译者

我带他参观万寿山、太和殿、天坛，引见中国的学者以及主张社会主义的政治家。根据他的要求，一起视察贫民窟。记得当我们观看天桥的"小偷市场"时，他对我说，"如果我是你，会投身于支那的贫民窟。"那时，我还没有开始从事任何事业，专心学习中文。后来，我在贫民聚集之地的朝阳门外创办学校，在天桥贫民区开办"爱邻馆"。这些事业的创成均与贺川先生当时的提点分不开。

组合教会派对我事业的帮助非同一般。每年秋天的10月，我为出席他们主持的年会去京阪地区，借此也偶尔回趟

东京。因此，曾有两三次机会见到新川时代的贺川先生。已故妻子清水美穗曾为他安排过住宿，后来对他十分崇拜、敬重，并且开始收集他的著书作品。十年后，她在京都府立医院病逝。病逝前，她提出想见贺川先生的要求。于是，承蒙他亲切探望弥留中的美穗。他在她的枕边默默祈祷。翌日，她离开人世。我一直想，妻子逝前能得到高尚信仰的祈祷，这要感谢贺川先生。

1944 年 12 月，贺川先生来到北京，并下榻于崇贞学园学生宿舍中的我家。在这里，我们一起迎来了圣诞节。为纪念他，我把他住过的房间取名为"贺川屋"。

1946 年 3 月 22 日下午五点，我们身背行李撤离北京到达东京。我已整月未能沐浴，因此翌日一早，急急跑向江户著名的早浴澡堂。我热气腾腾，手提湿漉漉的毛巾向基督教青年会前的锦汤方向走去。当我来到明治书院出版社前时，从小川町方向走过一个人来。没错，那人就是贺川先生。

"唉呀，这不是贺川先生吗？"

"哦，什么时候回来的？活着回来比啥都强。"

（中略。这段故事参照第六章第一节"1 焦土上的祈祷"）

就这样，我请贺川先生出任学校法人樱美林学园理事长。我们的樱美林学园正式创建。

1946 年 5 月 5 日，贺川先生来校参加樱美林学园开园仪式。后来又来过学园数次为学生做演讲。

后来，贺川先生欣然接受片仓组向他提出的购买此地建筑的要求。终于，他自筹 300 万日元为学园买了下来。另外，贺川先生委托学园出版他的短歌集《银色的泥泞》，其所得利润全部捐赠给樱美林学园。

我们永远不会忘记贺川先生的恩德。①

① 摘自《复活之丘》1960 年 5 月 15 日刊。

## 8 汉诗感怀

### 老樱

前年移植一老樱　　去年出叶不开花

今年三月果如何　　期待而迎此新春

　　这首诗试作于 1961 年元旦。前年，移植了一棵老樱树。去年叶虽繁生，却未见花容。今年 3 月会如何？怀有如此期望而迎来新年。诗意表达了自己从北京归回的心情。

### 破家

落壁破窗任风雨　　三年营营注心血

谁说此校是破家　　不知邦家又如此

　　这首诗试作于 1950 年。破壁烂窗，风雨无阻。创建学园，三年心血倾注，苦苦经营。谁能说是破家？整个日本亦如此。当时的国铁车站也是残壁破顶。

桃栗三年柿八年　　酸梅得等十三年

别说此林长得慢　　学校总要五十年

　　桃栗三年柿八年，梅子结果十三年。请不要说这樱树林长得慢。学校经营至少得五十年。

幼木成丛老樱阴　　何时出芽如此繁

新陈代谢是世常　　祈求此枝永远存

这首诗是老身述怀，作于 1961 年 6 月 1 日古稀之日。古木树阴下已有嫩枝樱花相伴。何时萌芽生，如此又成长。新陈代谢世中之理。衷心期望学园日益繁荣。[①]

① 摘自《复活之丘》1961 年 6 月 15 日刊。

## 9　我和郁子

她突然倒下，而我却未在身旁，情况无可获知。6 月 13 日午后大概三点左右，郁子在厨房卒倒在地。当时，我在越后长冈会牧师馆和新潟大学的学生一起晚餐。这时，牧师馆律师的服务员来到我身边告知有电话，说："清水先生的妻子因脑溢血卒倒，目前处休克状态。需立刻归校。"电话是柏崎的宣教师赫莱贺德女士打来的。我顿时如遭雷噬。

于是，我中断新潟市的所有日程，奔上归途。火车窗外，一片漆黑。夜车里我一直在祈祷。翌日六点到达上野站。过去经常走过的甲州街道，今天竟如此漫长。

十天中，她挣扎在生死之界。此间，我拼命在祈祷着。

"神啊，我宁愿为她端屎倒尿，换洗褥垫，多少年都无妨。让她苏醒吧。如果我能活八十岁，七十七即可，宁愿把自己的生命分给她一半。请求神成全我吧。"我默默祈祷。这时护士正在为她换床褥。

十天中，她依靠氧气为活而拼搏着。6 月 24 日上午八点半，她停止了呼吸。

我去二楼郁子的卧室取她要穿走的寿衣。素日很少到这间卧室。我仔细地环视着屋子的周围。墙上挂着圆形挂袋，里面插着一件红色纸物。桌子对面的柱子上挂着诗笺，上面写着我亲作的狂歌：

　　　　秃头白发两人行　　你到百　　我双九

　　还有一首诗是女高师比她早一届毕业的山崎光子女士手抄，也是郁子的座右铭。诗曰：

　　　　凡事包容　　凡事相信　　凡事盼望　　凡事忍耐
　　　　　　　　　　　（哥林多前书十三章七节　光书）

　　书法委实优雅流畅。山崎女士是已故山崎直方博士夫人，曾任樱阴同窗会会长。她向御茶水女子大学校长推荐和介绍过郁子，曾为郁子而四处奔波过。

　　我准备好她春天新作的套装和配套衬衣，还有当时她用过的手提包，再把袖珍《圣经》放入手提包中。我拿着这些回到她的身边。十天与病魔的搏斗使她眼球突出，口鼻扭曲。此时不知为什么，我却感到，眼前的她竟然蕴含着无限的智慧和教养，是那样的美丽和祥。于是，我即兴赋和歌一首：

　　　　丑中生丽颜　　升天一去无复回　　怀念郁子君

　　我久久地望着她，忘记了周围的一切。我深深亲吻她还有微热的嘴唇。她的生前好友铃木夫人和阪口为她穿衣化妆。她更显美丽端庄。6 月 24 日守灵，友人知己会聚而来，为她送行。[1]

① 摘自《复活之丘》1964 年 8 月 24 日刊。

## 10　郁子和我

　　早年我在汉口时，一天傍晚，我受人委托为某一组织的

人们演讲。主持人向听众介绍我说，"今天为我们演讲的是
小泉郁子女士的丈夫清水安三先生。小泉郁子女士我们都知
道，她是东京日日新闻报社妇女论坛的牵头人，青山学院教
授。清水安三先生就是这位小泉女士的丈夫。现在由他来为
我们作演讲……"

我惊慌失措。虽说自己既无博士学位也没官职官位，但
也不至于按一个"小泉郁子丈夫"的头衔出现在人们面前。
主持人的介绍使我出乎意料。

我认识她是在 1924 年 9 月。当时，我们都在美国俄亥
俄州的奥柏林大学学习。她比我早来半年，因此，她对这里
的生活比较熟悉。

有一天，上宗教教育学课时，老师让我发表小论文。所
谓小论文，是要根据教授给予的题目，去图书馆查阅资料，
经过研究整理后撰写完成。最后要在全班上发表研究结果。
宗教教育学课程的教授是费斯克博士。这是我来美国后第一
次用英文口头发表论文，不免有些紧张。我一张口，就有人
在嗤嗤发笑。我向他们望去，发笑的是日本人。是因为我
把"梅萨"的音发成"梅夏，梅夏"。首先发笑的就是小泉。
只听传来"梅夏、饭馆、乌冬铺"的窃窃之语。不用分说，
"梅夏"是"救世主"之意。"基督教"是希腊语，而"梅
夏"是希伯来语。

于是，我停下发表，用日文说，"安静。有什么好
笑……'梅萨'只是英语发音。而'梅夏'才是本来的发音。
太没礼貌了。"

日本学生都红着脸低下了头。费斯克教授被弄得丈二和
尚摸不着头脑，不知发生了什么事情。这是我与小泉的最初
相会。还没有自我介绍就先来一顿劈头盖脸的较量。

第二次见她是数日以后。这天举行日本人学生会（JSCA）会议，所有在奥柏林留学的日本人都到席参加，有二十五人。我又见到了她。夜里九点半散会。按照美国人的习惯，女子独自夜行不光彩，于是，我被指定陪她回家。我们踩着月亮的影子走在艾尔姆林阴街道。

"多好的月亮呀。"我说。"太好了。"她回答。之后，我们默默无语来到奥库街道。

"我到家了。谢谢你。"

"再见，清水先生。"

"再见，小泉女士。"

我们各自分道而归。

我和她选修的相同课程是费斯克教授的宗教教育学和沃兹奥斯教授的新约讲义两种。沃兹奥斯教授是奥柏林大学的头号人物。因此，作为任务，他的课我一节都不能漏掉。上课时，教授提问均用英文，我容易犯困，有时甚至酣睡有声。坐在后排的小泉的任务是用铅笔戳我的后背。这个任务并非我托，而是她的主动之举。我受到她铅笔的痛戳，浑身冒出冷汗，赶忙揩去淌出的口水，往眼睛上抹点唾沫，再把仁丹嚼到嘴里，整姿听讲。

我几乎没能作笔记。而小泉女士的笔记却完美无缺。沃兹奥斯教授一般不考试，而是隔周发表一次论文。第一次论文是，围绕"耶稣之父究竟是谁"的题目进行调查研究。我提交了达三十五页稿纸的论文。这篇论文返回时，一个大大的"A+"展现在眼前。

这天，小泉和某君坐在我的邻座。小泉侧目瞟见这个大"A+"，小脖子歪到四十五度，脱口而出说，"真不可理解。"旁边的某人一把夺走我的论文，说，"哦，这是自己写的吧。"

　　我愤然大怒，在一张纸片上写了几个字递给他，让他看笔迹，心里说"如何？"我在幼小时就见过沃利兹先生，些许有点笔韵。"费斯克先生知道的我都知道。所以，根本不用作笔记。"我毫无客气地说。

　　第二次论文的题目是"耶稣生于公元何年？"。我写了达三十页稿纸的论文，仍然获得了"A+"。虽然所有课程中"A+"并不多，但记不清这已是第几次。有一天，小泉在图书馆小声对我说，"怎样写论文才能得到 A+，能告诉我秘诀吗？"于是，我告诉了她得"A+"的办法。

　　"首先要细读老师的论著。对某个论题，要研究清楚老师本人是如何考虑的。弄清他的观点后，归纳其他学者对其论点的反对意见。对此，经过自己有根据的反论后予以结论。特别是结论要和沃兹奥斯教授的观点统一。这样，毫无疑问是 A+ 了。"

　　后来，她是否得到"A+"，全然不知。总之，她是女高师毕业，专业和宗教非属同一领域。我当时在校时，她的学习成绩为中等。但是后来听说，她到二年级时一跃成为优等生。毕业时平均成绩为"A"，并获得七百美元的"梦露·西克拉"奖学金。在毕业庆宴上作了代表演说。

　　1926 年 5 月的一天，我一早去奥柏林参加毕业典礼。这天，我和小泉女士一直聊到夜深。之后，我们踩着铺着冰雪的道路，向她的住地走去。我说，这是最后一次送她回家。

　　"要注意劳逸结合，身体还是首位。"

　　"什么时候能回去？我也想回去了。"

"你说什么傻话。"

"那，我在这儿再坚持一阵吧。"

"再见，小泉女士。"

"再见，清水先生。"她眼睛里已含满泪水。

"一定要保重身体呀。"没等我说完，她放声哭起来。

和小泉女士分别六年后，她回国了。当时我在同志社任代课老师。她听说后来到我相国寺畔的陋室。

"呀，这不是小泉女士吗？好久没见面了。"

"我今天来，要给你个突然袭击。"

我们聊了近三十分钟。到我上课的时间了，我说，"实在抱歉，我去上课，你能等我回来吗？半个小时后就回来。今天我请客，为你洗尘。"我急急出了家门。五十分钟的讲义我二十分就打住。赶回家来，已不见小泉踪影。我感到不解，又一次折回大门。只见留有一张纸条，上面写道"时间太紧。我乘'燕号'东上。改日再见。"

数日后，我接到一封寄自东京的来信，里面还有一张照片和两页简历。信中称，目前在日本寻求职业，如有合适工作希望能予以介绍。小泉女士在奥柏林获得宗教教育学硕士学位后，又去密歇根大学的研究生院埋头研究教育学，并获得年有八百美金的伯贝最高奖学金。

伯贝奖学金由密歇根大学理事伯贝先生所设。欧洲大战后，他希望能做一些事业，为此，周游世界，进行考察。经过考察，他认为，启发东洋妇女教育事业十分重要。于是，他拿出一千万美元的财产在密歇根大学设立了奖学金制度。以此奖励来自东洋国家的女留学生。小泉女士在密歇根大学留学期间获得了这项奖学金。此次回国，是她为最后完成博士论文，回国搜集资料。指导教官给她的论题是《留美女学生对日本文化有何贡献》。她回来的旅费均由学校支付。

可是，在调查研究尚未出成果的情况下，大学支付的研究费没有了，松江老家的经济来源也中断了。因此，她决定先找到工作，然后再完成论文。然而事情却很不凑巧，日本的浜口内阁时代，经济危机，日落低谷，失业者比比皆是，就业十分困难。

只要有熟人小泉女士就递送简历。我这里也不例外。

文部省所属的督学官没做成，母校女高师的任教被拒，可谓连连受挫。后来，由安井哲子女士推荐进了青山学院的专业部，获得一个职位。总算有了着落。但是，这些并没有使她满足现状。她住在东京如鱼得水，事业上飞跃发展。正如某家杂志记载的那样，她在青山学院没出一年，便成为女学生的偶像。第二年，她在东京妇女界博得高度评价，并成为女子教育领域的知名人士和女教员的领袖人物，通过杂志、报纸、广播号召全国妇女展开妇女教育。不愧留美九年，她无论言谈举止还是对问题的见解均有独到之处，她的学问研究不断开花结果。她甚至作为妇女活动家，几乎被招募到幕府内参与事务工作。

与小泉女士相反，我在京都的工作和生活平平常常。也没有给她写信的心情。

但是，年底总还发个贺年卡。妻子美穗去世，请前来守灵的朋友帮忙，根据发来的一叠贺年卡告知妻子过世。小泉女士寄来了长长的吊唁并附有香典钱十日元。不愧为知名知理人士。我看着这些香典，感到莫大慰籍。

并非仅此。妻子逝世后第七天，她来到京都花坊町我家。这次是回故乡松江过寒假路过这里。她下了火车即刻乘坐出租车赶来。可是很不巧，我去看眼科，没能和她会面。

新年过后，3 月，我处理了京都的房子回了北京。

之后又过了几年。这年 9 月，我在游移不定之中，终于提笔给小泉女士写了求婚的信。这封信发出后，接到了她的来信。这时的小泉女士在夏威夷出席泛太平洋妇女会议。信中说，希望能进一步加深对中国的认识，总之，遇到一些问题时请随时指教。在这次的国际会议中，围绕是否请日本首席代表恒子女士出任翌年度会长的问题，和排日情绪较强的中国代表出现僵持局面。对此，小泉会见了中国代表。她绞尽脑汁和对方进行了推心置腹的会谈。以此开始，她更加倾心于中国的人和事。她巡回讲演，所到之处都在强调"我们更加需要和中国人交流"。正在这时，她接到了我的信。真不可思议，这也许是神之安排。

几天后，我接到她的第二封信。信中提到，这之前，她去外务省了解是否有对中国文化方面作出贡献的日本民间人士。她想请外务省协助，将其提供的这些人物介绍给其他国家的妇女们。没想到外务省的人说，"只有一个人，事业不算大。他叫清水。在北京经营崇贞学园。如需要，可提供详细材料。"信中还写道，"你的事，外务省官员都了如指掌。我从内心感到高兴。"

事情很巧。当时，她所属的青山学院为庆祝建校六十周年举行活动。活动内容主要为学院的历史回顾。露天展示中，可以看到当时美国宣教师在明治时代来到东京，在一片贫民街道上开办小型私塾展开教育的情景。

校庆也开展了募捐活动。小泉女士看完校展便首先跑到青山学院事务所一次捐款一百日元。这时，捐款活动刚刚推出。她捐完款就直奔涩谷的邮局给北京发了一份电报。电文如下。

如不嫌弃遵神意共同完成使命 郁子。

对这封早来的电报，我惊慌失措，不知如何是好。

她表露出结婚的意思。我感到大事临头。她怎么会嫁给一个北京贫民街头的教书匠呢？这可不是说着玩的事情。对此有人说她在发疯。她无话不说、有事就帮的高届学友、樱阴的丙学友，还有斯波安子和山崎光子两人带着饭盒去找她谈判，并坦怀直言。

"如果你对现在的工作不满意，那我一定想办法为你物色一个好工作。"

"再过几年，女性教育的最高学府定会请你。目前你要再忍一忍。"

山崎女士还说，自己准备投资设立女性教育研究所，请郁子出任研究所主任。郁子也犹豫一时，认真考虑去留。但是，她最终放弃了无量前程。当她决定去中国时，无一人为她前来祝福。

她于 1936 年 5 月 29 日到达天津。6 月 1 日，我们在天津教会的一间小室举行了结婚仪式。当时她四十四岁，我四十五岁。[①]

①摘自《朝阳门外》。

＊＊＊＊＊＊

她曾在美国人家庭里劳动过。婚后，她每天烹制西餐，手艺非凡。一个月，我的伙食生活多彩而奢侈。也就是在这一个月的头上，我面坐餐前，整整衣领，发表宣言，"我是牧师。所谓牧师是靠众人施献而生活。因此，从明天起我们的伙食要一汤一菜，对我来说足够。这样行吗？"自此，直到她去世之前，我们始终以粗茶淡饭度日。我的孩子常常抱怨说，"爸爸的孩子，真是不幸。"而郁子却再未提及吃点好的。[②]

②摘自《复活之丘》
1965 年 6 月 20 日刊。

******

这是樱美林学园创建不久的事。她接受了联合国驻东京机构麦克阿瑟司令官的召见。教育部长克鲁兹女士指着桌上摞得高高的打印纸说，"这是你的著作《男女共学论》英译版。我们把你的著作译成英文，让司令部的干部们传阅。贵国还是应该实施男女共学。这是我们一致的结论。另外，我们希望你担任教育部顾问。"并表示要以高薪聘用。

然而，郁子经过一天的考虑，毅然谢绝。面对刚刚创建的樱美林学园，她决定只能心倾一方。

## 清水郁子简历

1892 年（明治二十五年）9 月 13 日

出生于岛根县松江市。本名小泉郁子

1911 年（十九岁）　县立松江高等女学校毕业。进入东京女子高等师范学校文科第二部学习

1915 年 1 月　在富士见町教会由植村正久牧师主持受洗礼

1915 年 3 月　东京女子高等师范学校毕业

1916 年 1 月至 1918 年 3 月　任长崎县立高等女子学校教师

1918 年 4 月至 1922 年 3 月　任兵库县明石女子师范学校教师

1922 年 4 月　进入东京女子高等师范学校研究科（教育学专业）学习，同时在东京帝国大学文学部学习（社会学、心理学研究）

1922 年 10 月（三十岁）　离横滨港赴美国留学

1923 年 6 月　救世军士官学校（芝加哥）毕业，被授予见习大尉军衔

1924 年 2 月至 1927 年 5 月　进入奥柏林大学神学部学习宗教教育专业，获学士（B.D.）学位

1927 年 6 月至 1928 年 6 月　进入密歇根大学研究生院教育学课程学习并获硕士（M.A.）学位

1928 年 6 月至 1930 年 3 月　在上述研究生院从事研究，教育学博士课程结业，同年 4 月回国搜集论文资料（后未返回美国）

1931 年 4 月至 1935 年 3 月　任青山学院女子专门部教授兼教学主管，同时任实践女子专门学校讲师，活跃于教育评论界，以"出现在日本教育界的一颗璀璨明星"而著称

1933 年 6 月至 9 月　代表日本出席檀香山泛太平洋妇女会议，巡回演讲

1935 年 4 月至 6 月　由外务省后援，旅行视察中国包括东北三省（旧满洲），在北京燕京大学、天津南开大学、南京金陵大学等地演讲，访问崇贞学园

1935 年 7 月至 1945 年 8 月　任崇贞学园园长

1936 年 6 月（四四岁）　和清水安三在天津教会举行婚礼

1941 年 4 月至 1945 年 8 月　任崇贞高等女子学校（以日本人子女为对象）校长

1946 年 5 月　创建樱美林学园，历任学园长、中学及高中校长、短期大学教授等

1964 年 6 月 24 日（七一岁）　因患脑溢血逝世①

【著作目录】

《男女共学论》　东京：新教育协会　1931

《明日女性》　东京：南光社　1933

《女性活动》　东京：南光社　1935

## 清水郁子研究

● 郁子先生自传（六十九岁生日时开始执笔，逝世时中

① 栂松薰：《小泉郁子研究》（樱美林大学国际研究所丛书），学友社，2000。

**【编者按】**

近年来，有关清水郁子的研究开始盛行。出版研究著作中，除榑松熏《小泉郁子研究》外，还有《教学研究：清水郁子思想和教育实践》等。该书深层且广泛探讨郁子先生的本质及整体形象。其主要论点为，郁子先生为何弃掉著名言论人这一光明前途，甘愿走入婚姻和伴随苦难的私学经营道路，下面摘要郁子的有关语录。

①摘自《复活之丘》1961年11月1日刊。

②摘自榑松熏《小泉郁子研究》。

③摘自《复活之丘》1960年12月5日刊。

断）中写道：

我一生繁忙，不断刻苦奋斗。因此，在我的记忆中，没有休闲的时候，也从没有过身心的放松和享受。

我幼时就爱好学习，直到今日。还有，我从小向往做老师。用一句话来说，"学习"和"教书"是我的一切。

作为基督教信徒，我在神的面前发誓，我是"活着的祭祀品"，要"为世""为人"贡献全部。为此，我走过五十年的教育生涯。我断言，我的一生是幸福的。①

● 郁子先生在投考密歇根研究生院志愿表中写道：

有关回国后的工作，我想开办高等教育水平的基督教学校。根据情况，起步也许要从中等学校开始。②

● 郁子先生的有关樱美林初中、高中的教育理念：

真正的私学在本质上胜于公立。我们学园的"创业精神"，即具有崇高天职的使命感。这一天职就是神赋予的英才教育事业的从事。这是我们办学之根本。

私学理念中，主张良心自由和行动自由，不受规则及先例束缚。反对封建式官僚主义，提倡发扬师弟、师徒间的温情互爱……

我们学园的教育目标有两个。其一，培养个性成长。其二，改造社会和建设理想社会。我们的理想世界是，无种族歧视，无男女差别，充满博爱、正义和互助。③

# 第七章　东京时代（下）：
## 设立樱美林大学

No.58　1966 年 12 月 27 日是我一生中最难忘怀的日子。这天，在我漫长的七十五岁生涯中，怎能不让人振奋、欢呼呢？

# 第一节　设立四年制大学

## 1　恳求赐我香典

我计划明年（1965 年）4 月设立四年制大学。

文部省设立大学的条件要求是，校地面积 18216 平米，校舍 3036 建筑平米，图书 14300 册。目前的学园，校地已有 20394 平米，校舍达到 3036 建筑平米，图书有 25850 册。然而，根据最近得知的情况，文部省的要求项目中虽然无明确记载，但实际上，除上述条件外，还必须有 5000 万日元的储金，否则不与认可。对此，我焦虑不安，一时间几乎失去希望。幸亏向文部省提交申请的日期是今年秋季的 9 月，也就是说，到提交截止期限还有半年的缓冲余地。于是，我为筹集资金开始在校园里大张旗鼓地活动。

这一时期，我每天早晨起床就一边唱着"这仗打不胜，决不回家园"的军歌，一边洗漱刮须，穿衣套袜，提鞋戴帽。我把歌词的"家园"改成"校园"，唱成"这仗打不胜，决不回校园"。我卧室的墙上挂着色纸，上面写着"背水之战"。今年的毕业生，只要要求签名留念，也统统写的是"背水之战"。请读者看今年和毕业生的合影留念，我和郁子背后就有这四个字。

四年制大学的申请截止日期为 9 月 1 日。然而，申请所需的材料却是异常庞大和繁琐。大概审查时期是明年 10 月或 11 月。认可与否的内示是 12 月 17、18 日左右。因此，希望读者千万注意当日的报纸。

如果我看到"不可"的大印，当即会卷起大旗，返回江州的高岛故里，重新反思，从零开始。

各位同仁学友，我死后不要香典、花圈，无需任何。为此，请赐我捐金。"献在灵前"不如"献在眠前"。想来，四年制大学的设立，是我终身事业的最后之举，至关重要。请你们无论如何助我一臂之力。请各位记住，现在分文不来而我死后却送来香典，那我绝对不收。非但不收，反而我会怨恨你们。设立大学，是我五十年来的夙愿。

去年6月1日（我的生日），我宣布开始着手设立四年制大学。可是，我的左膀右臂、智囊参谋、志同道合的伙伴郁子却溘然离世。

后来，当我开始募捐行动时却车坏人走。祸不单行。

后来，令人苦不堪言、精疲力竭的事情接连不断。但是我的信条是"竭尽全力，永不绝望"，只要我还活着，就要走下去。

各位同仁学友，请助我一力。我将衔环相报，感恩不尽。[1]

①摘自《复活之丘》1965年4月20日刊。

## 2 要设立有特点的大学

仔细想来，大学要有特点，这样才会不断发展。目前，日本据说已有三百多所大学。再增加一校的理由是什么？

我在想，我要建立一所具有独自特点的大学。日本多数为大规模大学。如走别人走过的路，那么只是发展途中的状况。发展成大规模大学自然是奋斗目标，根据现在日本大学的动向，我们不如设计设立小规模大学。也就是说，在今天的日本，需要规模虽小却具有特点的学校。

最近，看了一本书，是威克所著《与教会有关的大学》。

序文中提到，加州大学教授马克纳尔认为，"在美国的漫长历史中，教会大学不仅为传教起到很大作用，而且为创建一个民主主义社会作出贡献。"我们办的大学要使日本国民更加民主化。为此，应该是一所具有特点的男女共学的大学教育机构。日本战后虽说时代在变化，但在国民意识上，东洋式封建思想依然根深蒂固，摆官僚架子、以势压人的状况到处可见。家庭里，大男子主义、强调辈分排列、无视妻子小辈习以为常。

为改变日本这一社会现状该如何作为？我想定会有方策。首先，要创造良好校风。高年级学生要像爱护弟妹一样爱护低年级学生，教师对学生要亲如手足，尊重他们的人格，实行民主教育。人，在二十岁左右正是定型阶段，因此，日本的社会需要大力进行民主主义教育。

日本大学的校园往往是"寒风凛凛"，斗志逼人，死板僵硬。委实缺少春风细雨、和谐共处的气氛。我们的大学要办成一个如同和睦家庭的共同体。

明年5月，即将迎来樱美林学园创建二十周年。加上学园前身北京朝阳门外的崇贞学园，应该说是创建五十周年。还有，校园樱树成林，枝繁叶茂，可谓名副其实的"樱美林"。这一校名得于"奥柏林"。仅此这两点就可以说明，我们的学园具有国际型特色。

此次，时值设立大学机构，首先要并设中国语中文科和英语英文科两项学科。这无论从创建者经历还是从学园历史的角度来考虑，都顺理成章，十分自然。

日本人口多而国度小。日本国民如何生存下去？只有一条路。那就是，日本要成为造就人才的基地。利用国外资料，培养输往全世界的知识人才。以往，日本政府偏重于对理工科大学的设置及其人才的教育，而把对语言技术这一重要领域人才的培养却置之脑后。

贸易互往，语言的沟通非常重要。日本是一个武力为零的国家。如何去保卫国家呢？我们试图要和世界各国国民进行意识沟通。为达到最终目的，使用"语言"才是唯一的方法和手段。

但是，我们不可一味追求对语言技巧的掌握。仅仅语言流畅而没有理解对方国民的思想感情，这样，反而会产生伤害，引起反感。因此，以语言为一技之长是不够的。我们学园要在爱人如己精神的基础之上，把语言的真正含义浇注于学生心底，使他们潜心研究语言。

①摘自《复活之丘》1965年6月20日刊。

以上是我的看法，也是我们学园设立大学的趣旨。①

### 3  樱美林大学的诞生

1966年12月27日是设立大学审批结果内示的日子。为此，我请中学校长宗像前去文部省。我想，下午三点到五点之间，宗像会来电话告知结果。

可是，十二点刚过，电话铃声响起。"大野先生……是宗像先生来的电话。"接电话的人说。大野一男急急接起电话。之后，大野奔跑过来抱住我就哭。

"怎样了？情况怎样啦？"我问。

"先生，大学的事批了。"他边说，边呜呜咽咽地哭着。校长秘书室的女事务员们都激动得哭起来。

校长秘书中村春美拿起电话通知高中、初中、短大各教员室。

学园响起乱钟。中学、高中的学生们和教职员工奔走相告，会集到运动场。

爆竹声中，"明々馆"屋顶上打起五条巨大横幅标牌，上面写着"樱美林大学"。众人随着校铜管乐队开始高唱。这天，富士山在丹泽延绵山峦的衬托下，雄姿展现。白雪附身的高山峻岭是那样宏伟壮观，精神焕发。我即兴创作汉诗，由高中校长桥本英咏诵，朗朗上口。

> 藏何我有一野心　刻苦精励五十年
> 挫折磋跌不一再　今日得成其宿愿

意为，"心中藏有一野心，潜心奋斗五十年。崎岖道路排万难，今日总算把愿还。"

接着，我又登上讲坛，即兴咏诵和歌一首。

> 今日晴天际　志同道合好伙伴　无声送贺词
> 黄泉之下含微笑　共享同庆喜悦情

我反复"为何早离去？""为何此匆匆？"。又大声咏诵道：

> 昔日亦今日　豪志如一不可移　耕耘北田间
> 挥汗落土安三影　大学终于建成功
> 兴办大学梦　少壮年轻岁已过　继承新岛志

我走下讲坛。各组委员蜂拥而上，将我高高抛了起来。男生举抛我，女生则把即刻做成的已故的郁子等身大的人偶高高举起，抛起来。这座郁子人偶用她生前穿过的西装和外套制作而成。我和"她"一起把大串千羽鹤挂在脖上。这两串千羽鹤是我患肾炎住在国立相模原医院时，高一 I 班的女生们为我折编的。

之后，为大学设立而废寝忘食的大野一男和图书馆馆长今井庆藏也被抛起来。

之后，"樱美林万岁"的欢呼声响彻校园。大家奔向"复活之丘"，在园木制成的十字架下，在川村牧师领祷下进行谢恩祈祷。

樱美林大学诞生了（1 月 30 日正式批准）。

12 月 27 日这天，是我一生中最难忘怀的日子。这天，在我漫长的七十五岁生涯中，怎能不让人振奋、欢呼呢？

27 日夜，我不由地感到自己人生的价值。多年的奋斗目标终于达到，五十年的梦幻终于成为现实。我切身感到，梦幻定会成为现实。

我想起过去的新岛襄先生。1889 年他怀揣设立大学的趣旨书上京。他东奔西波，最后终于积劳成疾，倒在大矶港头的"百足"旅店，于翌年 1 月 溘然离世。

比起新岛先生，我远远不及。今天，自己活在世间，欣得樱美林大学，委实幸运。

我拼命对神祈祷。神使我得到樱美林大学。她是樱美林大学的奠基、支柱，是我们的一切。[1]

① 摘自《复活之丘》1966 年 1 月 20 日刊。

## 4　参赛甲子园

【编者按】
　　1967 年 3 月，樱美林高中棒球队被选拔为关东地区代表，首次参加由每日新闻社主办的甲子园高中全国大赛。

学园最近满帆风顺。但乐极会生悲。我曾几度想，今年参赛甲子园，机不可失。可是，校旗方案未定，校铜管乐队尚未组织，资金分文没有。万一东京预选获胜，真是束手无策。我感到很郁闷。

可是，事情令人振奋。预选获胜。

　　参赛甲子园大局已定。日刊新闻社、体育报、周刊杂志纷纷采访，大肆宣扬。瞬间，樱美林在全国高名远扬。不会再有人把樱美林学园读作"樱树美林学园"，也不会再有人问，"樱美林，是清酒的名称吗？"

　　某体育报和周刊志写到，樱美林高中的练球场甚至没有网拦。众所周知，最近，高中球场逐渐专业化，球队不惜花费已形成风气。我们的球队却是朴素简洁的榜样，这样未必不好。

　　练球场并非木骨网拦。以前曾是木骨网拦，但去年被一场大风刮毁。于是，四面八方伸出援助之手，这个五百，那个一千地争相捐款。我从内心感谢他们。

　　"棒球名校"应该成为"棒球也是强项"。听到外面"樱美林的棒球实力真强"的评价，自然感到不够，应该是"樱美林的棒球实力也最强。"我坚信，这个时候一定会到来。

　　我中学时代的母校——膳所中学，在全国棒球大赛中获得过优胜。

　　说起全国棒球大赛场地，现在是甲子园，之前是鸣尾。鸣尾之前是丰中，再往前是京都神乐冈三中。在神乐冈球场，爱知一中获得优胜。

　　他们虽说是"棒球名校"，但是，在教学和升学率方面并非为关西地区的"名校"。而我们樱美林无论在哪方面都要做到名校。

　　一直以来，樱美林棒球队在比赛场上，以战之勇猛、输之堂堂的优良作风驰名于世。这次甲子园的出场，也希望队员们胜不骄，败不馁，以此姿态出现在观众面前。

　　外界曾评价樱美林的拉拉队柔中缺刚，过于老气。这次希望他们克服弱点，多一股潇洒和豪气。

日本的全国观众都在睁大眼睛注视着樱美林健儿的出场。我衷心期望他们能自重自爱，拿出樱美林精神，堂堂正正去迎战。万一获得优胜也绝不可自傲，不可满足于现状。败了也不可怨天怨地，哭哭啼啼。要有自知之明，任何事情不可过于看重。输了，痛悔而不见泪水。但胜了，在满场观众面前泪流满面未尝不可。我希望他们流出这样的眼泪。

樱美林拉拉队的座台上，对对方球队的过失不可鼓倒掌、喝倒彩。要以樱美林精神送给他们激励的掌声。总之，这次出场，樱美林精神，要通过每个参赛选手和拉拉队员去体现，做到无悔无憾。

其实我曾想，在我有生之年是不会看到樱美林会参赛甲子园了。此时此刻，死而无憾。人，这种动物可谓欲求无止。樱美林棒球队无论如何要在7月朝日新闻社主持的东京赛上获胜，8月再度冲入甲子园。每个球员，无论胜负要精神抖擞，齐心奋战。祈愿今夏重现赛场。[1]

① 摘自《复活之丘》1967年3月5日刊。

## 5　樱美林棒球队的故事

### 楠正义时代

学园创建不久，数学教员楠正义从京都来此赴任。楠先生曾是京都第二高中和广岛高等师范学校球队的投手。就是这位楠先生组创了学园的球队。

终战后，第一次举行三多摩中学棒球大赛。赛场设在丰田和八王子之间的川原。当时，樱美林获胜。木曾的石川幸光是主将。为应援比赛，受楠先生之托，我作了一首诗。这首诗至今仍然是大家喜爱的拉拉队歌。

**助威歌**

1. 相模山峦回声传　　樱美林球队高歌杨

　　看吧　今日赛场展威风　　富士山岳也在惊

2. 过去　勇士小山田高家　　明知战势已不利

　　却还凌然战沙场　　樱美林健儿也如此

3. 箭杆弦满八幡宫　　大赛获胜在今日

　　相邻密竹樱美林　　神赐我力世无敌

　　学园所在地在明治时期曾被称为"小山田村"。这个村子由平清盛驻京守卫队的武士小山田有重开拓。小山田村的大泉寺过去是他的公馆。有重的后裔小山田太郎高家听说新田义贞在芦屋野迎战高师直，亲率十六骑助战。正当义贞在芦屋石川河畔的求女塚围击受攻，落马箭断，即将被讨的关键时刻，小山田太郎高家赶来，把自己的战马让与他，并说，"请立即脱身。"至今，求女塚顶上还排列着纪念他们的小五重塔墓石碑。

　　过去的体育是"战斗"，如今的"战斗"是体育。每当樱美林棒球队出场甲子园时，我就吹嘘说，他们已为出征穿好战衣，系紧盔戴，跨上马背去求女塚待命。由行进队和管乐队打头，大张旗鼓，进入赛场。

**宗像时代**

　　楠先生回京都后，来了位宗像先生。他精通相扑、柔道、游泳、网球，是位万能体育家。他在台北中学时代曾是第四号捕球手。

　　宗像时代战绩赫赫。樱美林是町田高中联赛的常胜将军。相原联赛，胜负交叉。在町田狭窄的球场，每当球飞出场地冲入校园时，就响起乱钟，通报喜讯。

和八王子工高比赛时，赛程艰难，无法获胜。有时，球员们聚在堤上，反省以往，研究战术。

### 菅野和丸山时代

在桐生高中的软式球部，菅野同学为高强投手，人人皆知。他升入樱美林学园短大后，立即被吸收到球队，并担任教练。他不愧为名门桐生球队出身。对他的苛酷训练，我们的球员无法忍受。终于，球员集体罢练。于是，又采用了竜野高中出身的丸山同学。他曾连续三年活跃在甲子园赛场。在强制性训练中，他到底不及菅野。他的训练方式是不用接球手，而是面向护场栏拼命练习。

意料之中，球员们对丸山的训练法也猛示抵抗。

"你们不是也想进甲子园吗？既然如此，就要咬紧牙关忍受丸山的训练。"我恨铁不成钢。后来，他被神奈川大学看中，学园被挖了墙角。

之后，球队启用井串同学，让他担任教练。他曾是我的母校膳中球队的管理人。他用膳中的训练法，采取练习量减半，追求短时间的有效训练。我想，这种训练法比较合理。然而，结果却使人失望。球队力量下降，最终连玉川学园都没能战胜。之后，佐藤保先生来到球队。

### 佐藤保时代

世人常言"棒球虫"。如果有这种"虫"，那么就应该是佐藤保了。他到任时有位叫木村的朝鲜籍学生。佐藤保先生首先挽袖试球。他用手巾作缠头围在双眼上方，让球员守好二垒，挥棒击球。他要求球员们正确判断飞球的起落方向和位置。其实，这也是难度极大的训练方法。他的猛练，球员们自然难以跟上。在一次训练中，二三年级的球员来我房间诉苦，"我们已不想在佐藤先生手下继续练球。"于是，我让他们去二栋宿舍的礼拜堂集合，说，"你们当中，如果有人不愿接受佐藤先生教练，那就离开这个房间，到我办公室等我。"只见一人、两人……球员们相继离去。最后只剩投手金井同学一人。于是，我催促他说，"赶快通知刚入学的一年级的球员集合。"

"你们打球，愿意接受佐藤先生的教练吗？"我问。这些球员们来自各个中学。在他们还是初中生的时候，佐藤先生曾访问过他们的学校。他们都是当时佐藤先生招来的。他们异口同声地说："愿意。"我即刻把金井投手和这些一年级的队员们进行了队伍整编，二三年级的球员们一律除名。

简直是翻天覆地的状况。球员们有的承认错误，有的请别的老师来说明情况。最后，我只好取消二三年级的"罢工"，解除对他们的除名。事情终于平息。但是，佐藤先生时代，我们的球队没有轻易胜过八王子工高。现在想来，已经是隔代之事了。

**机会再来**

"今年才是樱美林高中获胜之年"，机会并非每年都有。要说高中棒球队的黄金时代，那就数氏井、敕使河原、关田、竹内同学在队的时代了。他们年年连续打出好球，每年都在期待着获胜。然而，却连出场神宫球场的资格都没有。是因为在早稻田大学球场进行地区预赛时被遗憾淘汰。对手是第五商业学校。我们的队员出场，准备开战。这时却因左撇子投手内田和第四击球员竹内以软球赛出场，对手校教练员提出抗议，说他俩的出场违反了高中棒球联盟的规则。佐藤教练对第四击球员提出替补。可是，比赛因此而全战告败。

为此，我对竹内和内田两队员予以除名处分，学校加附两人停学处分，可谓"天翻地覆"。竹内高中母校的校长和八王子警察署长、樱美林学园PTA（家长教师会）会长也是多摩少年院院长德武义先生一起来校，为竹内恳情。我们在取消两位选手的处分上进行了协议。

又一次良机是长谷川投手在队的时代。长谷川同学是东都第一号投手，曾在东京都中学棒球大赛中获得优胜。神宫的复赛是上午九点开始。我们学园远离东京都市内四十公里，因此球队前一天晚上宿营在神宫青年会馆。结果第二天复赛的这天早晨，会馆的阿姨为让他们补充睡眠，八点半才叫早。队员们慌慌张张，连准备活动都没来得及作就急急上场。球员们迷糊中，四球连发，第一回合就连输两分。结果，败下阵来。

第三次良机是浜口先生担任部长的时代。上午十一点，赛场在东长崎立大的运动场。此次已是十三次延长战。球员们由于没能吃午饭，饥肠辘辘，体力衰减，败在阵地。这时，浜口说，"肚子饿着，可是个问题。"

"在观椅处，哪怕让他们吃点豆沙面包也好。"

"那是不许可的。"有人回答说。

"那，厕所总该让去吧。待候上场功夫，上厕所，趁机吃点也好。"浜口愤然辩解。你来我去的口论之际，有人严厉地说，"你这部长别干了。"

"好，部长，我辞了。"浜口说。

后来，我曾几次希望他复归。均未果。

### 町田时代

佐藤保先生任教练的日日夜夜，最终没能有突破。也许他精疲力竭。他采用曾是东京经济大学自己的学生町田来担任教练，自己主动退居到顾问的位置。町田同学一上任就宣布说，"只要我做教练，是否出击或候击等的事情，我是不会去问佐藤保先生或体育顾问秋山先生的。这样可以吧。"

这个一出场的下马威，令人做梦也没有想到。他提出的这一条件，意味着对清水安三的话也要听而不闻。

神宫预赛的复赛，眼看日本大学的三高就要夺胜。当拥有一分胜势时，时辰已是日落西山。夜幕前的飞球朦胧中旋转。这时，拦网里观战的棒球部长清水安三叫出正在高喊"加油""加油"的拉拉队长，令他转告町田教练"即刻替换投手"。

但，转告后迟迟未果。这时，一位球员来护场网拦附近捡球。清水也让他转告，"赶快替换投手。"仍然没见动静。

投手投四球后使两名跑垒员出垒。他向选手席方向望去，几次暗示恳求替换。如有一人出局，比赛就会终了，因此，教练的意图是想让这位高三的尖子投手荣誉结战。

然而，日大三高的击球手毫不客气，只听一声响亮的击球声，便是一道腾空球。由于天色已暗，我们的球手看不清球落何方，只是木木呆望。这时，二垒一垒球员相继奔回本垒，比赛结束。我队转为战败。

站在拦网外的秋山顾问曾几度高喊"要申报天黑看不见球向"。他已气急败坏。我也连连惋惜，"我已命令替换投手，借此获得缓冲权。天色也朦朦胧胧的。太可惜了。"启用年轻人担任教练是个失策。当然，受谴责的还是部长。我向大家深深道歉。

但是，在翌日的各家报纸上，樱美林球队受到高度赞扬。也许也是一个讽刺，另一条消息则报道说，和歌山市，由于日落天黑，裁判宣告终赛，对此，负方拉拉队不服，展开了一场撕打。

过去的事情，充满酸甜苦辣，令人回味无穷。

**部长的任务**

为什么说我要当棒球部长，这完全是为了争取预算。学园创建当时，需要把学生会的会费出让部分给棒球部。为此，没能允许其他部参加校外的比赛活动。

大江、中岛、武田等优等生成立了网球队，请大野一男担任部长，宗像夫人担任教练。就这样，网球队即将和町田高中队对决。当时我说："不行。校外参赛，虽然有益。但预算也会随之增多。因此，这不合适。"为此，大野愤然辞去部长。学生代表也来我研究室抗议，"为什么棒球部就不惜工本呢？"这类的事情年年都有。

我这个部长还有一个任务。这就是，只要有比赛练习，我就要把所有公务丢在一旁去观战。我甚至坐在别人的轻骑或踏板车后，去饭能、武藏关町，去武藏小杉。我还去过静冈、浦和、甲府、京都等地。现在回想起来，当时的自己绝没有白白消磨时间，比起观摩技术高超的专业球队的赛技，倒不如说去观赏自己的球队才真正有趣。还有，晚上观战后能睡得很香，这对健康有极大好处。这就是我部长的任务。[①]

① 摘自《复活之丘》1967年 3 月 5 日刊。

## 6　经济学部的诞生

1968 年 2 月 9 日，一直处于"难产"的经济学部终于获准认可。人世间真可谓不可思议，无心插柳柳成荫。设立经济学部获得批准是例外中的例外，令人又惊又喜。

为表达我们的喜悦之情，我们于 2 月 9 日傍晚放了烟火。漆黑而寒冷的高空，传来阵阵响声，闪烁开放着一束束垂柳形火花，华美异常。

我们还在校园里挂起了排排灯笼。画有樱花图案的灯笼一直连向山丘，如此夜景似乎唤醒了人们的明治热情。"复活之丘"顶上纳骨堂的入口，灯笼之间，有一座等身大的郁子人偶。女学生们把"她"抛起来，同时不断高呼"樱美林学园园长清水郁子先生万古长青"。

接着，校园里开始举行"火节"。全体师生围着篝火欢歌狂舞。学生们一边喊着"嗨呦，嗨呦"，一边把经济学部部长高谷道男高高抛起。学园发给每个学生一两条"今川喜庆烤鲷鱼"。这些烤鱼是那年正月刚刚开张的伊势屋烤制的。

教职员参加在文哉馆举行的宴会，大家吃着"红豆饭"，用可乐和桔汁祝酒庆贺。我自己花钱买来几条一米长的大鲷鱼，将它盐烤，请大家开怀畅饮饱餐。我们的喜悦心情真是无法用语言来表达。

第二天傍晚，我们在椿山庄举行贺宴，请经济学部所有的新任教授、副教授、讲师都来参加，并和英文科、中文科、家政科的教授们相识见面。贺宴上，我向大家介绍了昨日置排灯笼、放烟火以及喜庆活动的盛况。此时，新上任的经济学部教员们也加入到我们的喜庆行列。

我逢人便讲，学园从此将会势如破竹，不断完善，走向发展。我即刻用学园的专用明信片，亲自写了三百多张，报告喜庆实况，发送给我的江湖知己。[1]

①摘自《复活之丘》1968年 4 月 10 日刊。

## 第二节　樱美林的自豪情

### 1　被授予奥柏林大学名誉神学博士学位

我将于 6 月 10 日（1968 年）赴美国俄亥俄州，参加母校奥柏林大学的毕业典礼，并接受名誉神学博士学位的授予。

1924（大正十三）年，我去了美国奥柏林大学。当时，我既没有同志社大学神学部的推荐信，又没有事前申请。教学主管沃兹奥斯教授当时说的话至今依然记忆犹新。

"没有成绩单，怎么能证明你是同志社大学毕业的呢？"我没能够允许报名入学。

我生来固执，做任何事情都不会轻易放弃。这时，我叫住一位走过楼道的日本学生。我拿出《日本组合教会年鉴》，指着"教职员名览"中介绍我的这一行说，"烦请把这行译成英文给沃兹奥斯先生。"以此，他了解到我 1915（大正四）年 3 月毕业于同志社大学本科。于是，沃兹奥斯教授即刻爽快应诺，许可入学。

1924（大正十三）年 9 月，我入奥柏林大学学习。翌年 1 月，我首先学完第一个学期的课程，成绩是"B+"，获得七十五美元的奖学金。

美国的大学对成绩优秀学生，以奖学金的形式进行表彰。奖学金数额根据"A+"、"A"、"A–"及其获得数量来支付。"B+"根据获得数量分有等级，各等级奖学金数额有所不同。并且，这类奖学金是加算在普通奖学金之上的。

入学初期就获得此奖项，在日本留学生中极为罕见。第二个学期，我因"A–"，又获得一百美元。

至今为止，获得奥柏林大学博士学位的只有明治时代的日本首席大牧师宫川经辉先生和后来的小崎道雄、畠中博（神户女学院院长）共三位。

授予名誉学位理由：

一、该人（清水安三）充分理解和继承奥柏林大学及神学部之精神，以理想为使命，贯穿于生涯事业。1920年代以来，在神学部历届毕业生中，成绩优秀，实属罕见，为楷模典范。

二、目标明确，具有献身精神。全力发挥才能，率先垂范，贡献突出。鉴于其才华能力及业绩，充分判断该人将会以毕生精力，发扬精神，完成事业。该人具有无私贡献、努力不懈、不屈不挠、豪略胆识之精神。

三、战结归日，中国之事业化为乌有。但，该人毫不气馁，重建事业。资金分文所无之下，创建学园，并将学园命名取自"J·F·奥柏林"，为日本教育事业做出重要贡献，当之无愧。该学园是体现奥柏林毕业生克服困难、努力不竭的金字塔。

（该文由奥柏林大学历史系教授E·C·卡尔松博士写成）[1]

①摘自《复活之丘》1968年4月10日刊。

1968年6月8日，我途经西雅图到达奥柏林。

两天后举行毕业典礼。仪式在露天举行。茂密的树荫下，在一片绿色的草坪上摆满一排排椅子。临时搭设的讲坛，和樱美林运动场讲坛的摆设形式相同。讲坛上装饰着美丽的鲜花。

上午九点，广播里开始传来吹奏乐曲。总长率先走在队列前面。所有教授、副教授均身穿红或黑色学位服，肩披各色绶带。如同日本披挂袈裟的僧侣队伍，列队色彩艳美。毕业生们身着毕业服披风，头戴角帽，夹道欢迎教授队伍入场。这时，女生们向他们致意，男生们脱帽目送。之后，他们绕场一周后走上讲坛就座。

乐团简短奏乐后，牧师祈祷，仪式开始。韦斯莱校长进行演讲。之后，我接受授予学位，接着还有五位也接受了学位。宣读了每人的学位授予理由后，总长为每人颁发学位证书和授予绶带。

这年，授予名誉学位的除我外，还有美国一流政治家、教育家、实业家和学者。授予顺序把我放在第一。这可以说明，当时在美国正在掀起一股日美热潮。而我受到特别嘉奖，诚惶诚恐。

名誉学位授予式后，五百名毕业生排成一列从右方登上讲坛来到中央，接受校长颁发的毕业证，之后从左方走下台。

我总想，自己能获得如此荣誉，完全是因为自年青时代起就对神虔诚至深。我自幼失去父亲，即使进了大学仍然以劳作为主，没能像样钻研学问，遭遇可谓不幸。然而，获得今日之殊荣委实是件不可思议的事情。①

① 摘自《复活之丘》1968年7月10日刊。

## 2　敬悼小崎道雄先生

1973年6月17日，静子夫人来电话称，小崎先生病危。我急忙赶往茅崎。多年来，小崎先生对我们的事业全力相助。此刻，他将永远离开我们，心中感到惜别的无限悲痛。翌日凌晨四时二十分，小崎道雄先生逝世。②

② 小崎道雄先生是灵南坂教会牧师。——编者

小崎先生早在1946年4月，也就是学园创建当时开始，就一直担任学园的评议员和理事。

当时，我身背行李，碾转万千回国。回来后即刻开始筹划创建学园。我怀着渴望的心情去找他，问他，"能为我们担任理事吗？"他说，"创建学园，是神赐考验。""是冒险。"他的表态却相反，一个劲摇头拒绝。

后来，小崎先生却毫不犹豫地欣然答应，说，"好吧，

尽我最大努力。"北京时代，松山常次郎先生曾劝我说，"参加东亚传道吧，要做一些事情。"在场的小崎先生也在极力主张。可是，我经过考虑后予以拒绝。小崎此次对担任理事一口拒绝，大概是对过去的报复吧。然而，他的欣然应诺委实可贵。

当时，小崎先生是日本基督教团议长、日本基督教协议会议长，是日本基督教界权威人士。我请他担任理事并非因为他目前的地位，而是因为他也是美国奥柏林大学的毕业生，并且是在日本的校友代表。

学园创建以来，其他担任评议员和理事的人中，有的甚至一次都没有参加过学园会议。而小崎先生却从无缺席，名符其实。直到去世前，他为学园费尽心思。

文部省对"院长"也好，"园长"也罢，都不放在眼里。任何事务均通过理事长。因此，学校的全部责任需要理事长一肩挑。还有，私学振兴会也只是向理事长贷款。

作为担有如此重大责任的理事长，[①]他的印章放在我们这里，以此抵挡万事。他对学园百倍信赖，放手经营。

值小崎先生逝世，我们无限怀念他，要把他的恩义永载学园史册。

小崎先生知多识广，善良温厚，平易近人。如同雅各书第一章第四节中所说的"你们可以完备，凡事健全，毫无缺乏"。的确，他是一位为人处事十分完美的人，这也是天赋。

他父亲是居于日本首位的大牧师，母亲是日本妇女"矫风会"会头，出身门第高雅。第二，他青少年时代，在美国学习生活十多年，而且，曾在奥柏林、耶鲁这样尤其以高深教养而著称的美国一流大学学习。

如果有人问我，"你在樱美林究竟要培养什么样的人

①小崎道雄于1947年任樱美林学园第二任理事长。——译者

才？"我会回答，"要培养出更多像小崎道雄那样的日本人。"

他知识渊博，久经考验，绅士风度。是位具有国际意识的特殊人物，应对事务颇有弹性，内方外圆。他的福相给人留下深刻印象。

但是，对我刚才那样的回答，人们也许会笑着说，"你自己又是如何呢？难道不是一位似小崎而非小崎的野人吗？"……

他们是在说，"我们是在农村长大。意识的更新不是一代两代人所能做到的。"正因为如此，我们才有必要培养更多如同小崎似的人才。我默默地想。①

① 摘自《复活之丘》1973年 7 月 15 日刊。

## 3 自豪故乡情

1975 年 1 月 14 日，故乡近江国的高岛郡新旭町府在新建的町会馆公会堂，举行町制二十周年纪念会。在会馆入口，纪念活动主管人在我胸前别上大红花，让我上台就座。纪念会上，町长桑原隆次向我颁发装有奖状的匾额，还有"名誉町民"的徽章。

> 正月十四　　故乡迎来喜庆
> 荣誉町民　　蒙赐光荣称号
> 金杯高捧　　眼前耀眼辉煌
>
> 足踏积雪深　　手捧奖章归园途
> 直奔三昧村　　母亲墓前来叩拜
> 摘下胸前花　　献在母亲墓碑前
> 母亲黄泉下　　请你听我来报告
> 从幼时开始　　年年变卖当家产

米仓、土窖、门扇、房屋、庭木、石头

家财已无几　我说妈妈莫伤心

哭哭啼啼的　别让弥七去担心

后来我离乡　未能挽回家境遇

恳请老人家　多多宽恕儿不孝

妈妈你听听　奖状说的是什么


一月十八日　奔武州熊谷郊外

九十老姐姐　金杯奖状与她看

喜泪纵横流　急忙脸上抹两把

朗朗大声说　黄泉母亲同欢乐


弥七寄儿情　如愿未尝远离去

母亲百依我　今日总算还愿归　村人怎能不高兴？[1]

①摘自《复活之丘》1975年1月25日刊。

## 4 被授予同志社大学名誉博士学位

1975 年 5 月 2 日，我接受了同志社大学授予的名誉学位神学博士的称号。

这之前，早在去年 12 月，住谷总长问我："我们将授予你名誉学位。你接受吗？"我立刻回话说，"荣幸接受，十分感谢。"然而，事后有人从中挑事，我以为事情已中途告终。

2 月 22 日，秘书接到来自同志社大学的电报，意外惊喜。电文为："本日理事会一致通过，决定授予你名誉学位。在此表示祝贺。住谷"。

5 月 1 日，我乘车赴京都。5 月 2 日清晨，我登上若王子山。山路坡度很大，我一边停歇一边往上前行，不久便大汗淋漓，衣衫湿透。在八合目处，我开始下山。我在山下著名的荒尾东方斋石碑的台阶上一边晾开湿透的衬衣，一边小歇片刻。不断有三三两两的年轻小伙上山，大概都是同志社的学生吧。

我想，今天可不能迟到。因此放弃了扫墓，直接奔向相国寺门前町的同志社大学 AMHERST 馆。上午十一点授予仪式开始。一起接受名誉学位的还有松下幸之助、井深八重子、中村遥三人。

授予学位前，住谷总长为我们四人做了简短介绍。有关我的介绍，他说，"樱美林学园校园的正中立着一座碑，上面刻有这样一句话'少年创学梦，继承新岛志'。也就是说，新岛精神终于贯彻到东京。"总长说到这里，眼中溢出喜泪，声音有些哽咽。

正午，在故乡饭店举行宴会。

第二天5月3日，我再次登上若王子山，在新岛先生墓前默祷后，为川中勘之助先生扫墓，围着墓碑插上备好的嫩枝。下山后直奔东名神高速公路，登上归校之途。

我回到家后先到已故妻子美穗的墓前，向她报告："美穗，我接受了同志社的荣誉回来了。"之后把名誉学位证展开和紫白赤三色相间的绶带供在龛前。①

## 5　甲子园获胜

在这年8月的甲子园棒球大赛中，樱美林高中棒球队喜获优胜。

人生要有梦　梦幻终将会实现　不信去问甲子园

①摘自《复活之丘》1975年6月1日刊。

【编者按】

1976年夏，樱美林高中在朝日新闻社主办的第五十八届全国高中棒球大赛中获得夺冠资格，代表西东京参赛。赛中，连胜日大山形、市神港、铫子商、星陵、PL学园五校，获得鲜红色的优胜大旗。这是樱美林高中队首次参战夏季甲子园大赛并获大胜。东京阵势的获胜是1916年（大正五年）以来时隔六十年的战绩。

　　这十九字的诗是我当时的作品。前些天，某杂志社来电话说，"请用一句话概括你的教育观点。"不是一句而是两句，"要让学生抱有理想。所谓教育，归根结底一个字，那就是'爱'。"我这样回答了对方。过去，我每年都在说"这次才要甲子园优胜"。这一理想总是梦想。但是，最终得以实现，尽管经过了长长岁月。[1]

① 摘自 1976 年 12 月 6 日日记。

No.59　樱美林棒球队在比赛场上，以战之勇猛、输之堂堂的优良作风闻名于世。我坚信，"樱美林的棒球实力也最强"。这个时候一定会到来

## 6　迎来三十周年纪念日

值此迎来三十周年纪念日，感慨万分。

乌兔匆匆三十年

此间学一字曰忍

窗外老松拔林耸

千年耐风雪泰然

光阴似箭，转眼三十年。三十年间，我只学会了一个字，那就是"忍"。

箭杆神社的老松独耸林间。它从镰仓时代开始经历千年风雪而泰然自若。[①]

① 摘自《樱美林大学通讯》，1976 年 12 月。

# 第三节　樱美林恩人录

## 复活之丘的"校恩人社"

【编者按】
　清水安三先生晚年居住在樱美林教会所在地"复活之丘"，教堂旁边设有先生个人所用的"祠"（木造大型神龛）。这里被称为"校恩人社"。每当有恩人逝世，打开祠门，一册线装《恩人录》就会展现在面前。他们依然耐经着风雨。这一节为《恩人录》内容要旨。

● 贺川丰彦牧师

如果没有贺川丰彦先生的斡旋，樱美林学园也就无从创建。先生以理事长名义，作为顾问经营学园，竭心尽力。然而，学园创建的第二年，也就是 1947 年 4 月，因学园实施男女共学制，先生愤然辞掉理事长职务……

先生担任日美学院院长期间，学校举行罢工。我接到先生的电话。他要求我接纳组织罢工的中心人物——一位教授和十一名学生转入到樱美林短期大学，我立刻同意。而这十一名学生中只有一名女生。

先生自始认为男女共学不可实施。我十二分理解他的心情。可是，就在这一年，日本开始实施男女共学的教育制度。我们没有采用先生的考虑，也开始实行了男女共学制。

一直到先生晚年，学园和他有些距离。每年祭奠恩灵时，恩人之灵都有增加。我们首先对贺川先生之恩深记心怀。

● 小崎道雄牧师

樱美林学园创建当初，最困难的事情是没人来担任理事。可是，小崎先生却爽快应诺，而且历次理事会均全勤。特别值得回忆的一个场面是，当贺川先生说"我不干了"后立即离席而去时，小崎先生说，"如果可以，让我来干理事长吧。"他说完直接在理事会的议长席上就座。

以下是樱美林学园创建初期的当地恩人：

● 细野甚太郎

忠生村小山田人。当时，我来到此地人生地不熟。他不光竭力帮助我，还率先让子女们入学。我们经常为洗澡而外出求助。在别的人家只能使用末班水，而在细川家却总是让我们使用首班水。

● 今冈七五郎

町田日活馆馆主。学园创建初期我向他提出借一百日元，他毫不犹豫，慷慨解囊。后来，我去还钱时，他即刻捐款十元纸币三枚。他能把钱借给一个刚来此地的陌生人委实不易，当时是一笔巨大的资助。

● 篠崎源兵卫

田名人。镰仓师范学校毕业，历任神奈川县下属小学校校长职务。在他担任上沟中学 PTA（家长教师会）会长期间，听到樱美林创建的消息后，协助我们招生，并且亲自把女儿送来入学，除此还动员亲戚入学。他心地善良，性格温厚而朴实。

以下是有贡献于樱美林学园的美国人。

● 萨莲巴戈（Sallen berger）牧师

（参照第六章第三节"令人难忘的日子"4）

● 亨利·达苹谷（Helen Tapping）女士（长期逗留日本。晚年曾在樱美林执教）

学园从片仓组手中购下陈旧的木造结构作校舍时，她把加利福尼亚州伯父留给她的遗产八十万美金全部捐献给学园。除此，她还变卖樱上水的宅邸，将一半的钱捐给学园。

● 绢紫（Johns）夫人

其女是厚木美军基地将校夫人。她回到亚特兰大市后，大量运来市图书馆的废书。

● 斯柯达（Scudder）少佐

勤务于立川基地的美军队长。收集大量西洋书籍贡献给学园。他在信中写道，"我的母亲是和平主义的基督教教友派信徒。她一直反对我成为军人。今天，能为日本一所基督教学校做些援助感到非常高兴。"

● 吉田政治郎牧师

近江兄弟社牧师。我扛着大摞《永不绝望》访问近江八幡，正赶上兄弟社朝拜，没能售出。我以沉重的心情和他们一起祈祷。这时，吉田牧师走来说，"我一气读完。我这就给滋贺县的教会、高中打电话，请求他们为你主持演讲会。"

● 菊地犹之助牧师

我背着《永不绝望》访问深谷市时，教会和妇女会共同为我主持演讲会。演讲会开始，他让我坐在讲台上，请与会者起立。他面对与会听众说，"从日本历史来看，中国人当中，有很多宗教家学者为日本的文化建设作出很大贡献。而在日本人中，为中国而去助力的人却一个也没有。可是，你用三十年的时间为中国的国民竭力奉献。对此，我作为一个

◎ 1948 年 9 月，《永不绝望》出版。清水安三携书巡回各地进行"募捐演讲"。1951 年 3 月后两年间，他赴北南美踏上募捐之途。参照本书第六章第三节"令人难忘的日子"2。

日本国民向你表示衷心感谢。"他感慨激昂。

行商游说，本是一种狭隘意识所为。听到他的讲话，心胸豁然开朗。

● 中村清治牧师

福岛县平町牧师。我背着行囊从日立市到平町。车站出现数名年轻妇女迎接我。她们是怎么知道我到达的车次呢？我不得其解。更使人吃惊的是，她们蜂拥而上，说要测量我脖子和手腕的尺寸。

翌日清晨礼拜前，一套新缝制的 Y 字领衬衫穿在我的身上。演讲后，他对我说，"樱美林寄来的书全部售完。如果还有，请再拿来一些吧。"我从背囊里拿出在日立卖剩下的书。瞬间售空。

● 田村贞一牧师

京都洛西教会牧师。京都有许多原组合教会，也有不少同志社神学部毕业生。然而，对我的行商巡回演讲，无论教会还是牧师却无一人出面过问。

而原同胞教会的田村牧师同样是同志社神学部毕业，却亲自为我组办大型演讲会。像他这样的真诚和热情委实难得。

● 桥本千二牧师

京都聚乐教会牧师。我背着装满《永不绝望》的行囊，来到堀川的教会。他端出饭盒，里面装满豆沙裹年糕。时值战后，砂糖是贵重物品。这些年糕极其香甜可口。

傍晚集会开始，桥本牧师让每位来宾一一向我作自我介绍。这种司会的方式很特别。他们的名字十分耳熟。他们曾为北京朝阳门外的崇贞学园每月捐赠一日元。

书一售而空。桥本牧师是植村正久先生直系的日本基督教会（长老派）成员，而并非组合教会派成员。他的热情支持令人难以忘怀。

● 斋藤敏夫牧师

堺市教会牧师。在堺、浜寺、岸和田等市，和我共同商定巡回演讲计划，并伴随我同行。包括去监狱的演讲。

● 佐藤与次郎

他在夏威夷毛伊岛独身度过一生，是位书籍收集狂。他家的所有墙壁都靠满书架。甚至厕所里也立着书架。为避免书籍丢失，他的书从不外借。

然而，当我访问其处，提到创建大学需要集书时，他说，"这些书送给你。都拿走吧。"

● 渡边次郎

夏威夷教会成员（广岛县福山市人）。他给樱美林捐赠了一座"迎友寮"。我在夏威夷集资时，他为我开车，奔波。

● 相贺安太郎

夏威夷时报社社长。在夏威夷集书、集资期间，竭尽全力予以协助。

● 小野谦藏牧师

巴西瓜达路贝牧师。我在圣保罗州募集资金时，他说，"好，我把今后的半年时间给你吧。"于是，他开上小型卡车，载上我和《永不绝望》行商巡回在州内的大街小巷。

● 班·希尔兹（Van Shiiruzu）夫妇

丈夫美国人，哥伦比亚唱片公司律师。早在同志社学生时代，沃利兹先生曾撰写有关我的文章登载在近江教会机关报《芥籽在日本》。因此，希尔兹先生每月寄来相当于八日元的钱以助我学资。

我为樱美林学园集资赴美时，夫人提供故乡（康涅狄格州里奇菲尔德）的宅邸让我享用。夫妇俩人为樱美林捐款三万美金。在他们书房的墙壁上，挂着我同志社时代身穿蓝色和装的照片。

● 大原总一郎

冈山仓敷实业家。父辈大原孙三郎，在我赴美国奥柏林大学留学的两年间资助学费。之后，又为崇贞学园慷慨解囊。

其子大原总一郎博士在设立樱美林短大时给学园借款三十万日元。

当时，文部省审查中指出理化实验室设备不全。实为紧急且困难时期，我请假一周来到京都岛津制作所订购了实验室器具药品等设备。为付清款项，访问大阪梅田车站附近的

No.60　每年 6 月的第四个礼拜天，我们相聚在"复活之丘"教堂，深深缅怀那些为樱美林作出贡献的恩人们

仓纺公司总部，与大原博士会面。当我吐露出困难时，他反而主动问我，"三十万借款够吗？"之后即刻兑现。

● 成田顺女士

文化服装学园学长，清水郁子女子高等师范学校时代的低年级同学。

丈夫为该学园教授。樱美林短大设立当时，夫妇双方捐献全部藏书。

# 第八章　作为一名牧师

No.61　我们四面受压，但不可失去希望。受责而不弃，受击而不倒。要在身上忍受耶稣所受的致死待遇

（致哥林多人后书第四章第八至十节）

## 第一节 耶稣的"僻静之处"

### 1 静中祈祷

日本的基督教会为什么没有一种振奋精神？也许有它一定理由。理由之一是，有很多的日本教会环境不适合日本人。

第一，日本的基督教会究竟以何为主？事实可见，日本的教会以说教为主，希望会众越多越好。牧师努力学习说教吸引会众。但是，黎明期的日本，人们尚未明知，以雄辩、思想等聚众非常困难。

我赴中国时，经常在长崎下船。船一般在这里停泊四小时。届时，我去访问蒲上村的基督教会堂。时间过得十分愉快。每到会堂，我总是在其一隅观察那些三三五五的善男善女如何在祈祷。可谓虔诚至深。

日本神社的神主说教虽非千篇一律，而时过两千年，却依然有众多信徒跪拜社前。不可思议。不妨在一个早晨，踏着露水去参拜体会。

日本的基督教会要想适从日本人，就有必要创造一个日本人可心的静肃环境。维护法统不可操之过急。教堂大门总有关闭之时，但小门要常开。教会员们，当他们心中感到苦闷时，能够使他们随时通过小门来静静祈祷，或去读《圣经》。这些均为教会应该做到的事情。

对日本人来说，并不习惯祈祷会的气氛。也许正因如此，祈祷会说教尽管善尽善美，但聚众情况不佳，祈祷会仅仅是回荡着美声和美辞。相比之下，不如静中默祷，这种环境更适合日本人。平日的祈祷，除在空旷的教堂一隅外，还可在森林中铺满青苔的石阶上，在树木之下，河川之畔，流水的河滩。在所有静谧之处均可默默祈祷。这才是日本人所习惯的气氛。

如此静中默祷既非异教之说，也非基督教在日本的曲向。耶稣的宗教生活真正提倡的是"僻静之处"。耶稣逃离众人追逐，来到僻静之处。他戒用高声祈祷。默祷，能倾听神之音，心领神之意。我以为，日本的教会生活，应该以默祷为重。①

①摘自《湖畔之声》1934年3月号刊。

## 2　僻静之处

耶稣被灵带进旷野里去。

（马太福音第四章第一节）

耶稣听见后，避人而去，乘船到僻静之地独处。

（马太福音第十四章第十三节）

耶稣（带着彼得、雅各和他的兄弟约翰）避人上了一座高山。

（马太福音第十七章第一节）

耶稣和他们来到一个叫客西马尼的地方……

（马太福音第二十六章第三十六节）

清晨，天还没亮，耶稣起身出门，来到僻静之处开始祈祷。

（马可福音第一章第三十五节）

耶稣说，你们来，同我一起到僻静的地方休息片刻。

（马可福音第六章第三十一节）

耶稣只带着彼得、雅各、约翰上了一座高山。

（马可福音第九章第二节）

《圣经》的四福音书中，多处可见"耶稣去僻静之处"的章节。可以说，耶稣是乐于独处僻静之处的。

耶稣首先来到僻静之处，相会各物，心怀各事，尽情叙述。然后再去僻静之处，如此反复。他从僻静之处出发，又走向僻静之处。他在反复中生活。

他的僻静之处有荒野。犹太人认为，荒野是恶魔所在之地。耶稣也许也这样认为。因此，他有时走进荒野，力图和恶魔较量。自己心里有时会出现恶魔似的勃勃野心。这时，耶稣来到荒野，冥想深思。

耶稣的僻静之处还有高山。可以看出，耶稣好山，频繁上山。他在山中默祷、声祷。耶稣似乎乐于山上垂训，集会各山。

耶稣的僻静之处还有海边和湖畔。耶稣喜爱黄昏的湖畔，寂静的河边。耶稣活跃于耶路撒冷时，他没有下榻生活方便的城中旅馆，而是把郊外乡村作为歇脚之地。以此，他经常在夜幕降临的庭院，在寂静中祷告。

耶稣为何独处僻静，其一，是为避人。避人而退去，是为了警戒受人影响而自身致错。

面对人们的批判，耶稣退往静处，反省自身。当人们说自己是约翰的转世时，会感到经过洗礼的约翰和自己所该走的路并非相同，采取的生活态度也有所不同。来到僻静之处去思考，就会再次掂量自己。

他走进最后一个僻静之处——客西马尼园[1]时，祈祷、思考作为自己救世主的行程，是否该死在十字架上。那是一个付出流血代价的祈祷。人们仰望到的是各各他[2]山上的十字架，而事实上，在客西马尼园时他就已经身负十字架了。即使是有天翻地覆的变化，各各他十字架事件化整为零，但

[1] 耶路撒冷附近的花园。系耶稣基督被囚之处。　——译者
[2] 在耶路撒冷，耶稣被钉在十字架之处。　——译者

267

只要有客西马尼园的祈祷，耶稣身负十字架便是注定的事情。

今天教会之所以不振，想来有各方原由。我想，首先的原因是，基督教徒独处僻静的习惯不知何时业已消失。我们的先行提倡，牧师最重要的是读破万卷，加深修养。他们为此往往不顾贫寒，倾囊购买西方书籍。要说牧师的书斋，书架已遮满墙壁。因此，并非人人都能做牧师，我一直这样想。我们要继承这种传统，赤贫如洗却集有和汉洋书四千册。买双袜子，反复掂量，买件衬衣，货比三家，但买书却从来没有犹豫。

但是，和读书相比，独处僻静也重要。独自山中最佳，独入林间也好，独往海边也不错。

今天的牧师有一欠缺。这一欠缺不是知识而是思考，缺乏冥思。他们不去和恶魔较量，不去心领神之意图。因此作为我，一个现代社会的牧师，说教，走访，独处僻静，应该并重，反复实践。

如今世相发展飞快，只图快步行走，而不知脚踏实地，疏于考虑后果。一个国民的发展、前行也完全是赌注：是输是赢，是中彩还是落彩。在这样的时代，我们应该时时适可而止，退于僻静之地去反省自身。发展途中，有时需要停下脚步，避人静思。正如托尔斯泰所说，"脚步停下来，向右转再次回走来路，会看到眼前的事情已成为过去，曾是右边的事情会转到左边。世界是在变化。"我们有必要时常止步避人，深思熟虑。

①耶稣十二门徒之一。
——译者
②耶稣十二门徒之一。
——译者

过去，拿但业①习惯在树下祈祷，而彼得②却喜欢在屋顶上祈祷。你们的僻静之处在何处？是密室还是无人之郊外呢？

朝阳门外东边有一小小丛林。那里是我的静祷场所。小丛林是清朝某一皇太子之陵。林中多有枫树，因此，日本人称之为枫寺。枫寺在北京至通州运河附近，恬静幽祥。每到此处，我会感到心静如水。

　　学园的老师们一看到我去小丛林就会担心起来，"学校资金大概又匮乏了，或又有什么大事发生了。"而我去小丛林并非只在遇到困难或忧虑之时，心中充满喜悦时也去。我在提醒自己，这时不可洋洋得意，沾沾自喜。这种提醒在小丛林中才可得到升华。这里与浊世不同，泥土洁净，空气清新。对我来说是块圣地。

　　你们要去什么样的地方祈祷呢？你们现在又在何处？作为日本民族现在该做些什么？日本将会走向何方？面对如此时代，为了自由我们要去祈祷。在神的面前，我们想祈祷什么？告解什么？只有静默祷告才能自由畅思。我们独自在僻静之处，会摆脱束缚，倾述世相本来面目，坦告身处时代的苦闷和愚昧。这样才能领受神之导向。

于 1939 年 12 月近江八幡教会①

① 摘自《开拓者的精神》1940 年 5 月发行。

## 3　人生是冒险

　　人生，各有不同，均为冒险。

　　百姓之子，生来百姓，一生普通，也为冒险。前可看到人生之彼岸，已清楚想象到死时境况的平坦人生，也是冒险。无论风年、旱年还是水年，均为冒险。因此，行商者也好，事业家也罢，他们的人生必经冒险。同样来说，小商小贩掂量着仅有资金，出手货物也是一个冒险。

　　人生冒险多如赌注。人生变化多端，无可预见。一位女性，当她选择配偶时是赌注。要一生伴随着与他的依靠，满足，辛劳。因此，选择终生伴侣，是关系到一生的冒险赌注。

织田信长是战国时代统一日本的英雄。在桶狭间合战中，他口诵"五十年人生如梦如幻"的诗句，打下生死之赌，单枪冲入敌阵。结果却获胜而开运。

据说，纪国屋文左卫门身裹素装，装货送往江户的蜜柑船，脚下一张垫板，上为天堂，下为地狱。"纪文大尽"一说由此而得。

人生没有冒险毫无意义。日本人，男子要说度量。所谓度量指的是信念和斗志。基督教徒，无论是天边海端毒蛇遍地的食人之岛，还是土贼毁巢的大陆，他们哪都去。为什么？他们虽说没有身裹素装，但却背负十字架，下注生死，舍出性命。实际上，宗教本身就是冒险。无论任何，一切寄托于神，其次是直面人生。因此，并无太大赌注式冒险。因为神会为我们作主，尽管他眼看不到，手摸不着。基督教徒认为，人生可以寄托于神。如果我们乘上独舟远航大海，人们就会认为，这无疑是巨大的冒险。但是，我们寄身于眼看不见、手摸不着的神，就会更加广阔地开拓人生，就会感到冒险并不可怕。[1]

① 摘自《开拓者的精神》。

## 4  "圣者"和"战斗使徒"

旧约《圣经》中有个叫耶弗他的男子，他被称为"圣者"。并非仅他如此。还有一位叫大卫的也获得圣者之称。他在祭奠活动中，混进抬御车的人群，并和大家一起吆喝。于是，皇后陛下戒言，"王者为何？既无威严又无任何。"

耶弗他也好，大卫也好，自己只持有他们的恶面，而人们却称这样的人是"朝阳门外的圣者"。

有人也许要问，你难道不想成为圣者吗？我想说，我不愿成为毛头圣者。为什么？因为我相信，与其培养我这一个人的有德君子，不如驻步于低层众生之中，这才是最可贵的。比起固定名称，我更喜欢相称名称。那就是，赛珍珠①以他的父亲为蓝本而作的小说的命题——《战斗使徒》。

我是一个斗志满怀的男子汉。"现在就看我的了！"这句话是我的士气之语，是为自己事业而奋斗的号子。我喜欢为他人而战，为中国善民去赴汤蹈火。如有需要，我甘愿为他们去决一死战。

据实而言，"圣者"一词，静式名称无意义。当今时代，不需要颂歌高扬的"圣者"，而更需要勇敢彪悍的斗士。当然，这种斗士不只是外强，更应该是志坚。我们要以此为目标而奋斗终生。

于 1940 年 1 月 1 日太平洋上②

① 1892~1973，美国著名女作家。幼时随父母（宣教师）赴中国。1930 年，她的《东之风　西之风》，以介绍东西方文明而一举成名。翌年出版代表作《大地》，描写了中国农民坚忍不拔的形象。1938 年获诺贝尔文学奖。——译者

②摘自《开拓者的精神》。

## 5　希伯来书第十一章

"致希伯来人书"第十一章是我百读不厌的圣文。我甚至希望，我死后一定请人在墓前朗读。

这一章是旧新约《圣经》整体的概括。其中，我最喜欢的圣句如下。

> 信心是对盼望的事所怀有的稳确期待，是对不见的实体所提出的明显证据。
>
> （第一节）
>
> 凭着信心，亚伯拉罕蒙召的时候服从吩咐。
>
> （第八节）
>
> 他们都怀有信心而死去，虽然没有得到所应许的，但却远远看见。
>
> （第十三节）

证明自己渴望寻求一个属于自己的地方。

（第十四节）

他们藉着信心来打破王国，伸张正义。

（第三十三节）

又有些人饱经考验，就是被嗤笑，遭鞭笞，甚至忍受系索，身陷监狱。

（第三十六节）

他们在荒漠、山岭、洞穴，漂泊无定。

（第三十八节）

　　根据希伯来书第十一章，对开拓者、新建设者、先驱者来说，最重要的是信心。他们都是在独创中生存，走前人未踏过之路，摸索中前行，前行中得知。

　　从未见中掌握真实，这就是信心。无信心就不会得到开创意识。因此，任何一个民族身处创世时期，需要具有信心和冒险意识。有理想之人，走进未知之地去建设。其中"五月花"号[1]的清教徒们是最有信心的。[2]

## 第二节　基督教的复活信仰

### 1　中国教堂里的祈祷声

　　最近几年，我时常去中国的教会。去年（1938）10月，我在该地听到这样的祷告声。

　　"神啊，请饶恕日本民族的罪行吧。请不要惩罚日本国民吧。"年后的正月，我又听到他们的祷告中有这样的内容。

　　"神啊，请赦除我们的罪过吧。我们的国家现在在受到

[1] 1620 年 9 月 16 日，"五月花"号以巡礼始祖为名从英国南西部普利茅斯出发。航海中克服重重艰难险阻，于 12 月 26 日到达新天地——美国马萨诸塞州普利茅斯海岸。船中除约 30 名船员外，102 名乘客中三分之一为英国教会的"分离派"（清教徒）成员。他们对英国腐败教会不满，立志以神意为宗旨开创新天地的纯粹教会。"五月花"号被视为开创新天地的象征。
——译者
[2] 摘自《开拓者的精神》。

神的审判。街巷被烧毁，村落被破坏。儿童失去父母，父母无法保护儿女而四处逃亡。这都是我们的罪果。请神宽恕我们吧。"

这些祷告是在战火纷飞的重庆，人们做星期天礼拜时的情况，我是通过广播听到的。

很多日本的基督教信徒祈祷时，只要涉及到国际或政治都有这样的祷词，"请神驱散东亚天地的暗日乌云"，"日中是友邻，请神让我们重新紧紧拉起兄弟之手吧"，"日中没合作，东洋就不会有复兴"，等等。中国国民的祈祷委实让人感到宽容之心，善良之意。也就是说，他们心洁如玉，把时代的一切苦难归咎于己。这种把忏悔贯穿于一生的信徒之心是最可贵的。

国际纷争自然存在。一个家庭，一所学校都会有纷争、骚动。我以为，归咎于己，宽容待人是解决问题的关键。事实上，过错在对方，自己为清白。即便如此，归错为己也是崇高而洁美的。

耶稣面对所有罪恶，没把它归咎于谁，而是自己一肩承当，宁愿身背十字架接受处刑。他如同羔羊善良而顺从，却毅然隐忍一切。这就是十字架精神之所在。

相反，相互怪罪，推托责任是达不到圆满结果的。

众多日本人，所有学者、政治家、军人都认为过错在中国。他们各持自理。但是，我们作为宗教的信徒应该断言，罪在自身。要为他们的赦罪而竭尽祈祷。这就是我们基督教徒的虔诚。[1]

①摘自《开拓者的精神》。

## 2　回顾欧洲动乱

星星虽小却能使夜空辉映敞亮，能让沙漠行人辨明方向。物体虽小，却以无限的光辉照亮黑暗世间。

夜航的人们在暴风雨中迷行，看到灯塔就会心明眼亮。万古长青的忠臣烈士造就在国乱之时。感人落泪的孝子贞节之妇在家破时奋起精神。真正的人之美也为如此，时势造英杰。

欧洲曾发生过战争。德国军队一气攻打到华沙。这时，又听说柏林惨遭爆炸。商船阿赛尼亚号受到重击而沉海。其间，伦敦又遭到空袭。

这次战争，白人死伤惨重。由于使用了毒气，死伤人数超过二三百万。

伦敦、巴黎、柏林化为废墟。眼底尽收断壁残垣，破砖烂瓦。城郭变成战火尸炉。

基督教之国为什么会发生如此丑恶的战争？这不得不令人惊讶万分。我内心充满悲痛和失望。当今世界，"正义"无从谈起。强大就是正义，胜者是正义，败者是邪恶。

"东洋""西洋"言之为何？中国人民深受涂炭之苦，妇女儿童首当其冲。

整个世界黑云密布。面对如此，小小说教不会起到任何作用。教会的呼声如同蚊蝇抖翅。一片混沌庸世。神国之建设更是无从谈起。每当这样想时，自己如同身处荒漠之海，严冬枯野。眼前是一片无草无木的灰寒天地，充满悲寂。然而，我的脑海浮现出这样的诗句。

灰暗墙埂下　紧步上前看仔细　菜花黄艳艳

这是我深爱的一首俳句。诗在倾述严冬已过，春天到来。在晦暗一色的墙根角，仔细去看，却有一棵小小菜花在绽放。这花，既不艳美，也不张扬。尽管她粗旷质朴，但花就是花，她给人们带来无可言状的慰籍。

沙漠行人，有时也会发现荒原世界中有绿草。这些草就是绿洲。这些绿洲未必是一望千里。仅平米一片，方丈一块足够。同此，我非常希望能在这荒漠混沌的世界里，建造一块小而美的绿洲。

耶稣对"神国在何处，神国何时来"的提问回答说，"神国在你心里。你们两三人在一起，神国就在其中。"耶稣又宣称，"小群弱众们，你们莫恐惧。神国应该属于你们。"

可以看出，耶稣是如何喜爱"小"。"为我宁愿去做'小'"，"'大'毕竟以'小'为始"，"让小小一人敬愿"等，他往往把目光落在"小"上。

有关耶稣的十字架，在犹太人中有一美谈。故事说，犹太民族在帝国主义的桎梏下挣扎喘息时，在民族苦恼中绽开了美丽花朵。这花又结出血染的珍贵果实。

如果说，犹太民族是一个没有曲折，自由自在，祖先中没有出现该隐，[①]没有任何屈从的纯洁血源的民族，就不会有基督教的十字架。如果没有十字架，也就不会出现基督教。因此，这座十字架之爱就是在黑暗中绽开的一支花朵。

没有荒漠就没有绿洲。有黑暗才可看到星光。十字架之教并非光明世界之教。教会不是满足时代高尚乐道的俱乐部，而是在被弃毁道义的世界里，为解除附有血迹的痛苦而进行祈祷的芳园。在没有正义的社会中，只有十字架的光辉才能照亮人们的心灵。

两三人聚集祈祷，神国就在这里。耶稣仅对此似乎已感到心满意足。

神国是"小"的一致结合。以此应该再次组建新的世

① 《圣经》中亚当长子。
——译者

界。十字架的旗帜虽小却无妨，一尺四方足矣。我想这一尺方旗也会迎着狂风展阔飘扬。

蚁穴注水而塌毁，蚁群会重建家园。蛛网损破，蜘蛛会再次织造。它们默默耕作，没有怨言，没有惩治。伐砍树木制作木炭，也许只需一天就会完成。然而，重新长成一棵大树却要从播种培土开始。

一切均为如此。我们的建设只能从小开始。

新东亚的建设要从每位中国人和每位日本人携手共进开始。①

① 摘自《开拓者的精神》。

### 3　热心的彼得

② 耶稣十二门徒之一，原为渔夫。——译者

我非常喜欢彼得②这个人物。《圣经》中出现的众多人物中，他最为活跃。据实来说，我可以从他身上发现自我。因此，对他怀有深爱之情。

一个人，只要被称为传教士、宗教家，就可样样能做。确实如此吗？

我所崇敬的彼得绝不是一位功绩累累的渔夫。他彻夜撒网却经常是网中皆空。

不得渔业，怎能渔人？然而，耶稣却说，"别再害怕。从今以后，你会获人。"（路加福音第五章第十节）。干不了渔业的渔夫竟然得到提拔。也就是说，非精本行的人也可成为一位了不起的传教士。

人常说，作为传教士、牧师必须要有学问，具备仁德。我也如此认为。但是，彼得却是个无知的凡人（使徒行传第四章第十三节）。世间，有的人虽无学识，却仁德不凡。也有的人为弥补仁德之缺而极力深究学问。可是，彼得为无学识之凡人。这个结论委实干脆利落。

其实，神将这位无学识的凡人，最终造就为基督教第一个也是最伟大的传教人。

初期教会的中坚人物可以说有彼得、约翰、[①]主之兄弟雅各[②]、保罗[③]，他们是基督教四天王而光彩照人。基督在世时，他们是耶稣门下的智囊，直接参与本营议事。能够成为耶稣的贴身使徒，只有彼得、约翰和雅各。尤其彼得应该是新耶路撒冷建设的奠基人，是实实在在的一块基石。

保罗知识渊博。他把耶稣的言论以神学的角度作了系统归纳。主之兄弟雅各仁德高尚。教会的中流砥柱需要德高望重的人。

约翰集美德于一身。基督教只要是爱之宗教，约翰这一人物就必不可少。总之，学识、声望、人品一身汇聚的人物，在基督教里未曾有过。

基督教中之所以没能诞生才德兼备的人才，是因为绝对且在根本上需要彼得这样的人。主以此为夙愿，无论在"变貌之山"，还是在客西马尼，[④]还是在死体还生之时，始终不忘身旁伴有彼得。他从来没有给门徒们打开过密室之门，但这门却向彼得敞开。

彼得有他的优点。主慧眼识人，一定是看准了彼得的优点。

比起保罗的教养和学识，彼得确实毫无才华。保罗在塔尔索[⑤]学习希腊哲学。耶路撒冷时代，在加百列[⑥]门下接受正统教养。然而，彼得却毫无学识。

但是，就是这样一个彼得竟然有一样学问，那就是有关耶稣的学问。他在掌握耶稣传记的知识方面绝不逊色于其他任何使徒。他为研究耶稣传教前的生活，拜访主的兄弟雅各处从未怠惰。

①使徒约翰。耶稣十二门徒之一。——译者
②犹太人的祖先。——译者
③使徒保罗。《圣经》中初期教会主要领袖之一。——译者

④耶路撒冷附近的花园，系耶稣基督被囚之处。——译者

⑤保罗的出生地。——译者
⑥基督教的报喜天使。——译者

有关耶稣人生言行的点点滴滴，彼得都了如指掌。像彼得这样精通耶稣的人可谓独一无二。因此他说，"我们的所见所闻，不得不说"（使徒行传第四章第二十节）。这里包含着他的强意。就是说，连彼得也抵不过了。既没掌握哲学，也不懂科学，但是单凭自己熟知耶稣这点上，就足能成为传教士了。

他是先行浸礼约翰的弟子。所以，从浸礼以来就开始和耶稣交集了（使徒行传第一章第二十二节、第十章第三十七节）。正因如此，他才能一语道破耶稣的真相，"你是神之神，活着的基督"（马太福音第六章第十六节）。

他熟知耶稣生涯事迹，心明耶稣真相。因此，我可以肯定地说，他作为基督教奠基者是最有资格的人。①

①摘自《湖畔之声》1931年 8 月号刊。

## 4　复活之信仰

基督教的"复活之信仰"，给那些不知历经了多少次挫折、破产、失败的人们带来巨大力量，能够使他们重新振作，东山再起。

世界上至少有三四部有关复活的文学名作。其中一部是维克多·雨果的小说《悲惨世界》，犯有杀人抢劫大罪的冉阿让，那之后是如何度过自己的人生的。托尔斯泰笔下的喀秋莎和她的男友被流放到西伯利亚后即开始了新的人生。托尔斯泰以此作为暗示，完成了他的《复活》。

霍桑的《红字》，身上刻有"A"字刺青的女人闭口不吐自己的身世。而犯有罪行的年轻牧师却在公众面前坦白了罪行，两人共同负罪。还有，菊池宽《恩仇彼方》的市九郎以赎罪穿过黑色洞门，实现了建设隧道的悲愿。

正如上述，基督教的复活信仰告诉人们，人生中要有脱胎换骨，要有新的起步。

　　樱美林学园西北的山丘据说过去叫"并之丘"。已故清水郁子给它取名为"复活之丘"。学园创建以来，复活节的清晨要在丘顶的圆木十字架下举行早天祈祷会，这已成为年中例行仪式之一。

　　为什么要把这山丘取名为"复活之丘"呢？这是因为，樱美林学园是北京崇贞学园的复活。

　　战争结束后三个月，1945年11月8日，北京政府来了四名官员。他们在校门以及校舍的门上糊上盖有红印大戳的封条，上面写着"接管"两字。

　　有关当时接管的情景，我是从我们的中国教员那里听到的。郁子将额头贴在体育馆的砖墙上失声痛哭。说来不可思议，一个夜晚过后，她的的头发竟变成缕缕银丝。我在年轻时曾听过村上太五平牧师讲过有关丹波约伯①的故事。多次听过"耶和华赐给，耶和华收走。耶和华圣名永在"这样的圣句。当北京崇贞学园被接管时，我的口中反复着这一圣句。

①《圣经》中的人物。希伯来人的族长。——译者

　　"我们四面受压，但不可失去希望。受责而不弃，受击而不倒。要在身体上忍受耶稣所受的致死待遇。"（哥林多后书第四章第八至十节）

　　"上帝能使死人得生。又叫未有的好像已有一样。虽然原来没有希望，仍然本着希望怀具信心。"（致罗马人书第四章第十七至十八节）

　　我从内心感谢这些圣句的教诲。崇贞学园被接管时，如果自己感到走投无路，狂痛而不可自拔，也不会得到今天的樱美林学园。

　　我用自己从痛苦中爬起，重整旗鼓的亲身经历告诉读

者，你们最终会走入未来社会。事业上遇到挫折也好，商务上遭受失败也好，决不可以自尽而了事。和家人同归于尽更是荒唐。受到挫败定要重新站起来才好。

我离世后，在漫长的历史行程中，樱美林还将会遇到难关，还会面临大的危机。那时，你们是否有复活的信仰，这是决定学园兴隆与失败的关键，是对你们的考验。[①]

①摘自《复活之丘》1966年4月29日刊。

## 第三节　圣母玛利亚

### 1　人生的最后里程——苦难之路

去年夏季，我去法国期间，有机会参观了关于奥尔良少女贞德的古迹。从巴黎乘车顺着塞纳河下行，在一个叫里昂的镇子下车。车站旁边，立刻就会看到她被投狱的牢狱之塔。

贞德就在这个镇子的广场被处火刑。今天成了名胜古迹。还有一个规模不大的贞德博物馆。馆中陈列着贞德用过的经典书籍以及十多件小物品。其中我最感兴趣的是一幅用人偶制成的立体画。这幅立体画描绘了贞德即将被处火刑的情景。广场一隅摆放着高高的柴木，旁边有两个手持火把的刽子手正在点火。广场周围的家家户户，玻璃窗上贴满了观众的脸面。贞德背对着柴堆站着。她穿着遮住脚跟的白色长裙。她的双眼凝视着天边，姿势和表情看不出丝毫悲伤，更没有一点泣容。

我在游访欧洲各地时，尽量多看了一些圣画。印象特别深的是阿尔萨斯的古都科尔玛的美术馆。这里是圣画汇集之最。在天主教的伽蓝壁上，无论是雕刻还是油画的圣画，一般展示十四幅作品。其中也有镶嵌在墙面的壁画。为什么我要踏破铁鞋，跑遍各处美术馆呢？是因为，我试图在寻找一幅圣画，哪怕一幅也好，就是展示十字架道行或十字架上的耶稣的表情，是没有苦涩的表情。我期望能够看到这样一幅圣画。

为什么人们对耶稣之死感到悲伤至极。天主教堂左右墙壁上的雕刻和油画上，有描绘耶稣背负着十字架的情景，使人感到，耶稣背着十字架是那样沉重，他的面颊上滴着血汗，挣扎中迈着沉重的步伐。而我却认为，此时此刻的耶稣，并非是幅哀苦死相。读者是如何认为呢？

我曾访问过耶路撒冷。耶稣从彼拉多邸到各各他山丘的这段"苦难之路"，虽然是上下坡皆有的路程，但距离并不远。我试着走过，不到二十分钟，无须费劲。当时我已七十八岁，这段路走得十分轻松。

因此，依我的想象，耶稣背负十字架走得并不吃力。十字架是杨木所制，也不会沉重。耶稣·基督受难时，年龄正值盛年，又是木匠。因此，他定会挺胸阔步走向山丘。他并不是很多圣画中所描绘的那样。至少我以为，他绝不会像一只丧家之犬，苟延残喘地去完成自己最后的里程。

"苦难之路"途中立有十四个牌标。"这里是摔跤之处"，"这里是一位妇女用手帕为他揩汗之处"。根据标牌建造了教堂。我感到，这些种种传说均无可信之处。[①]

①摘自《湖畔之声》1969年6月号刊。

## 2　耶稣的性格

耶稣的性格是喜欢到"僻静之处"。

耶稣最后所去的"僻静之处"是客西马尼园。当时，伴随他去的有彼得、雅各和约翰三弟子。然而，和以往不同的是，他和他们保持一定距离，让他们待侯。也就是说，他独自祈祷。

去年（1968年）7月，作为巡礼旅行，我去了圣地耶路撒冷，滞留一周，每天黄昏必定要去客西马尼园，并勤行祈祷。盖满橄榄枝叶的花园，面积并不敞阔。大概也就是本垒至二垒的距离。

客西马尼园的正下方横有通往耶利哥的公路。离大马士革门很近，因此，乘夜幕北上去加利利是件很容易的事情。

这时，他看到门徒们前仰后合地打瞌睡，而现在难道不是逃脱耶路撒冷的良机吗？但是，耶稣却既不逃走，又不隐藏，而是毅然决然走向十字架之途。

"To be or not to be，that is the question"，这是哈姆雷特站在人生歧路上呐喊的一句著名台词。我以为，这里的"to be"意为应该活下去。耶稣也为如此。他在死亡面前作出决断。"请解除这苦涩之杯。让我心应神愿"。这是滴着血汗的祈祷。

耶稣在彼拉多的法庭上到底有些愤慨，却是那样安然自若，在十字架上依然保持坚定泰然。他为什么能有如此安详镇静的心态呢？是因为，他在客西马尼园前夜，虽然心有若干忧乱，但决心已定，心静沉着地进行了思考、冥想和祷告。①

①摘自《湖畔之声》1969年8月号刊。

### 3　崇拜圣母玛利亚——爱子

圣诞节，人们往往祝贺耶稣的诞生。可是，我却把这天作为仰慕和纪念圣母玛利亚的日子。坦率地说，自己虽然已是这把年岁，可是必然要思念自己的母亲。

在天主教会堂，圣母玛利亚的圣像被安置在正中。这是早年在巴西旅行时的事情。出租车司机经过教堂前时，甚至不去注视前方，而是面向教堂方面行礼致意。对此，我不由感到十分惊讶。这是因为教堂讲坛正中立有圣母玛利亚的塑像。

基督教进入地中海时，地中海沿岸各地都立着女神像。保罗的书简中也屡屡出现女神。

本来，作为基督教传道秘策，无论任何一个国家，都把异教徒们的宗教闭锁在自家药笼之中。因此，基督教首先把地中海沿岸的女神予以固定化。最终，基督教中形成了崇拜圣母玛利亚的信仰意识。

而自己崇拜纪念圣母玛利亚，主要因为，在我心中她是母亲之典范。

### 胎教

"路加所记的福音"第一章中曾提到耶稣在母胎时的事情。根据这一章的记载，圣母玛利亚在耶稣还在腹中时就开始进行胎教，希望自己这腹中之子成为未来的救世主。也就是说，当时的圣母已有胎教意识。一般妇女也是如此。她们天天抚摸着日渐鼓起的肚子，希望自己的孩子会成为对世间有用的人。人们要为此虔诚祈愿，精诚努力。

### 宗教教育

据"路加所记的福音"第二章记载，耶稣曾随父母去耶路撒冷参拜。日本的伊势神宫，男女在不同场所分别参拜。耶路撒冷的神宫，男女参拜也是分别在不同场所。因此，母亲玛利亚认为，耶稣是和父亲在一起。而父亲却认为他一定是和母亲在一起。父母在寻找走散的耶稣，当看到耶稣时，他在和学者一问一答地交谈着什么。

我觉得，日本的教会也要和美国教会一样，孩子同父母一起来到教会，一家人坐在一起做礼拜。

我想，基督教徒的神龛就是饭桌。当家人团聚进入晚餐时，主妇口中先道谢词。餐前致谢，祈祷在外的父亲和兄弟姐妹，这是非常好的宗教教育。还有，儿女们上大学或在国外出差，每到晚餐时，定会想起母亲这时在为自己祈祷，会想到母亲对自己的衷心祈愿。对年轻人来说，牢记母亲之情很重要。

**爱子**

"马太所记的福音"第十二章中记载，耶稣说教时，母亲玛利亚总在屋外倾听。

人们说，"你的母亲站在屋外"。耶稣厉声说，"母亲何谓？遵从神意的人才是母亲。比起父母，非爱己者而无事成"。我以为，耶稣虽然这样说，可是，爱子的玛利亚实际上就是耶稣。

杰逊的母亲被学校召来谈话。

校方对她说，"你的孩子接受高中教育很困难，你领他回去吧。"但是，杰逊的母亲则认为这是绝无的事情。无论谁怎样说，决不让自己的孩子失去理想。于是，她试着带孩子去医院做了检查。结果才知道，孩子有听觉疾患。她给孩子配上助听器后，孩子的学习成绩一跃成为班级的第一名。

母亲绝不会放弃子女的理想。这不同于任何。无论孩子走去何方，母亲必定追至何方，如同玛利亚那样……

**到达各各他**

"约翰所记的福音"第十九章中记载说，母亲玛利亚在耶稣的十字架下仰首凝望，丝毫看不出"我是绝不会随你去各各他山丘的"任何意容，而是在静静守望着自己深受痛钉之苦的儿子。她真是一位坚强的女性。

世人中，遗弃自己不成器子女的人大有人在。而一位母亲却绝不会这样，正如玛利亚一样。

"使徒行传"第一章中记载着耶稣的荣光情景。那时的玛利亚在群众中站着。

在各各他山丘，玛利亚面对如此惨状，如果她说"我不随你而去"，那么，她就不会去敬仰崇尚基督。

我的母亲在她临终之前已有预感。

母亲说，"去请八幡的牧师来，让我接受洗礼吧。比起他爹去的极乐净土，不如到安儿要去的天国。我在那里等着安儿。"

于是，请来八幡的牧师。躺在病床的母亲接受了洗礼。这世间，还会有比母亲更伟大的人吗？[①]

①摘自《复活之丘》1973年1月20日刊。

## 4　理想之国

> 对洁净的人来说，一切都是洁净的。
>
> （致提多书第一章第十五节）

耶稣说教的主题，归纳来看，均为"神之国"。他的"神国"也含有"理想之国"的意思。

自古以来就有各种"理想之国"的构想。例如，伊甸园、高天原、极乐净土、桃园仙境、蓬莱岛、浦安国、柏拉图共和国，等等。还有中国的孔丘也是位充满梦想之人。

《书经》中有"尧舜之世"，《春秋公羊传》中有"升平世"、"太平世"，《礼记》里有"礼运篇"等，均撰述了理想之国的情景。

最近几年，托马斯·莫尔的《理想世界》，H·G威尔斯的《近代乌托邦》，康帕内拉的《太阳之都》等，创作性著作风靡于世。然而近来，描写实现理想之国的作品也多了起来。

其中，如同耶路撒冷的基布兹互助体最多。所谓的基布兹互助体运动是，奥本海姆得到大富豪罗特希尔德的资助，从加利利引水穿过水井，在沙漠荒原开创绿地。来自全世界的犹太人都汇聚于此。早年，我在耶路撒冷滞留期间，在基布兹用过午餐，吃了些新鲜沙拉。食物既干净又可口。

在我国，根据武者小路的《续新村》，八高线沿线的武藏野柞树林中也有这样的互助体。伊贺上野的"山岸会"就是拥有三四万号人的互助体。

二十年前我去巴西时，那里的阿里安萨有弓场勇主持的互助体。后来不知其情况如何。

这些互助体所有财物均为共有，私财皆无，互助互利，完全是世外桃源。最近，似乎在那须原也开始组建基督教徒互助体村落。我以为，这种互助体公社的形式是实现理想之乡的尝试。

不过，自古以来在人们构想的理想世界中，耶稣的"神国"最为卓越。他所提倡的"神国"，简而言之，是以神为统率的理想之国，其宪法由两条构成。第一条是"要用全颗心，全个魂，全副思想去爱你的上帝"。[①]

第二条是，"爱邻人要像爱自己一样"（马太福音第二十二章第三十七、三十九节）。

即，以神为父，其下的全人类兄弟姐妹和睦相处，和谐生活。这就是"神国"。

耶稣曾说，"神国在你心中"。就是说，十二名使徒凡物共享（使徒行传第四章第三十二节），他们以基督为核心，和爱相处，协同生活。他看到这些便说，神国就在你们中间。

我赞成耶稣的这一说法，神国在你们中间。你们的家庭就是神国。

明治时代，大男子主义十分明显，还有虐待媳妇的婆

① 《圣经》马太所记的福音第二十二章第三十七节。——译者

婆。时至今日，家庭，总算成了甜蜜乐巢。

我的学生结婚请我出席婚宴时，我总要写张色纸夹进云版赠送他们。色纸上写道：

> 谁是此家之主　主是神

意为，"谁是这家的主人呢？神就是主人"。主妇发言只要有道理就应该是夫从婆随。

过去俾斯麦①说过，有些词汇，英语里有而德语里却没有，让人羡慕。这些词汇包括"家庭"和"先生"。"家庭"一语没有"房屋"之意，也没有"庭院"的意思，而是一种抽象词。

①俾斯麦（1815~1898），德国帝国首任帝国宰相。——译者

丈夫的是妻子的，妻子的也是丈夫的。家里所有，甚至连墙角的垃圾也是共有之物。

我想，我们的理想学校是一个如同家庭的学校，理想社会是一个如同家庭的共同体。②

②摘自《复活之丘》1974年8月25日刊。

## 5　小小之物

> 我在圣民中比最小的还小。
>
> （致以弗所人书第三章第八节）

圣歌队合唱的第四六三赞美歌，歌词如下：

> 小小一滴水　汇聚而成海
> 粒粒细泥砂　积累而成山

这段词意和我今天的话题十分吻合，是个偶然。惊喜之

中也有一丝不可思议。

耶稣往往说些大话。例如，"我要毁坏这宫殿，三日之内再重新建起"，"天地运转。而我言则永恒不变"等，可谓豪言壮语。

然而，耶稣却喜欢言及小之物。让我们翻开"马太所记的福音"来看，有以下章节。

> 谁独犯这最小诫命里的一条，又教导人这样做的，对于天上的王国来说，他就叫做"最小的"……
>
> （第五章第十九节）
>
> 一个给小小门徒喝杯冷水的人，哪怕只是一杯冷水，说实在的，这个人也决不会失去报酬。
>
> （第十章第四十二节）
>
> 事实上，这是一粒所有种子中最小的种籽（芥子）。然而，它却会长成蔬菜中最大的。甚至成为一课树，天鸟飞来滞宿其中。
>
> （第十三章第三十二节）
>
> 但是，绊倒一个小小信徒的人，无论是谁，他会感到不如脖挂驴拉的磨石沉入广阔的海底，这样更为有益。
>
> （第十八章第六节）
>
> 你们要留意，不可轻视任何小小人物
>
> （第十八章第十节）
>
> 我的天上之父不愿任何小小人物有一个亡毁
>
> （第十八章第十四节）

从上述可以看出，耶稣的"小"似乎成了述癖。

耶稣用比喻说明真理的深意。他再次以"芥子籽"为例，来说明神国。

"耶稣说，我们将神国用什么去相比呢？……它如同一粒芥子籽。把它播在地里。它是所有籽种中最小的。然而，它却长得比任何蔬菜都大。甚至像棵枝繁叶茂的大树。枝叶中，天鸟在筑巢滞宿。"（马可福音第四章第三十至三十二节）

对日本人来说，芝麻籽、油菜籽人人皆知。然而，提到芥子籽却有些反应迟缓。

一目了然，这个比喻说明了耶稣的神国由"小"成为"大"，又阔展为"广"，是"发展"之意。当时，耶稣只不过才有十二使徒。而时到今日，他已有成千上万的使徒活跃在全世界。他的教诲委实具有先见之明。

"路加所记的福音"十七章中记述说，"如有像芥子籽那样大小的信心，你们就会对这棵黑桑树说，'连根拔起，栽在大海'。这话千真万确。"截至 1946 年 3 月，我在中国居住三十年，我依依不舍离开中国。当时回日本时，不允许身携钢笔和笔记本。可是，在我心里却怀有一丝芥籽似的信心之光。我把它完好无缺地捧了回来。这一小小信心，即"相信、追求、赋予"。这就是"信念"。

亲爱的读者们，我们樱美林学园就是从这个小小的芥籽起步、成长起来的。

歌手本田路津子毕业于樱美林大学。她是位专业歌手，歌声甜美，风格高雅而朴素。她深受听众欢迎的歌曲中有这样一首歌。

1. 小小一双手　无能为力
　　然而　双双手儿合起来
　　就会力大无比

2. 小小一个人 弱身无力

然而 人人团结一致

就会天下最强

这首歌是她在樱美林大学学习时，从英文译过来又配上曲演唱的。是首好歌。

姬路有座叫白鹭城的城阁。城墙中夹着一块叫做"姥石"的石头，用金属网围着。有关这块石头还有一段故事。

那是某个时代要修筑城阁。人们相争捐上大石头。石头有四叠半的，八叠的，也有房子那么大的，堆积如山。这时，城主幼时的乳母清贫如洗，滚来一块小石作捐贡。后来发生了地震，城墙被毁坏。可是，只有这块小石所在之处却岿然不动，这段城墙也完整无损。这里可以悟到物理学原理，小石反而会承受大力。

4 月 21 日星期天，我们在学园山丘上的教堂里举行基督教徒大会。这天因有大风暴雨，会集而来的人很少。《圣经》中记载，"你们这一小群羊，不要畏惧"（路加福音第十二章第三十二节）。因此，你们绝不可叹息。雅各书中写道，"星星之火可以使森林燃起大火"（雅各书第三章第五节），"小小大事"（路加福音第十六章第十节）。盐以少量能使大锅汤菜美味可口。小小之物要无自卑，无胆怯。[①]

①摘自《复活之丘》1974 年 5 月 15 日刊。

## 6　基督的成长

马可所记的福音中记载了耶稣诞生以及少年时代的故事。但是，表述并非十分完整，只是记述了耶稣在约旦河接受洗礼后，圣灵如同一只鸽子飞来说，"你是我的爱子"。有关耶稣诞生的事以此起笔。也就是说，马可认为，在当时的瞬间，圣灵注入耶稣之体，于是，耶稣成为基督。因此，也许马可认为，耶稣成为基督之前的传记再无必要撰述了。

可是，马太和路加却从耶稣还在圣母玛利亚腹中时开始，详细记述了耶稣的成长过程。我也认为，从他们的记述中可以看出耶稣的成长、发育和进步，最后成为基督。

从"路加所记的福音"第四章第十六、十七节①看，耶稣从年轻时开始反复前往自己的出生地拿撒勒的犹太人会堂。当时，《圣经》各卷并非聚置一所会堂。有些经卷放在迦百农。但有幸之事是，以赛亚书放在拿撒勒会堂。

贺川丰彦曾说，耶稣最喜欢读的是以赛亚书。这样说来，从耶稣的思维方式以及一言一行，都可看出他确实喜爱阅读以赛亚书。"诚心诚意去爱你的神。爱神如同爱己"。这组圣句至今在拿撒勒会堂的教会上依然作为必唱圣歌。

从旧约《圣经》巨卷中节选出这一圣句委实不易。然而，耶稣却竟然选出，令人惊叹不已。在拿撒勒会堂，这一圣句被背诵如流，有一定道理。

毫无疑问，耶稣反复前往拿撒勒会堂使他在走向基督之途上得到了不断成长。当时，会堂里有"执长"，用今天的话来说，相当于"执事长老"。可以说，这位"执事长老"就是耶稣少年时期"礼拜天学校"的老师。②

①接着，耶稣来到拿撒勒。这里是他成长的地方。他按照惯例，在安息日进了会堂，站起来要宣读。于是有人把预言者以赛亚的书卷递给他。他打开书卷找到一处。
《圣经》"路加所记的福音4·16、17"（香港《圣经》公会 1995 中文版，第 1155 页）——译者

②摘自《复活之丘》1964年 2 月 1 日刊。

## 7 天意

海阔无际　荒漠无边

天意相助　去实现主之愿

沿着主指引之路

一直走下去

赞美歌第四九四

"天意"，中国人译作"摄理"。"摄"为"辅助、代理"之意。但是，这一词如意译为"先见"最为适切。

人遭受悲运时，生活中会充满困惑、悲哀甚至绝望。但是，过几年后回首再看，你会说，"那时运气很坏。但，坏事变成了好事。正因有那时才会有今日。"事情往往如此，事后会深感神之相助。这就是所谓的天意之信仰。

莎士比亚的一段著名台词说，"一只雀鸟，正因天意托持，才不会摔落在地"。弥尔顿的《失乐园》，"世界何处去？摄理在手，方向会明"，这句话是作品的结句。[1]

① 摘自《复活之丘》
1975 年 6 月 1 日刊。

# 第九章　作为一名教育家

No.62　我们学园的教育目标有两个。其一，培养个性成长。其二，改造社会和建设理想社会。我们的理想世界是，无种族歧视，无男女差别，充满博爱、正义和互助

## 第一节 教会学校和基督教徒学校

### 1 教会学校和基督教徒学校的区别

"教会学校"和"基督教徒学校"是否为同义词？我以为，它们的内涵有些许不同。

所谓的"教会学校"，一般由外国宣教师创建。因此，我们樱美林学园不属教会学校。

另外，创建者虽然不是外国宣教师，但是，是接受外国传教团体资助而经营的学校也属教会学校。我们的学园没有接受外国教会团体分文。从此意义来说，樱美林学园不属教会学校。

为什么外国宣教师要创办学校呢？其建学思想和动机又是什么呢？原因是，外国人来日本试图传教，而很难得到与当地人接触的机会，于是他们建起学校。这是他们建校的真正目的。

传教的主要对象更多是年轻男女。因为他们属于意识变化和思维活跃的适龄层。因此，持有学校最为明智。如果教会学校存在如此意义，那么，我们樱美林学园可称为教会学校。因为，我们从中国回来的时候，就立志到农村，在基层人民中开展教育事业。

农村和城镇有所不同，为传教而开拓片土并非易事。首先，我们在这里创建学校。如果是学校，村家子女会相争入学。我们学园在这里创建以来，不断将福音送到家家户户。现在，无论哪个村子，都可开展传教讲习会，到处可听到赞美歌的歌声，可以主持讲习会的女子遍及各处。

日本历史开始以来，乡村的年轻男女中，也有"我接受了洗礼"、"我已接受了洗礼"这样的人。我们就是肩负如此使命创建了学校。

我们樱美林学园在努力完成教会学校使命的同时，也在努力发挥着基督教徒学校的作用。

日本的基督教具有百年历史。因此，我们办学不仅是单纯的教会学校，还要成为一所基督教徒学校。也就是说，众多信仰基督教的子女们聚会一堂，通过这一学习的场所去度过自己一段有意义的人生。这样的学校最为理想。

对入学的异教徒，不失时机去传教说服，我们不去如此牵强附会。基督教徒的子女们会聚在一起，校内飘逸着浓郁的宗教气息。这样的学校哪怕有一所两所也好。从此意义来说，我们的学园是一所真正的基督教徒学校。目前，来自牧师家庭的子女有四十多名。学校有来自全国三十四个县的信仰基督教家庭的子女。如果剩下的十县的教徒生来上学，那就可以说是遍及全国了。

在这样基督教氛围的环境中，来自全国的教徒们和当地农村无信仰的子女们和睦相处，共同学习，也可使地方自然得到教化。这样，我们学园的创学使命就会阔步完成。①

① 摘自《复活之丘》1957年2月1日刊。

## 2　樱美林学园的特点

近年来，这一带地区的各个中学经常召集高三学生家长来校，请来附近公私立高中的负责人到场，为家长们介绍各自学校的特点。即，面向学生家长开展说明会活动。这样的机会，对经营学园的人来说可谓求之不得，因此我感到非常高兴。我随高中校长川上先生不失时机地参加这些活动。有的主持校允许他校代表说十分钟或二十分钟。我经常这样说，"各位家长老师，我是樱美林学园创建人清水安三。"

"很多人称呼'樱美林'为'奥柏林'。'奥柏林'是J. F. 奥柏林的简称。他是阿尔萨斯新教徒文化的创始人，著名宗教家，同时也以教育家而著称。他和我国的中江藤树多有相似之处。在全世界，以他的名字冠名的学校为数不少。巴西有，中国有，美国也有。我和妻子均为美国俄亥俄州奥柏林大学的毕业生。还有，我们学园坐落在美丽的樱树林中。樱美林学园因此而得名。

学园讲堂，右侧是J. F. 奥柏林的肖像，左侧是中江藤树的肖像。鄙人和中江藤树是同乡。

时间有限，长话短说。要说樱美林学园的特点，那就是教员爱护学生如同掌上明珠。称呼男生为'君'，女生为'樣'①。仅此就可以说明，我们首先要尊重学生的人格。

① 日文代名词。敬语"您"、"他"。——译者

还有，高年级学生要爱护低年级学生。这也是重中之重。所以，上对下的'说教''训斥'一切皆无。

还有，学园充满浓郁的学习气氛，要让学生刻苦钻研，努力向上。不管教育原理如何，总之，只要让学生闯过考试难关，他们的前途就会远大宽阔。因此，如何使学生学习热情高涨，激发他们强烈的求知欲望是我的教育方针。

还有，学问做好了而身体衰弱了，这也不行。特别是未来的贤妻良母不可因得智而失去体。良妻却体弱多病，对丈夫来说也是最大的不幸。学园设在城外，空气新鲜。学生在这样的环境里尽情学习，可谓得天独厚。

最后再说一个特点是，学园培养教育学生，不仅要智育，还要在德育方面得到发展。天下父母都希望子女有前途，有出息，至少不愿他们落伍掉队。学园的学生们还没有受到过町田警察部门的悔过教育。因为我们拥有精神之食

粮——《圣经》。

我们用祈祷和赞美歌，日日为新起点。我们的学园要让学生在智育、体育、德育三方面并行发展。各位家长和老师们，恳望你们把子女送到我们的校园来。我们的教育定会使你们满意……"

我陈述完后，川上先生再作些有关入学具体手续等说明。

我衷心希望明年春天能收到更多的报名志愿。[①]

①摘自《复活之丘》1959年12月15日刊。

## 3    学园到底如何去发展

某一私立大学的校长问我，"学校如何才能得到发展？"我告诉他说，"首先要达到招生成功。""像议员进行竞选演说一样，要做到倾注热血，全力以赴。"

进入招生季节，教员、学生、毕业生要一齐出动，竭尽全力。但是，努力招生，更要首先做到不断去充实和加强学园的教育。否则，学园也不会得到发展。

那么，樱美林究竟成为何样学园，世人才会把子女送来呢？

第一，学生在学园是否能得到教养的加深，这是头等重要的事情。"劣树结恶果"，学生毕业后达不到良好发挥，这样的学园自然得不到发展。目前的初中和高中部，应努力送毕业生进入一流高中或大学。否则，学园不会得到发展。

对高中的学生来说，应对考试的学习是痛苦时期。他们的痛楚可以理解。可是，日本的教育只要没有翻天覆地的变化，学生就无法避免这种痛楚的过程。回避就会落伍。这是没有办法的事情。

学园要引导学生面对现实，勇于挑战，克服困难。但是，这也不是一朝一夕就能达到目的。需要不断进取，今年要比去年好，明年要比今年好。我想，只有这样才会逐渐奠定和加强毕业生的实力。

没有特点的私学绝不会繁荣发展。那么，樱美林有什么特点呢？其中一个特点是，以宗教教育来促进品德的向上。

只因是所教会学校，单凭一丝半缕的香气并不等于会成大器。酱，只取发酵不过是种腐臭。宗教也为如此，只靠一缕清香的信仰也难以成就。

学园充满信仰气氛足以。不可故意诋毁基督教或迫害、蔑视教徒学生和教员。生拉硬扯地向对方说教，必然会造成伤害。没有食欲却硬让他去吞食，美味会变成渣滓，适得其反。

最后不可忘记的一点是，发展学园的首要秘诀是为发展而向神去虔诚祈祷。我们的学园不是建筑在黄金之上，而是基于神。祈祷是创办和发展学园的根本。只要有这种建学精神，时运、人才、资金、学生就会接踵而来。正因持有如此信念，我们才能常得安定，充满希望，顺利运营。[1]

①摘自《复活之丘》1960年11月5日刊。

## 4　坚持基督教主义

爱人如爱己，这是基督教的第一主义。我们学园里收有很多住在邻处和市内人家的子女。

我们收了一位来自八王子的女生，她患有弱视。她毕业后又升入音乐学校得到进一步深造。她在校期间，每天都有女同学拉着她的手上下学，坐在邻座帮助她。这个故事委实值得一提。

还有，我们收了一位盲眼青年进入短大学习。教授们每学期为他单独进行口头考试。他毕业后考入明治学院大学。

毕业后准备去美国留学。

耶稣对腿脚不便的人十分怜悯。泷泽来的学生小 T 美丽端庄。但因小儿麻痹腿脚不便，走路如同跳舞。小 T 参加高中考试后，樱美林高中给她不合格。我十分同情她，说，"让她在我研究室，我给她个别授课吧。"于是，她在我研究室完成了高中课程的学习。小 T 行动十分不便，在路上摔倒，如没有人上前扶上一把，自己无论如何站不起来。然而，她接受我个别教育后又升入短大英文科学习。毕业后自己开办了私塾。

有一年，学园收了一位小儿麻痹遗留症的青年，腿脚极度不便。他竟然蹭行登上谷川山顶，骑着轻骑上学。他的嗓音像猴叫。但，他活泼开朗，深受周围爱戴。最近，他开始驾车行动。

今年，学园特别接收了一位有听障的男生。这之前，学园的短大曾接收过一位有严重听障的女生。她在幼小时期被当作聋哑残疾人看待。她表达很快，后来闭口不语。我们连拉带扯，终于使她完成学习并毕了业。现在她已是为人之母，是银行分局局长夫人。[①]

①摘自《复活之丘》1964年 4 月号刊。

## 5　基督教徒学校的建学方式

小崎弘道先生曾说，"同志社是所基督教徒学校，并非教会学校。"因为同志社的创建人不是外国宣教师，而是日本人新岛襄先生。新岛襄虽然不是外国人，可是他用自己获取的美国理事会年俸创建了同志社，并经营起来。因此，我认为同志社和其他教会学校有根本的不同。

关于教会学校，通常，外国的宣教师以纯粹教会形式来接触日本青年男女较为困难，建立学校完全是为了能够和一些人接触。因此，教会学校的建学动机以及精神只有一个，那就是地道的传教。

在日本，仅新教徒（耶稣教徒）的基督教学校就有八十多所。其中大部分为教会学校，校史有的八十年，有的五十年。这些学校每年都在接受教会组织的资助。而没得到这类资助的只有极少数学园。

樱美林学园是少数之一。因此可以说，我们学园完全是一所基督教徒学校。我们没有使用过任何一个传教组织的资助。学园能发展到今日，是因为有了众多海内外基督教徒们的支持和援助。值得一提的是，我们特别蒙受了那些住在美国、巴西的基督教徒们的大力支援。我们的学园必须以一所基督教徒学校身份去经营，去发展。因此，学园加入了已有八十多校盟友的基督教学校教育同盟。

那么，基督教徒学校和普通私立学校又有何不同？我认为，基督教徒学校，只要充满基督徒之气氛足已。

为使园内充满基督徒的气氛，我们有如下做法。

首先，我们在举行开学和毕业典礼、学期授课开始和结束、学园创立纪念典礼等时，开幕要唱赞美歌，朗读《圣经》，致祈祷辞。信仰训词、演说终了后，闭幕要唱颂荣歌，致祝祷辞。

召开教员、教授会，开场时要祈祷，教职员进入会餐前致感谢词。还有，学园里有十三位牧师分别担任各岗位负责人，以便于得到和学生接触的更多机会。

校园中央耸立着青铜制的十字架塔。教堂的墙壁上悬挂有"荆棘冠冕"，校园道路两旁排列的撑杆上飘扬着校旗。校旗的颜色各有不同。幼儿园为橘黄，初中为深黄，高中为深红，短大为紫色，大学为淡蓝。在这些不同颜色的校旗上印有樱美林学园的校徽——荆棘冠冕。这顶冠冕象征着"越过苦难，走入荣光"。校徽制成徽章，女生别在胸前，男生别在衣领。

我感到，这些足以显示了一个基督教徒学园的气氛。

课程设置也考虑了这点。初中和高中每周用一小时读圣典章节。短大和大学每周设一节课进行基督教教学。学园还设置了两种礼拜方式。一种是星期日在学园山丘会堂肃穆礼拜。还有一种是在校园礼拜，初中在星期二，高中在星期六，短大在星期四，大学在星期三，礼拜时间各为一小时。我们将此称为低年级礼拜。

最近，有三四名教徒学生对低年级礼拜的出勤报到提出抗议并进行拒绝。有其之理。所以学园不再做出勤报到。可是，也由此开始，过去的席位爆满现在却变得冷冷清清。

我一直在想，基督教徒学校的经营方针，其特点究竟在何。作为经营者面对一切事务，首先要祈祷，要想到如果基督·耶稣担任校长，他会如何去解决。抛开自我的独断意识，遵从基督·耶稣精神去果断行事。这才是经营学园的真髓所在，才可称得起是一所名副其实的基督·耶稣的学校。

如上所述，我们在尽可能的范围内，试图把学园经营成真正的基督教徒学校，引导更多学生去理解和领会基督精神。学校不同于教会，传道并非易事。

学生在校学习期间，至少让那些不理解或轻视基督教的学生走出校门，人生遇到困难和波折时，或面临重大问题时，或迷茫于交叉路口时，会想起在母校樱美林所学到的基督·耶稣精神。我们十分期望这点，并努力做到这点。[①]

①摘自《复活之丘》1973年7月15日刊。

## 第二节 建成充满爱的学园

### 1 不知今日应知后日

同学们，欢迎你们的到来。你们中间，有的同学尽管有进入其他大学的机会，但是，一门心思选择了樱美林大学。不少同学如同滑雪，滑过山谷沟壑，最后终于滑到了樱美林大学。

你们可知道"天命"这个词的词义吗？莎士比亚曾说过，"一只雀鸟，正因天意托持，才不会摔落在地"。

《圣经》里有这样的话，"你们不知今日，应知后日"。当你们在自己志愿的大学落榜时，一定是灰心丧气。但是，在第二年担心再次落榜而来到了樱美林。我以为，这是天意。希望你们也应该这样去想。

日本于 1945 年 8 月战败，我随之失去了在北京朝阳门外经营的崇贞学园。后来，我只背着个行囊踏上归程。1946年 3 月，我回到日本。我正因当时的"失去"和"撤离"，才建起了今日这样的大学。

值此，我要感谢过去的一切。我相信，你们今后也会感谢曾被其拒之门外的那些大学……

在你们中间，也许有人有时会想，外面的大学比我们大学好。俗话说，"家花不如野花香"。为和我们学校做比较，需要走进那些学校去体验。为此，要办转学手续。一旦进入那些学校，又会感到还不如樱美林。那时，重回樱美林就不太容易了。

因此，学校之间做比较并非易事。有很多短大毕业后，插班到其他大学三年级的毕业生深有感触地说，还是樱美林好。也许这是个外交辞令吧。

同学们，你们是否也有迷茫、犹豫？

从前，德富苏峰离开东大前身的开成校转学到同志社。他进入同志社不到一年就又退离而去，上了东京。

新岛先生曾对他苦心劝说，希望他不要轻易离开同志社。可是，他没听劝阻。听说那时期，新岛给侄子一些钱，命他说，"用这些钱开个面铺，能有碗面吃。"年轻人步了德富苏峰的后尘，最后在七条的大福寺办了面条店。我也有过类似的经历。

真不可思议，来贺年片最多的是那些退离学园的人。前年，我去欧洲。在西雅图一位女性请我吃饭。还有，我去伦敦，甚至有人来机场接我。而她们都是离退樱美林，转入其他学校的学生。

不来贺卡也好，没有敬慕之感也罢，我都不介意。只是希望你们在此一学到底，能在 1974 年 3 月顺利毕业。如果在美国的大学，你们不叫 70 届，而是被称为 74 届。你们要一块穿上清一色印制有一九七四字样的对襟毛衣。衷心希望你们全部列队，顺利毕业……

我们校园既无院墙也无栅栏，完全是"无栏教育"。"无栏"和"无策"是否相通？因无栅栏，小偷会容易侵入。而小偷侵入校园已有过两次。

因无围墙，会容易发生火灾。有过路行人把烟头扔进路边枯草。如有院墙也许就会避免校园火灾的发生。而火灾在校园里发生过两次。

尽管如此，我仍然不主张增建院墙。无墙也就无门。无门也就没有门卫。按照新岛先生意图，学生宿舍要有围墙，校园周围要有带上刺栅的围墙。而我只赞成在幼儿园设围。学园如有围墙如同监狱。我们虽然不设围墙，但有责任引导和提高学生的自我保护意识。

还有，初中和高中的教室里没有讲台。这是教育哲学家约翰·杜威的主张。他的主张是，教师和学生会聚一室，同起同坐。反对教员居高临下面对学生。大学曾接到一位女教员的建议考虑设置讲台。目前的两个教室贯通为一个大教室，因此决定设置讲台。但是我想，也许等不了几年，不久的将来，将废除大教室，那时也将撤除讲台。

古人的教训中提倡尊师，连教师的身影都不可踩。而我要说，学生要踩着老师的身影，和他们携手并肩，共同前行才好。

我们学园，称呼学生时一定在其名后加上"樣"或"君"。所以，高年级和低年级地位同等，没有上下高低之分。

最后我想说，我研究室的大门时刻对学生敞开。不用敲门即可进来。到我家也可以。只要遇到紧急的大难题，哪怕深夜来我也欢迎。

请大家起立。让我来为你们祈祷。

"神啊，恳请为我送来更多的学生。我发誓，我要倾注心血爱护他们，诚心诚意培育他们。现在，你已为我们送来很多学生。他们心地善良，朴素诚实，如同兄弟姐妹，和睦相处。让我满怀感谢，祈愿他们健康成长，完成四年学业。引导他们避开一切诱惑，努力学习，愉快生活，不辜负父母的期待。祈愿神也给我们的教员们爱和忍耐吧。我在耶稣·基督之名前，真诚献上祈祷。阿门。"[1]

## 2　地盐、味精、肥皂

耶稣·基督曾说，"你们是地盐，是世间之光"。我们

[1]此文自清水安三在樱美林大学数次开学典礼上的致辞。摘自《复活之丘》1970 年 4 月 20日刊。

学园真正的校长应该是耶稣·基督，而我只不过是他的代理。如果耶稣·基督在日本，站在这个讲坛，他一定会说"你们是地盐，是世间之光"。

你们知道盐的作用吗？现时代，盐，用于化学种种。但是，盐的作用在耶稣时代却鲜为人知。只知是一道加味品和具有防腐作用。

主妇在汤或菜里加上些许盐，鲜美可口的汤菜就会出手。你们一个人两个人，只要能发挥作用，就会使社会、政府机构、服务经营行业，以及你们的家庭变得更加活跃，充满生气，日子会有滋有味。

你们大多数将来会出嫁。那时，要让你们周围的人说，我家媳妇的到来，如同带来春风，餐桌上欢声笑语多了，一家人欢聚一堂，幸福美满。

盐还有一种效用。那就是防腐作用。在鱼身上撒些盐，保存时间就会很长。樱美林的毕业生，在一些社区和团体总会有一两个人，对周围的人即使不去谴责或批判，只要默默无闻，勤勤恳恳，就会使这个团体避免堕落和腐败。我们应该做到这样的程度。

耶稣还说，"你们是世间之光"。所谓的"光"，哪怕是"微光""小光"也会划破黑暗，为人指出方向。

各位同学即将走向社会，加入到社团之中。即使地位很低也要发挥"微光"的作用。当这些城市的市民、团体以及家庭成员迷失方向，不知所措时，你们要以一朵烛光无声引路，发挥应有的作用。

以上我转达了耶稣校长的训导。下面我想以校长代理忠告大家几句。

我想说，"你们是世间的味精"。味精是明治时代池田菊苗所发明。如今，不仅日本，英美法等国家的餐厅、饭店也在普遍使用，就连中国菜系都离不开它。几个小小颗粒就能使汤菜香甜美味。你们就是这样的味精。

你们只要有一个人在，就能使社会或家庭酿出美好气氛。这就是奥柏林人的使命。

我还想说，"你们是肥皂"。过去有个叫荒尾东方斋的人，他在京都若王寺山麓隐居。他称自己的本名为荒尾精，和近卫笃麿共同创建了上海的东亚同文书院。

当时，有个叫牧野虎次的少年，十五六岁，是同志社普通校的学生。有一天，他去为新岛先生扫墓，归途中访问荒尾先生，并恳赐挥毫一笔。结果，先生在一张半折纸上只写了两个字——肥皂。现在这一被装入锦框的"肥皂"，珍藏在东京的霞山会馆。

所谓肥皂，去污洁世，除垢净人。在自己身上打上肥皂，用水搓出皂泡，去除污垢。

对耶稣·基督来讲，他也许没听说也没见过肥皂、皂泡为何物。在我幼小时代，农村里没见过皂泡。没有肥皂委实不便。

同学们，肥皂真正是我们的榜样。希望樱美林人走入社会后，以自己为皂泡，洗掉世间污垢，清洁社会。

最后，日本有撒盐洁世的习惯。现在我在此撒上一把盐。这是樱美林的洁世仪式。"除垢，洁净"。以此，我们便洁美无垢。①

## 3　建成一所充满爱的学园

各位父兄家长，欢迎光临学园，在此深表感谢。衷心希望，在今后的日子里我们时常在学园见面。

①此文为清水安三在樱美林短期大学毕业典礼上的致辞。摘自《复活之丘》1970 年 4 月 20 日刊。

今后的三年，你们把宝贝子女托付给我。一句话，敬请放心。

我想先向首次来学园的教员们讲几句话。这座讲堂周围的墙壁上挂着一些锦框。首先右侧锦框里的人物是裴斯泰洛齐，是瑞士伟大的教育家。他在日内瓦的湖畔创建了学校。我曾去过这所学校。现在，那里已是名胜。

裴斯泰洛齐总是穿有光泽的衣服，裤子也是亮闪闪的。那个时代，他穿的可称得上是晨礼服和绅士礼服大衣。可是，上衣前襟和裤腿上半却是闪闪发亮。

为什么呢？裴斯泰洛齐的学校是小学，每天早晨，他迎接小学生到校。小学生们边喊着"老师……"边扑到他怀里，顺此揩拭鼻涕。这样天长日久，他的衣服便放出光泽。时至今日，裴斯泰洛齐仍以爱之教育家而驰名于世。

各位老师们，衷心希望你们如同裴斯泰洛齐一样去爱护每位新生。这里是充满爱的教育场所。让我们发扬这一建学精神，像对待自己的孩子一样去待好他们吧。

下一幅锦框中的人物是中江藤树。他生在琵琶湖畔，在琵琶湖边从事教育。我们是同乡，也是我最崇拜的人物之一。

中江藤树的学校里有位名叫大野了佐的学生，来自伊予的宇和岛。因他志向为医，藤树先生教他医学。藤树先生在当时的医学界十分著名。他的著作一半以上都是有关医学方面的书籍。他每天为大野教授医学。

可是，他的弟子在传记中写道："先生倾注精魂为大野授课，而弟子却并不乐意"。是说先生为了这个大野不值得，因此，弟子感到"不乐意"。原来，大野是位劣等生。总之，他记忆力差，反应慢。可是，藤树先生授课时，一题讲百次而不厌。而大野过上一个夜晚却忘个一干二净。就是这位大野最终自立成了一位医生。

我，清水安三虽不至于像大野了佐那样笨拙，但是也属于这类的人。中学毕业时，也就是这个清水安三，考试成绩五十四人中被排在五十二位。同志社大学毕业时，被排在第七位。而毕业生一共才八名。每位学生看上去都似乎聪明伶俐，可是他们中间一定有成绩落后的学生。如果出现这样的学生，你们要想，他将来也许会成为清水安三。我希望每位教员要有如此教育精神。拜托你们了。

下一幅锦框中的人物是同志社大学的创建人新岛襄先生。新岛先生时期，有位劣等生受到退学处分。第二天做礼拜时，新岛先生用桑木制的手杖啪啪地抽打着自己的左手。手杖折了，手出血了。对此，坐在第一排的的学生堀君不解地问，"老师，您这是为何？"说着把新岛先生的手杖拿下来。于是，新岛先生便说，"出了这样的学生，完全是因为我不好。我在替神惩罚自己"。他已是泪流满面。我们也要像他一样，一旦出现劣等生，责备的首先应该是自己。我们的学园是一个充满爱的场所，我们要用这样的精神去育人。

下面我想对父母家长们讲几句。初中到高中的子女教育实为艰难之最。对此，所有的父母都会感到痛苦不堪。我想你们也深有体会。可是，作为父母世上最快乐的是什么呢？不是别的，就是子女的健康成人。然而，对他们成长过程中的教育是艰难的。可以说，这时期是他们的"反抗期"。你在苦口婆心为他好，可他却说，"真烦人。别唠叨了，我知道。"母亲听此会感到十分伤心。过去对他精心呵护，拉扯养大，而今却被嫌唠叨，反而成了累赘，泪水扑漱漱流了下来。孩子到了年龄，又要预防麻疹、百日咳等等，为了孩儿费尽心血，操劳无尽。尽管遭到冷言相待，也不可气急。人，可丢弃任何，却不可丢弃子女。这时更不可以丢弃他们。我们要紧跟在他们身后，不可停止对他们的教育。这才是为人之母的意义所在。

我想向所有的母亲建议。子女上了中学，每天回家后要督促他们学习两个小时。上了高中，每天回家后要学三个小时。这个时间必须有所保证。这两三个小时里，一小时用来预习。根据孩子的能力要主张"预习主义"。对能力差的孩子先要复习，主张"复习主义"。等他们逐渐适应了学习后再进行"预习主义"。这样，他们来到学校学习会感到其乐无穷。

一些教育评论家和舆论以及家长都说，不可实行"灌输教育"。而我并不这样认为。英语单词、国语汉字只能通过死记硬背才可掌握。这点没有任何理论可言。

"狗"字，并非狗的形状。因此，这字只能死记。日本人要更多地去掌握汉字。也必须掌握英语。这比起美国人学法语、德语要难得多。

法语或德语和英语有类似之处。对日本人来说，英语是完全另外的语言。所以，需要去满灌、去死记。尤其初中和高中更应该是满灌死记的时期。

初高中时间短，学习任务重，还要保证足够睡眠，否则，身体会垮。当然光睡觉也不会强壮。活动不分内容，只要积极参加体育活动就好。还有走路。我们学园虽然有校车，可是，我主张从渊野边走到校园来。坚持走路的人很了不起。我想，每天至少要坚持这样的锻炼。总之，希望同学们健康长生。像我一样立志要活到八十岁。健康才是第一位。

充足睡眠，多多运动，身体健康，才能保证学习。不学习时就睡觉或运动，不睡觉时就学习或运动。除此之外，没有做其它事情的余地。这三年或六年的时间会很紧张。希望你们珍惜时间，加倍努力。①

① 此文为 1976 年 4 月 10 日清水安三在樱美林初中开学典礼上的致辞。

## 4　贤智家长

我去美国的大学留学时，最初的一年间，学校根据我的要求，安排我住到学生宿舍。我的邻室住着一位叫杰克的学友。他的性格少见。他房间周围的墙壁上贴满了女人的画片。其中有裸体的，还有突出其大其美乳房的。贴的画片加起来大概有三十多张。

学期到了中期，学校要举行"大学节"。学生父母们都来到学校。这天，校园里举行各项体育比赛和合唱演艺等活动。我因无才无艺，被指派巡回各个房间沏茶倒水，负责接待工作。

杰克的父母来了。杰克在兄弟姐妹中排行最末，因此，他的母亲已年过五十，父亲大概有六十。我带他们来到杰克的房间。没成想，这时的杰克还躺在床上。更让人吃惊的还在后面。当杰克的母亲视线落在墙上的画片时，她戴上花边眼镜仔细观看，并连连说，"太美了，太好了"。她的赞美，声声不绝。我不由得用日语脱口而出，"有其母必有其子。"

就在那年的圣诞前夕，杰克收到母亲寄来的圣诞礼物。礼物是一幅油画，描绘了耶稣在客西马尼园双手放在石上祈拜夕阳的情景。除此还附有母亲亲手制作的杰克最喜欢吃的蛋糕。杰克即刻把这幅油画挂在房间墙壁的正中。他左右相看，口中连说，其他的画与此可不太相称。于是，他把以前贴的画片全部取下，换上自己幼小时"我家"的照片，还有星期天去教会的照片。

对此，其他宿舍的人都异口同声地说，"杰克的房间变样了，彻底变样了……"。有赞叹，也有批判。

冬去春来，又迎来了"大学节"。杰克的父母也从乡村赶来。他们对迎面端茶接待的我视而不见，直径走上楼梯来到杰克房间。这时的杰克正在球场玩球。当他们看到清洁的墙壁正中，耶稣在客西马尼园石上祈拜夕阳的圣画时，杰克的母亲两臂交叉贴附双肩，流下了喜悦的泪水。

父母亲们，我们切不可操之过急。要放宽眼量，悉心去引导教育。面对反抗期的儿女们，学习杰克的母亲，耐心细致，温情指导，定会成功。[①]

## 5　致即将远飞的同学们

光阴似箭，岁月如梭。你们已经毕业，即将远离母校。

离别之前，罗里罗嗦反而效果不佳。我想认真地忠告一句，作为临别赠言。这句话叫做"利人不利己"。

这句话的中文是，"li ren bu li ji"。此句佳言为毛泽东先生所说。用日文解释，是"要利人而不可利己"。

同学们，你们今后无论从事任何职业，走向任何地方，甚至受到挫折，遇到困难时也切不可忘记要"急人所急"，"为人所为"。[②]

[①]此文为清水安三致入学新生的欢迎词。摘自《樱美林大学通讯》1981年5月。

[②]摘自1982年毕业论文集。

# 清水安三年谱简编

1891 年　6 月 1 日出生在滋贺县高岛郡新仪村字北畑（现高岛市）。

1906 年　入滋贺县第二中学，与 W·M·沃利兹相识。

1908 年　在日本组合大津基督教会受洗礼，成为基督教徒。

1910 年　先后毕业于安井川寻常小学、安昙川高等小学、滋贺县立第二中学（后改称膳所中学），4 月入同志社（1920 年改称同志社大学）神学部。

1915 年　3 月同志社神学部毕业，毕业论文题目为《托尔斯泰的内面生活》；12 月以志愿兵入步兵第九连服役。

1917 年　5 月任少尉，退役，以日本组合基督教会传教师身份离神户港赴中国；6 月经大连抵奉天（现沈阳）。

1918 年　与横田美穗（二十四岁）在大连教会成婚。

1919 年　3 月移居北京，进入大日本支那语同学会学习；5 月创办受灾儿童收容所（翌年 5 月解散，10 月以此功劳受中华民国大总统勋章）。

1920 年　撰写有关五四运动文章，受到吉野作造关注，积极投入受灾儿童救济事业。

1921 年　5 月 28 日在北京朝阳门外创办"崇贞平民工读女学校"（首届学生人数二十四名，两年后根据学制改革升为私立小学并在中国政府部门注册）。

1922 年　与鲁迅、周作人等中国著名人士交往，全力为《北京周报》投稿。

1923 年　接受按手礼成为正牧师。

1924 年　出版《支那新人与黎明运动》、《支那当代新人物》；8 月携妻离横滨港赴美国留学；9 月入奥柏林大学神学部学习。

1926 年　5 月获得奥柏林大学神学学士（B·D）学位，归国，秋季返回北京。

1927年　赴长江流域采访，采访报告登载《北京周报》；8月任《基督教世界》杂志社编辑主任（至1928年夏）。

1928年　2月任同志社大学、预科、女子专业学校代课讲师，教授中国政治思想史、东洋史、中国史、中国哲学史等科目，兼任棒球部部长。

1933年　3月辞任同志社代课讲师，任近江兄弟社驻北京特派员；12月19日妻子美穗逝世，享年三十八岁。

1936年　6月与小泉郁子（四十四岁）在天津教会结婚；9月正式创办成立崇贞女子中学（三三制）。

1937年　7月7日卢沟桥事变爆发，为避免发生日中两军流血事件竭尽全力游说各方。

1939年　1月开办社会慈善事业"爱邻馆"并任馆长；3月"爱邻馆"改称"崇贞学园"；10月离开北京赴外地为集资巡回演讲，游说于南京、上海、台湾；12月末从横滨出港途经夏威夷赴美（翌年7月归北京），上泉秀信著《爱的建设者》出版（羽田书店）。

1940年　松本惠子著《大路的圣女》出版（邻友社）。

1941年　12月8日　太平洋战争爆发。

1945年　8月15日　日本宣告战败；11月中国政府接管崇贞学园。

1946年　3月19日乘船撤离中国登陆山口县仙崎港，3月22日抵东京；5月5日举行樱美林学园开园典礼（5月19日设立女子高中、设置英文专科获得政府部门批准，清水安三任学园长，清水郁子任校长）。

1947年　3月设立樱美林初等中学获得政府部门批准。

1948年　3月设立樱美林高等中学获得政府部门批准。

1950年　3月设立樱美林短期大学获得政府部门批准，任校长。

1951年　3月赴北美、南美地区集资巡回演讲（1953年3月回国）。

1964年　6月24日妻清水郁子因患脑溢血逝世，享年七十一岁。

1966年　1月设立樱美林大学获得政府部门批准，任校长。

1968年　3月设立樱美林幼儿园获得政府部门批准，任园长；6月被授予奥柏林大学名誉博士学位。

1975年　5月被授予同志社大学神学名誉博士学位。

1988年　1月7日因患心脏病逝世，享年九十六岁。

# 清水安三记事年表

| 公元纪年 | 月日 | 年龄（岁） | 清水安三记事 |
|---|---|---|---|
| 1891 | 6.1 | 0 | 出生滋贺县高岛郡新仪村大字北畑 655 号，父亲清水弥七，母亲清水呗，三男，O 型血 |
| 1896 | 1.27 | 4 | 父亲清水弥七逝世 |
| 1897 | 9.25 | 6 | 中江藤树逝世 250 周年，立志做藤树式人物 |
| 1898 | 4 | | 入安井川寻常小学 |
| 1902 | 4 | 10 | 入安县高等小学 |
| 1906 | 4 | 14 | 入滋贺县立第二中学，和 W·M·沃利兹相识 |
| 1908 | 9.27 | 17 | 在日本组合大津基督教会由白石矢一郎牧师主持受洗礼（根据该教会记载及本人记忆为 28 日） |
| 1910 | 3.24 | 18 | 滋贺县立膳所中学毕业 |
| | 4.9 | | 入同志社神学部 |
| 1913 | 7 | 22 | 柏崎教会夏期传教（两个月） |
| 1914 | | 23 | 读德富苏峰著《支那漫游记》，在唐招提寺听讲有关鉴真和尚佳话，志往中国 |
| 1915 | 1.3 | | 在平安教会初周祈祷会听取斐德金传教士殉教佳话，决心赴中国 |
| | 3 | | 同志社神学部本科毕业，毕业论文题目《托尔斯泰的内面生活》，三月楼毕业贺谈中言及"创建大学梦" |
| | 4 | | 入《基督教世界》杂志社，相识宫川经辉牧师 |
| | 12.1 | 24 | 以志愿兵（1 年）入步兵第九连服役 |
| 1917 | 5 | 25 | 少尉任官考试合格，衣锦还乡 |
| | 5.28 | | 退役（据《复活之丘》第 50 号、《小石子儿的人生》第 42 页《北京清谭》第 109 页记载，退役为 5 月 26 日） |
| | 5.29 | | 中之岛饭店告别宴，以基督教传教师身份赴中国（《小石子儿的人生》"复活之丘"第 50 号《樱美林物语》初版记载为 5 月 30 日（《北京清谭》为 29 日离神户港。《复活之丘》第 50 号记载为 29 日归故里） |
| | 5.30 | | 接受大阪朝日、大阪每日新闻记者采访，重申创建大学理想，翌日采访内容登载于两报（《复活之丘》第 50 号《小石子儿的人生》记载为 6 月 1 日，《北京清谭》为 5 月 28 日，《樱美林物语》初版为 5 月 31 日） |

续表

| 公元纪年 | 月日 | 年龄（岁） | 清水安三记事 |
|---|---|---|---|
| | 6.1 | 26 | 抵大连（根据《樱美林物语》初版记载） |
| | 6.5 | | 清晨抵奉天（现沈阳），傍晚七时在满铁小学作大型演讲（《樱美林物语》初版《北京清谭》中记载为"奉天小学第一声"） |
| | 6.6 | | 会见张作霖，被介绍为"日本嫁来的新娘" |
| 1918 | 5.28 | | 在大连教会与横田美穗（24岁）结婚，矶部敏郎牧师主持婚礼，创办儿童馆 |
| 1919 | 1 | 27 | 移居北京，专心学习中文 |
| | 5.1 | | 撰写"支那生活批判"，投稿《我等》杂志 |
| | 5 | | 在京日籍人员中独自反对派兵决议，创办受灾儿童收容所，收救七百九十九名儿童 |
| | 12.1 | | 撰写"在支外国人生活批判"，投稿《我等》杂志 |
| 1920 | 1 | | 撰写"年轻支那诸问题"，投稿《我等》杂志 |
| | 5.28 | | 受灾儿童收容所解散，在朝阳门外创办崇贞工读女学校 |
| | 8 | 29 | 撰写"支那最近思想界"，投稿《我等》杂志 |
| | 11.1 | | 撰写"支那亡国之兆"，投稿《我等》杂志 |
| | 12 | | 撰写"推动支那迷信之力"，投稿《我等》杂志 |
| 1921 | 3 | | 撰写"支那改造原理"，投稿《我等》杂志 |
| | 5.28 | | 创建崇贞学园，清水美穗任校长 |
| | 7.22 | | 长子清水泰出生 |
| | 11 | | 撰写"支那共同管理论之讨论"，投稿《我等》杂志 |
| 1922 | 6 | 31 | 撰写"支那反基督教运动之一考"，投稿《我等》杂志 |
| | 10.14 | | 长女清水星出生 |
| 1923 | 3 | | 撰写"支那之语"，投稿《我等》杂志 在大阪教会接受按手礼成为正牧师 |
| 1924 | 7 | 33 | 和美穗夫人离北京赴美国留学 |
| | 9 | | 留学奥柏林大学 |
| | 9.20 | | 出版《支那新人与黎明运动》（大阪屋号书店） |
| | 11.10 | | 出版《支那当代新人物》（大阪屋号书店） |

续表

| 公元纪年 | 月日 | 年龄（岁） | 清水安三记事 |
|---|---|---|---|
| 1926 | 5 | 34 | 奥柏林大学毕业 |
| 1927 | 1.14 | 35 | 次子清水畏三出生 |
| | 3.19 | | 单独会见蒋介石 |
| | 8 | | 任《基督教世界》杂志社编辑主任（至1928年夏） |
| 1928 | | 37 | 任《读卖新闻》驻北京特派员、《北京周报》报论记者，为两报频繁撰文 |
| | 2 | | 任同志社大学代课教师，兼任棒球部部长 |
| 1929 | 1.1 | | 出版《支那革命史论》（旅顺南满洲教育会） |
| | 7 | 38 | 撰写"支那基督教史论"，投稿《基督教研究》杂志 |
| | 11 | | 同上 |
| 1930 | 7 | 39 | 撰写"有关江西学一考——藤树学探源"投稿《基督教研究》杂志 |
| 1933 | 3.20 | 41 | 出版《支那语读本》[一书堂书店（大阪？）] |
| | 3.24 | | 辞任同志社大学代课教师 |
| | 3.25 | | 任近江兄弟社驻北京特派员 |
| | 12.19 | | 清水美穗逝世，享年三十八岁 |
| 1936 | 6.1 | 45 | 与小泉郁子（四十四岁）在天津教堂举行婚礼（《小石子儿的人生》"永不绝望"中记载为1935年7月27日进北京），扩建崇贞学园（占地面积23100平米，建筑讲堂、理化教室），为阻止战争与胡适等人对话 |
| 1937 | 1 | 45 | 清水郁子为阻止战争在南京会晤宋美龄 |
| | 7 | 46 | 为使北京避开战火与日中两军官员交涉 |
| 1938 | 6.10 | 47 | 出版《支那的人们》（东京邻友社） |
| 1939 | 3.20 | | 出版《姑娘的父母》（东京改造社） |
| | 4.15 | | 外务省信息部委托剧作家上泉秀信执笔撰写《爱的建设者》并出版（东京 北星堂书店） |
| | 4.20 | | 出版《朝阳门外》（朝日新闻社（大阪））成为畅销书 |
| | 12 | 48 | 为崇贞学园集资赴美 |

续表

| 公元纪年 | 月日 | 年龄（岁） | 清水安三记事 |
|---|---|---|---|
| 1940 | 3.2 | | 松本惠子著《大陆的圣女》出版（东京邻友社） |
| | 5 | | 出版《开拓者的精神》（东京邻友社） |
| | 7 | 49 | 回北京，就是否从滞京日本宪兵队购买美元一事接受调查 |
| | 7.18 | | 出版英译版《爱的建设者》（东京北星堂书店），外务省宣传清水安三是行善于中国的榜样人物 |
| | 8 | | 母亲清水呗逝世，接受基督教洗礼，享年九十四岁 |
| 1941 | 12.8 | 50 | 出版《支那之心》（东京邻友社） |
| 1943 | 8.20 | 52 | 出版《理解支那人之精神》（东京创造社） |
| 1945 | 8.15 | 54 | 听完天皇宣布战败后向韩国学生谢罪，高呼朝鲜独立万岁 |
| | 8.20 | | 在崇贞学园第二学期开学式上宣布回日 |
| | 11.8 | | 北京市教育局接管崇贞学园并没收所有财产 |
| 1946 | 3.16 | | 乘 LST（美军登陆舰）离中国，失去生存希望 |
| | 3.19 | | 登陆山口县仙崎港，每人领到一千日元救济款 |
| | 3.22 | | 清晨抵东京，眼前一片废墟 |
| | 3.23 | | 在神田小川町交叉路口奇遇贺川丰彦 |
| | 3.24 | | 决定在东京都南多摩郡忠生村大字木曾二六九三号地址创建学校 |
| | 5.5 | | 樱美林学园开园典礼 |
| | 5.29 | | 政府批准设立樱美林高中女校及设置英文专科，清水安三任学园长，郁子任校长 |
| 1947 | 3.22 | 55 | 政府批准设立樱美林初等中学，郁子任校长 |
| 1948 | 3.10 | 56 | 政府批准设立樱美林高等中学，郁子任校长 |
| | 9.1 | 57 | 《永不绝望》初版发行（樱美林出版部） |
| | 12.25 | | 出版《中江藤树研究》（樱美林出版部） |
| 1950 | 3.14 | 58 | 政府批准设立短期大学英文学科，清水安三任校长 |

续表

| 公元纪年 | 月日 | 年龄（岁） | 清水安三记事 |
|---|---|---|---|
| 1951 | 3.1 | 59 | 出版修订版《永不绝望》（樱美林出版部） |
| | 3 | | 为樱美林学园集资赴北美、南美巡回演讲 |
| | 7.25 | 60 | 出版《The Story of Obirin》（樱美林出版部） |
| 1952 | 2 | | 清水郁子赴美 |
| 1953 | 3 | 61 | 回国 |
| 1955 | 3 | 63 | 设置短期大学家政学科 |
| | 8.1 | 64 | 创刊樱美林学园杂志《复活之丘》 |
| 1958 | 3.31 | 66 | 首栋钢筋水泥结构校舍"明々馆"建成 |
| 1959 | 4.21 | 67 | 出版《中江藤树是位天主教徒》（樱美林出版部） |
| | 4.25 | | 编 注 出 版《A MUSTARD SEED IN JAPAN》（W·M·沃利兹著）（东京北星堂） |
| 1962 | 5.29 | 70 | 《樱美林物语》初版发行（樱美林学园） |
| | 8.25 | 71 | 出版《史的中江藤树》（樱美林学园） |
| 1964 | 6.24 | 73 | 清水郁子因患脑溢血逝世，享年七十一岁 |
| 1966 | 1.25 | 74 | 政府批准设立樱美林大学文学部（英文学科、中文学科），清水安三任校长 |
| 1967 | 4.10 | 75 | 出版《中江藤树》（东京东出版 K·K） |
| 1968 | 3.15 | 76 | 政府批准设立大学经济学部（经济学科） |
| | 3.28 | | 创立樱美林幼儿园，清水安三任园长 |
| | 6.10 | 77 | 被授予美国奥柏林大学名誉博士学位 |
| 1970 | 8 | 79 | 在首尔亚洲信徒大会相遇崇贞学园毕业生，韩国青年极刑救济活动明显化 |
| 1971 | 5.25 | | 出版修订版《樱美林物语》（樱美林学园） |
| 1972 | 4.1 | 80 | 设置大学经济学部商学科 |
| 1975 | 5.2 | 83 | 被授予同志社大学名誉神学博士学位 |
| | 6.2 | 84 | 出版《北京清谭》（东京教育出版社） |
| 1976 | 4.10 | | 编辑出版《周再赐先生的生涯》（前桥赐千会） |
| | 8.20 | 85 | 樱美林高中棒球队参赛，甲子园获优胜 |
| 1977 | 7.25 | 86 | 《小石子儿的人生》初版发行（东京基督教新闻社） |

**续表**

| 公元纪年 | 月日 | 年龄（岁） | 清水安三记事 |
|---|---|---|---|
| 1978 | 2.12 | | 长子清水泰因患心脏病在伦敦逝世，享年五十六岁 |
| | 10.7 | 87 | 获"财团法人善行会金奖" |
| 1979 | 11.5 | 88 | 获基督教文化协会"基督教功劳奖" |
| 1980 | 3.25 | | 出版再修订版《樱美林物语》（樱美林学园） |
| 1981 | 7.20 | 90 | 发行修订版《小石子儿的人生》（东京基督教新闻社） |
| 1985 | 10.31 | 94 | 获"绀绶褒章" |
| | 12.11 | | 任樱美林学园总长 |
| 1988 | 1.17 | 96 | 午后八点二十分因患心脏病逝世，享年九十六岁 |
| | 1.30 | | 举行樱美林学园葬 |
| | 2.29 | | 发行修订增补版《小石子儿的人生》（东京基督教新闻社） |
| 1989 | 4 | | 开设樱美林国际学部国际学科 |
| 1993 | 4 | | 开设研究生院国际学研究科硕士课程 |
| | 6 | | 滋贺县新旭町安三纪念碑落成剪彩 |
| 1995 | 4 | | 开设研究生院国际学研究科博士课程 |
| 1996 | 4 | | 佐藤东洋士教授任大学校长 |
| 1997 | 4 | | 开设樱美林大学经营政策学部经营管理学科 |
| 2003 | 4 | | 佐藤东洋士校长兼任第七任理事长 |
| 2004 | 12.12 | | 新旭町政府清水安三铜像落成剪彩，樱美林中学和湖西中学举行吹奏乐联合演出，町民剧清水安三物语《架起空中的彩虹》公演 |
| 2005 | 3.30 | | 北京市陈经纶中学（旧崇贞学园）安三铜像落成剪彩 |
| | 11.1 | | 创立孔子学院、举行签字仪式 |
| 2006 | 3.6 | | 长女 STEllA·BINDER（旧名清水星）在西雅图病逝 |
| | 5.25 | | 举行纪念崇贞学园创建八十五周年、樱美林学园创建六十周年庆典 |
| 2007 | 11.8 | | 清水畏三名誉学园长获"旭日中绶章" |

# 清水安三著作目录

《支那新人与黎明运动》，东京：大阪屋号书店，1924。

《支那当代新人物》，东京：大阪屋号书店，1924。

《支那革命史论》，旅顺：南满洲教育会，1929。

《支那的人们》，东京：邻友社，1938。

《姑娘的父母》，东京：改造社，1939。

《朝阳门外》，大阪：朝日新闻，1939。

《开拓者的精神》，东京：邻友社，1940。

《支那之心》，东京：邻友社，1941。

《理解支那人之精神》，东京：创造社，1943。

《永不绝望》，东京：樱美林学园出版印刷部，1948。

《中江藤树研究》，东京：樱美林学园出版部，1948。

*The Story of Obirin*, Obirin-in-Tokyo, 1951.

《中江藤树是位天主教徒》，东京：樱美林学园出版部，1959。

《史的中江藤树》，东京：手写本，1962。

《樱美林物语》（再版），东京：樱美林学园，1971。

《中江藤树》，东京：东出版，1967。

《北京清谭》，东京：教育出版社，1975。

# 清水安三研究主要日文著作

## 正式出版物

◎ 上泉秀信：《爱的建设者》，东京：羽田书店，1939。

（英文版：Hidenobu Kamiizumi, *A Japanese Pastor in Peking, A Story of the Reverend Yasuzo Shimidzu and His Mission School for Chinese Girls*, The Hokuseido Press，1940）。

◎ 松本惠子：《大路的圣女》，东京：邻友社，1940。

◎ 田中芳三编《荒野花儿也开：北京崇贞 东京樱美林两学园创设 清水安三物语》，大阪：一麦社，1980。

◎ 榑松薰：《小泉郁子研究》，东京：学友社，2000。

◎ 山崎朋子：《朝阳门外的彩虹》，东京：岩波书店，2003。（中文版：《朝阳门外的彩虹：崇贞女学校的人们》，李恩民监译，邢丽荃、吕莉、李尚波译上海人民出版社，2007）。

◎ 李红卫：《清水安三与北京崇贞学园： 近代日中教育文化交流史的一个侧面》，东京：不二出版，2009。

◎ 太田哲男：《清水安三与中国》，东京：花传社，2011。

## 其他印刷物

◎ 樱美林学园编《梦想成真：清水安三先生、美穗先生、郁子先生诞辰百年纪念》，东京：樱美林学园，1992。

◎ 樱美林大学纪念清水安三课题组编、在东京发行的系列丛书：

《清水安三的思想与教育实践：以战前与战时为中心》，2001。

《清水郁子的思想与教育实践》，2004。

《日美交流史中的清水安三与郁子》，2005。

《创立者们的信仰与人生》，2007。

《崇贞·樱美林的教育》，2007。

《清水安三·郁子研究》（创刊号 2009 年）。

《清水安三·郁子研究》（第 2 号 2010 年）。

《清水安三·郁子研究》（第 3 号 2011 年）。

◎小林茂编《木槿花盛开之时：崇贞学园的清水安三先生》，东京：樱美林学园发行，2001。

◎樱美林学园同窗会编《不致走头无路：清水安三先生的说教与讲话集》，东京：樱美林学园同窗会发行，2006。

◎ 小林茂：《跨越东海：清水安三先生的前半生》，著者发行，2011。

# 本书照片来源

No.1，2，4，5，6，10，18，26，31，32，37，59，60，61，62——樱美林学园广报部提供

No.3，7，8，9，12，13，15，21，25，36，39，40，41，43，48，49，50，51，53，54，55，56，57，58——樱美林大学纪念清水安三课题组提供

No.11，19，20，22，23，24，27，28，30，33，38，42——佐藤东洋士、玄次俊、孙英等提供

No.14，16，17，34，35，44，45，46，47（转载自山崎朋子《朝阳门外的彩虹：崇贞女学校的人们》，日文版／岩波书店 2003 年版，中文版／上海人民出版社 2007 年版）

No.29——北京市陈经纶中学提供

No.52——原载《北京周报》1927 年 4 月 17 日号

# 译者后记

　　本书《朝阳门外的清水安三》，日文原版名为《清水安三遗稿集——小石子儿的人生》，1977年7月由基督教新闻社发行第一版，这本中文版是根据2009年3月樱美林学园刊行的改定增补第五版编译出来的。日文原版是在清水安三出版和发表的著作、文章、随笔、回忆录、说教、演讲稿以及谈话记录中摘录精华部分汇集而成的，他本人虽没有直接参与编选，但生前对日文原版的出版却是认可的。

　　关于清水安三的人生历程及其贡献，本书的三篇序文分别从不同的侧面做了较详细的介绍，这里不再赘述。这里愿补充一点，那就是清水安三一生对中国情深意切，他是一位热衷于传播基督教的传教士，但更是一位热心的教育家，他一直为自己在北京朝阳门外所从事的教育事业深感自豪，在为人题字、书写汉字条幅中无不以"北京朝阳门外　清水安三"署名，自己所有的藏书亦加盖同样的印章，本书书名由此而来。日本战败后，国民政府接收了崇贞学园。即使如此，他仍难以割舍与中国的情缘。在离开学校之前，清水安三与妻子清水郁子于1946年2月联名给蒋介石和宋美龄写了一封信。信中说："愚夫妇之来中国为邻邦服务乃上帝所指示，因是从未希望得到任何报酬，背负十字架亦为吾人乐于担任之义务也。""愚夫妇向秉上帝意旨，为贵国人民服务，此后亦盼能永久留居中国为中国之友。"虽然他们永居中国的愿望没能实现，但他们的教育事业、他的"学而事人"、"老实"、"宜强"等具有普世价值的教育理念却得到了很好的继承和发扬。

　　在编译中文版的过程中，我们从中国读者的需要出发对全书的构成和用词做了一些调整：增删了部分内容（如增加了1922、1967年和1976年清水安三在报刊上发表的回忆鲁迅的几篇短文），重新排列了章节，订正了在时间地点记述方面与史实有出入的一些记忆或印刷有误的地方，对一些特殊的名词做了注解，将那个时代日文中特有的但又不为大多数中国人所认同的一些词汇改译为现代汉语通用词汇（如改"支那"为中国、"满洲事变"为九一八事变、"支那事变"为卢沟桥事变，等等）。其余的部分我们均尊重原文，以便给读者提供一个真实的清水安三。

本书能顺利出版实得益于很多良师益友的无私奉献。感谢原版编者、樱美林学园第五任理事长清水畏三先生欣然应诺我出版中文版的请求，并亲自为中国读者撰写了序文，简明扼要地概括了清水安三的一生。年已八旬依然精神矍铄的畏三先生为人谦和，曾专程乘公交车前来与我商议翻译的具体细节，授我以"编译"本书之全权，要我从中国人的观点出发，对本书的内容大胆取舍而不必顾及他的感受。畏三先生是著名的汉学家和世界高等教育研究的专家，他出生于北京，名字本身出自《论语》季氏篇中的"君子有三畏：畏天命，畏大人，畏圣人之言"。他在北京接受过初等教育，在东京大学读的是中国文学专业，一生主要从事的是高等教育研究和管理事业。我们深知，虽然我们的翻译与他的期待可能还有一段距离，但本书在北京的出版却是对清水安三和他在北京所从事的教育事业的最好的纪念。

感谢樱美林学园理事长、樱美林大学校长佐藤东洋士先生对本书翻译工作的全力支持。他是父母在崇贞学园执教时在北京出生的，是在清水安三的呵护下长大的。为了本书，他不辞劳苦，从家传的老相册中找出了崇贞学园时代的很多珍贵照片。他坚信，清水安三的思想和教育实践不应该仅仅是日本的财富，还应该是近代中国财富的一部分。他以极大的热情承继清水安三的教育理念，在从事英美文学和高等教育管理的同时，将大部分精力投入到樱美林学园与樱美林大学的发展与国际化方面，并取得了显著的成绩。为此他已当选为世界大学校长联合会（International Association of University Presidents，IAUP）主席，将引领世界高等教育走向美好的未来。

感谢我们的同事樱美林大学孔子学院的光田明正教授，人文学系的太田哲男教授、町田隆吉教授、井上大卫教授、仓泽幸久教授，心理与教育学系的榑松薰教授，法学与政治学系的佐藤考一教授以及清水贤一先生、土桥敏良先生，是他们帮我们解读了部分特殊的文献。感谢樱美林学园广报部、樱美林大学纪念清水安三课题组以及刘宇先生、岩本贵永先生，是他们为本书复制了精美的照片。

最后请允许我给读者简单地介绍一下本书的几位译者。第一、四、五章的译者及负责全书编审的是李恩民。我于1992年赴日留学，1995年获南开大学历史学博士学位，1999年获一桥大学社会学博士学位。现执教于樱美林大学人文学系，主要研究中国文化史、近现代中日关系史，主要著作有《中日民间经济外交1945~1972》（人民出版社，1997）、《转换期的中国 · 日本和台湾问题》（御茶水书房，2001）、《〈中日和平友好条约〉交涉的政治过程》（御茶水书房，2005）等。

第二、三章的译者是邢丽荃女士。她于1993年赴日留学，在宇都宫大学教育学硕士研究生毕业之后，在宇都宫大学国际学院和樱美林大学孔子学院兼课的同时，主要从事中日文翻译工作。她翻译作品甚丰，主要有内山雅生的《华北农村社会经济研究》（中国社会科学出版社，2001）、三谷孝的《秘密结社与中国革命》（中国社会科学出版社，2002）、山崎朋子的《朝阳门外的彩虹：崇贞女学校的人们》（上海人民出版社，2007）等。

第六至九章的译者是张利利女士。她是中国作家协会会员，译作有井上靖的《苍狼》（内蒙古人民出版社，1985）、水上勉的《红花物语》（浙江文艺出版社，1988）、多田野弘的《铁与火花》（浙江文艺出版社，1994）等。她于1996年赴日留学，获得广岛女学院大学文学博士学位，现执教于樱美林大学人文学系。主要研究日本古典与现代文学。论著有《方丈记日中文学比较研究》（翰林书房，2009），译著有《日本古典文学作品解析》（翰林书房，2011）等。

我们三人虽然各有自己的事业，但均为清水安三的事迹所感动，遂齐心合作，在很短的时间内将本书翻译出来。我们认为，本书是研究近现代中日政治关系史、留学生与中日教育交流史、传教士与传教史以及战后日本教育史的第一手资料。我们相信，本书在中国的出版对推动中日文化交流史的研究将会大有裨益。

李恩民

2011 年秋于东京

**图书在版编目（CIP）数据**

朝阳门外的清水安三：一个基督徒教育家在中日两国的传奇经历 /
（日）清水安三著；李恩民，张利利，邢丽荃译．—北京：社会科学文
献出版社，2012.4
　ISBN 978-7-5097-3123-9

　Ⅰ.①朝…　Ⅱ.①清…②李…③张…④邢…　Ⅲ.①清水安三
（1891~1988）—自传　Ⅳ.① K833.135.46

中国版本图书馆 CIP 数据核字（2012）第 019951 号

## 朝阳门外的清水安三
### 一个基督徒教育家在中日两国的传奇经历

著　　者 / 清水安三
编　　者 / 清水畏三
译　　者 / 李恩民　张利利　邢丽荃

出 版 人 / 谢寿光
出 版 者 / 社会科学文献出版社
地　　址 / 北京市西城区北三环中路甲 29 号院 3 号楼华龙大厦
邮政编码 / 100029

责任部门 / 近代史编辑室（010）59367256　　　责任编辑 / 徐碧姗　吴　超
电子信箱 / jxd@ssap.cn　　　　　　　　　　　责任印制 / 岳　阳
项目统筹 / 徐思彦
总 经 销 / 社会科学文献出版社发行部（010）59367081　59367089
读者服务 / 读者服务中心（010）59367028

印　　装 / 北京季蜂印刷有限公司
开　　本 / 787mm×1092mm　1/16　　　　印　　张 / 22.5
版　　次 / 2012 年 4 月第 1 版　　　　　　插图印张 / 1
印　　次 / 2012 年 4 月第 1 次印刷　　　　字　　数 / 262 千字
书　　号 / ISBN 978-7-5097-3123-9
定　　价 / 59.00 元